O PENSAMENTO
VIVO DE

C.S. LEWIS

JERRY ROOT,
WAYNE MARTINDALE
E LINDA WASHINGTON

O PENSAMENTO VIVO DE C.S. LEWIS

Uma jornada espiritual pela obra do autor de
As crônicas de Nárnia

TRADUÇÃO DE *Igor Barbosa*

NOVO CÉU

Título original: *The Soul of C. S. Lewis: A Meditative Journey through Twenty-Six of His Best-Loved Writings*

Copyright © 2010 por The Livingstone Corporation. Todos os direitos reservados. Outros colaboradores: Andrew Apel, Debby Edwards, Karen Erkel, Robert L. Gallagher, Lori Miranda, Rachel Linden Tinon e Colleen Yang

Edição em português © 2023 por Editora Nova Fronteira Participações S.A. com a permissão da Tyndale House Publishers. Todos os direitos reservados.

Direitos de edição da obra em língua portuguesa no Brasil adquiridos pela Novo Céu, selo da EDITORA NOVA FRONTEIRA PARTICIPAÇÕES S.A. Todos os direitos reservados. Nenhuma parte desta obra pode ser apropriada e estocada em sistema de banco de dados ou processo similar, em qualquer forma ou meio, seja eletrônico, de fotocópia, gravação etc., sem a permissão do detentor do copirraite.

NOVO CÉU
Rua Candelária, 60 — 7º andar — Centro — 20091-020
Rio de Janeiro — RJ — Brasil
Tel.: (21) 3882-8200

Imagem de capa: capa: Sanford Robinson Gifford. *Hook Mountain*. 1866-1867

DADOS INTERNACIONAIS DE CATALOGAÇÃO NA PUBLICAÇÃO (CIP)

M384p   Martindale, Wayne
      O pensamento vivo de C. S. Lewis: uma jornada espiritual pela obra do autor de As crônicas de Nárnia / Wayne Martindale, Jerry Root, Linda Washington ; traduzido por Igor Barbosa. — Rio de Janeiro, 2023. Novo Céu.
      432 p. ; 15,5 x 23cm
      ISBN: 978-65-84786-02-8
      Título original: *The Soul of C. S. Lewis: A Meditative Journey through Twenty-Six of His Best-Loved Writings*
      1. Virtudes e valores. I. Root, Jerry. II. Washington, Linda. III. Barbosa, Igor. VI. Título.

CDD: 220
CDU: 270

André Queiroz – CRB-4/2242

CONHEÇA OUTROS
LIVROS DA EDITORA:

Sumário

PREFÁCIO · 7
INTRODUÇÃO · 11

PEREGRINAÇÃO *Parte I* · 20
CAPÍTULO 1   O regresso do peregrino · 24
CAPÍTULO 2   Surpreendido pela alegria · 41
CAPÍTULO 3   Até que tenhamos rostos · 58
CAPÍTULO 4   Dymer · 75
CAPÍTULO 5   A viagem do *Peregrino da Alvorada* · 91
CAPÍTULO 6   A cadeira de prata · 106

TENTAÇÃO E TRIUNFO *Parte II* · 120
CAPÍTULO 7   Perelandra · 123
CAPÍTULO 8   Um prefácio a *Paraíso perdido* · 138
CAPÍTULO 9   Cartas de um diabo a seu aprendiz · 153
CAPÍTULO 10 Cartas a Malcolm: sobretudo a respeito da oração · 168
CAPÍTULO 11 A abolição do homem · 183
CAPÍTULO 12 Aquela fortaleza medonha · 200

APROFUNDAMENTO *Parte III* · 218
CAPÍTULO 13 Príncipe Caspian · 222
CAPÍTULO 14 Um experimento em crítica literária *e* A imagem descartada · 238
CAPÍTULO 15 O grande divórcio · 256
CAPÍTULO 16 "O peso da glória" · 272
CAPÍTULO 17 O cavalo e seu menino · 288
CAPÍTULO 18 A anatomia de uma dor · 304

PALAVRAS DA GRAÇA *Parte IV* · 320
CAPÍTULO 19 O Leão, a Feiticeira e o Guarda-Roupa · 324
CAPÍTULO 20 O sobrinho do mago · 340
CAPÍTULO 21 Além do planeta silencioso · 356
CAPÍTULO 22 Estudos sobre palavras · 372
CAPÍTULO 23 "A última noite do mundo" e "Historicismo" · 389
CAPÍTULO 24 A última batalha · 405

Conclusão · 419
Bibliografia · 423
Agradecimentos · 425
Colaboradores · 427

Prefácio

O livro que você está prestes a ler conta brevemente como uma conversa entre C. S. Lewis e seus amigos J. R. R. Tolkien (o autor de *O Senhor dos Anéis*) e Hugo Dyson finalmente convenceu Lewis a abraçar de novo a fé cristã. Profundamente comovido com o resultado da conversa, Tolkien a transformou num de seus poemas mais pessoais.

Nesse texto, intitulado *Mitopeia* ("O fazer dos mitos", em grego) e endereçado a "Misomito" ("Aquele que odeia os mitos" — apelido bem-humorado dado por Tolkien a Lewis naquele momento), o autor recria o diálogo com o amigo. Durante a conversa, Tolkien defendeu a verdade essencial por trás da beleza das mitologias, e a ideia de que, com a Encarnação e a Ressurreição de Cristo, tudo o que há de mais belo nos mitos se tornou fato histórico.

Para o escritor, a imagem que melhor representa esse processo é a de um prisma sendo tocado pela luz do Sol. Se é verdade que a única luz verdadeira "que ilumina todo homem" (como diz o Evangelho de João) é a luz de Deus, todo ser humano é um prisma. Tocado pela luminosidade divina, ele é capaz de transfigurá-la nas mais variadas cores, que já estavam contidas na luz original, mas só se tornaram visíveis para nós ao tocar o cristal. Cada um de nós é "luz refratada / em quem matiz Branca é despedaçada / para muitos tons, e recombinada, / forma viva mente a mente passada",* diz Tolkien em *Mitopeia*. A capacidade criativa por trás da imaginação humana é parte importante da imagem de Deus segundo a qual fomos feitos. Portanto, ao criar mitos, os seres humanos se tornam "sub-criadores", partícipes da capacidade criadora de Deus.

*| A tradução é minha.

Admito que essa foi uma volta um tanto grande para chegar até onde eu queria, mas espero que tenha valido a pena. O que quero dizer, no fim das contas, é que C. S. Lewis incorporou de forma perfeita esse ideal "prismático" da criatividade humana, a serviço da beleza e da verdade que podemos encontrar nos mitos. Este livro, com sua hábil combinação de análise da obra de Lewis e de sua aplicabilidade aos dilemas da vida cristã, deixa esse fato tremendamente claro.

Com efeito, o autor britânico é mestre na arte de capturar seus leitores primeiro pela imaginação, operando essa mágica não apenas em seus livros ficcionais, mas também, e com igual habilidade, em vários de seus volumes de ensaios. Confesso que às vezes enxergo algo do que existe de melhor no espírito científico na maneira como Lewis leva seus leitores a enxergar o mundo de uma maneira completamente inesperada.

São cenas que frequentemente me fazem lembrar o conceito de *Gedankenexperiment* ("experimento mental", em alemão), uma abordagem muito cara a Albert Einstein — conta-se que, ainda adolescente, ele imaginou o que aconteceria se tentasse sair correndo atrás de um raio de luz até ficar emparelhado com ele.

Em sua magnífica trilogia de ficção científico-teológica (*Além do planeta silencioso*, *Perelandra* e *Aquela fortaleza medonha*), Lewis pergunta, por exemplo, o que aconteceria se nos confrontássemos com uma espécie de criaturas inteligentes cuja aparência ficasse próxima do que consideramos como animais — os *hrossa* de Malacandra, ou Marte. Ou o que significaria o encontro entre um "filho de Adão", como nós, e uma criatura humana que não passou pela experiência devastadora de se rebelar contra o Criador. Por meio desse *Gedankenexperiment*, temos contato com a figura inesquecível da "Eva" venusiana em *Perelandra*, uma combinação de inocência e sabedoria que é impossível neste mundo, mas se torna completamente crível para o leitor. Ou, num momento mais íntimo e até bem-humorado, apesar do contexto apocalíptico, o filólogo Elwin Ransom, também em

Perelandra, de repente percebe como é absurdo seu temor em relação a um animal que lembra um inseto gigante — como se fosse justificado ter raiva de outra criatura só porque ela tem mais pernas do que você.

Imagens cativantes assim, que tocam diretamente o coração e a imaginação do leitor, explicam por que gerações de leitores se apaixonaram também pelos ensaios de Lewis. Em *Cristianismo puro e simples*, é difícil não ser agarrado pelos colarinhos pela ideia de que o Cosmos inteiro é território ocupado pelo inimigo, e que Deus — o "líder da resistência" — não cessa de nos enviar mensagens de rádio para que nos juntemos a ele. Já *Cartas de um diabo a seu aprendiz* nos apresenta a ideia de que os seres humanos são "anfíbios", "metade espírito e metade animal. A determinação do Inimigo de produzir tão asqueroso híbrido foi uma das coisas que levou Nosso Pai a retirar seu apoio a ele. Como espíritos, eles pertencem ao mundo eterno, mas, como animais, eles habitam o tempo", escreve o demônio do título do livro.

Entre os textos não ficcionais de Lewis, porém, poucos merecem mais atenção do que *A abolição do homem*. Embora o autor mantenha sempre seus pés firmemente plantados na tradição cristã, essa obra demonstra como todas as grandes tradições filosóficas e religiosas estão de acordo acerca dos temas fundamentais da ética — uma concordância que Lewis designa com o termo chinês *Tao*. Nesse ponto, Lewis se antecipa a uma série de tendências extremamente atuais das áreas de pesquisa que estudam a origem das noções humanas de certo e errado.

Essas e muitas outras obras do autor (algumas das quais ainda preciso ler — Lewis é, acima de tudo, vasto) são examinadas com atenção e carinho nas páginas a seguir. Espero que a sua imaginação e o seu coração sejam tocados por elas também. Boa leitura!

REINALDO JOSÉ LOPES

Introdução

Há um poema escrito por John Godfrey Saxe sobre seis cegos que encontram um elefante. Eles já tinham ouvido falar de elefantes, mas a cegueira os impedia de ver um desses animais.

O primeiro homem apalpa uma perna e diz: "Um elefante é como o tronco de uma árvore."

O próximo toca o lado do elefante e diz: "Não, um elefante é como uma parede."

Outro, segurando o rabo, exclama: "Um elefante é como uma corda."

Outro ainda, segurando a orelha, diz que o elefante é como um grande leque; o quinto, tateando a presa, diz que o elefante é como uma lança. O último homem, tendo a tromba em suas mãos, declara que o elefante é como uma cobra gigante.

Claro que a experiência que cada um tem do elefante é precisa; mas nenhum deles tem uma experiência do elefante que seja completa. Para expandir sua compreensão individual, cada um dos homens deve acreditar que os outros não são mentirosos nem imbecis, ainda que sua própria experiência pareça contradizer a dos outros. A soma das experiências dos outros, maior que cada experiência individual, revelará — se for acessada com empatia e um coração aberto — complexidades capazes de aumentar a perspectiva e contribuir para uma compreensão maior e dinâmica.

O pensamento vivo de C. S. Lewis: uma jornada espiritual pela obra do autor de As crônicas de Nárnia é uma tentativa de obter uma compreensão mais ampla do mundo e da experiência da vida. É principalmente um livro de reflexões baseado em citações de C. S. Lewis, conectando cada uma a passagens das Escrituras.

Qual a utilidade de um livro como este?

Incentivar a reflexão sobre os pensamentos de C. S. Lewis

A produção literária de Lewis beneficiou leitores em todo o mundo. Sua clareza expressiva e seu poder de representação permitiram que ele dialogasse com as mais profundas necessidades humanas e ajudasse a compreender as complexidades da vida. Este livro incentiva uma leitura mais atenta de suas ideias. As citações apresentadas foram retiradas de vários de seus livros, e um seleto grupo de escritores adicionou suas próprias reflexões sobre elas. Estas não procuram ser a última palavra, mas sim modelos, estimulantes úteis que possam instigar os leitores a explorar mais profundamente e aplicar com mais amplitude a sabedoria e a intuição contidas em cada citação. Os escritores de que falamos estão muito familiarizados com o trabalho de Lewis, e suas vozes estão unidas por uma devoção singular a Deus, e um amor apaixonado por ele, que desejavam expressar em palavras. Suas reflexões fornecem um vocabulário para anseios da mente, bem como para sentimentos do coração.

C. S. Lewis escreveu que "a realidade é iconoclasta" — isto é, que ela destrói ídolos. Sempre podemos formar uma boa imagem de Deus a partir de um livro, um sermão ou uma conversa com amigos. No entanto, se alguém se apega excessivamente a uma visão que em qualquer momento já tenha sido benéfica, ela começará a competir com a possibilidade de uma compreensão saudável e crescente de Deus. A fim de desenvolver vitalidade em nossa fé e obter uma melhor compreensão de quem é Deus, seria prudente refletir sobre as concepções que aceitamos em cada momento, para não nos tornarmos idólatras, que adoram uma noção de Deus em vez do próprio Deus.

A teologia não é Deus; ela é simplesmente — esperamos — a melhor ideia que podemos ter dele em algum momento específico. A fé vital é uma fé crescente, cheia de pensamento e meditação. A resiliência da verdadeira fé, que resiste ao debate, é revelada quando nossas crenças são desafiadas. É claro que, depois de alguns desafios, precisaremos abandonar preconceitos antes considerados como verdades: isso faz parte do crescimento. Em contrapartida, a defesa apropriada ou a modificação das crenças levará a um conhecimento mais robusto e dinâmico de Deus. Cada um de nós tem preconceitos influenciados por idade, cultura, linguagem, medos e inseguranças. Para sair do calabouço de uma perspectiva estreita, é benéfico escutar vozes alheias, relaxar nossas suspeitas e dar ouvidos, verdadeiramente, ao que elas nos dizem.

Em *O pensamento vivo de C. S. Lewis* — seja nas citações de Lewis, seja nas reflexões sobre o que ele escreveu —, você verá as boas intenções de seres humanos imperfeitos, cujas meditações revelam um desejo de amar e servir a Deus em primeiro lugar, seguindo-o da melhor maneira possível para cada um. Esperamos que isso encoraje o leitor a aumentar sua devoção a Deus e a leitura honesta e dinâmica de sua Palavra.

Destacar a interconexão entre as Escrituras e a Vida

A Bíblia é um livro para todos os tempos, o livro definitivo para todas as épocas. A sabedoria que a inspirou previu as questões e os desafios únicos de cada geração. Deus entregou um livro capaz de equipar todos os indivíduos e culturas para navegar com sucesso em quaisquer águas turbulentas que possam enfrentar; na verdade, muitas vezes as tragédias são causadas pelo abandono da sabedoria que ela contém. Nenhum intérprete humano das Escrituras jamais poderia explorar plenamente suas riquezas; no entanto, há alguns cujos dons de observação e esclarecimento podem ser uma fonte de grande benefício. C. S. Lewis era um desses, e por várias razões é um bom guia para nós.

Primeiro, a visão de vida de Lewis contribui muito para encorajar uma visão de mundo integrada e harmonizada, refletindo sobre a vida como ela realmente é vivida, com toda a sua complexidade, riqueza e variedade.

Em segundo lugar, as percepções de Lewis ajudam a ampliar os horizontes de seus leitores. Ele não aceitaria que seus leitores espremessem a experiência humana na apertada gaveta de um pensamento compartimentalizado ou estereotipado. Seu Deus e o universo feito por esse Deus são grandes demais para tal arrogância. Consequentemente, Lewis estimula seus leitores a olharem para o mundo com um senso de admiração, maravilhamento e adoração contínuos. Novamente, embora não haja palavras finais, não queremos dizer com isso que não haja palavras *seguras*. Lewis não era relativista; ele percebeu que a verdade pode ser descoberta e conhecida, mesmo que ninguém jamais a explore completamente. A verdade de Deus nunca muda, mas, como suas misericórdias — que se renovam a cada manhã (ver Lamentações 3:23) —, há algo novo na altura, profundidade e amplitude de sua verdade que também pode ser experimentado de uma maneira inédita.

Podemos pensar na fé como uma árvore, que não se desfaz de seus anéis interiores ao acrescentar novos; similarmente, uma fé vibrante será uma fé crescente e dinâmica. As crenças centrais não precisam ser abandonadas enquanto uma compreensão mais robusta é assimilada. Podemos também comparar o crescimento do conhecimento de Deus ao surgimento de novos círculos concêntricos: se olharmos para dentro, atentando para o conhecimento adquirido em um determinado momento, os aumentos podem resultar em orgulho doentio. Mas se olharmos para fora, atentando para o crescimento do perímetro do que é conhecido, esse crescimento sempre revelará — cada vez mais — quantas coisas sobre as quais praticamente nada sabemos além do nosso conhecimento atual. Isso deveria nos encorajar a viver vidas de reflexão e produzir em cada um de nós um sentimento de admiração e maravilhamento.

Em terceiro, Lewis é um bom guia porque estava ciente de sua própria situação de pecador e sua necessidade da graça e da misericórdia. O conceito da dignidade humana nunca esteve longe de sua mente, nem o da depravação humana. Em consequência, havia em

Lewis um profundo senso de sua fraqueza e carência. Esse também é um bom modelo para quem quer obter um benefício realista de uma vida de contemplação.

Saber mais sobre Deus, aproveitando a versatilidade de Lewis

O pensamento vivo de C. S. Lewis: uma jornada espiritual pela obra do autor de As crônicas de Nárnia inspira-se tanto nas obras ficcionais de Lewis quanto em sua não ficção. Lewis sempre foi um retórico: escrevia para persuadir. Ele tinha uma visão da vida muito centrada em Deus. Sendo assim, reconhecia que a presença e o propósito de Deus estavam embutidos na própria estrutura do universo. Por isso, o mundo como o encontramos dia após dia é muito mais complexo do que qualquer explicação. As melhores descrições buscariam a compreensão de uma variedade de perspectivas, e as ricamente diversas formas ficcionais e não ficcionais de Lewis fornecem diferentes maneiras de ver o mundo.

As descrições e definições de Lewis são claras. Seu vocabulário e proficiência idiomática lhe permitiam ser preciso, minimizando a ambiguidade. No entanto, algumas coisas não podem ser reduzidas a meras definições ou totalmente compreendidas por uma declaração proposicional. Na verdade, a palavra *definição* significa literalmente "finitude". Definimos as coisas em virtude de suas limitações e de sua função. É a finitude que torna possíveis as definições; para que uma coisa possa ser definida, ela deve ser pequena o suficiente para que as palavras possam envolvê-la, de modo a distingui-la das outras coisas.

Surge então a pergunta: como definimos Deus? Se é infinito, ele desafia a possibilidade de uma descrição simplista e limitada. Até mesmo Jesus, falando do Reino dos Céus, proclamou que "o Reino dos Céus é *como...*" (Mateus 13:24, grifo nosso). Ele recorreu ao uso de alegorias e outras figuras de linguagem, parábolas e histórias. Em outras palavras, as tentativas mais robustas de entender o caráter e a natureza de Deus farão uso de uma variedade de modos de expressão. Lewis escreveu em mais de uma dúzia de gêneros, empregando ficção e não ficção para mostrar seu ponto de vista. Neste livro, as reflexões procuram se basear no tipo de amplitude usada por Lewis na esperança de ajudar o leitor a crescer no conhecimento de Deus.

Mas há outra razão para incluir a ficção de Lewis, em particular, nessas reflexões: o próprio Lewis estava bem ciente de que a razão tem suas próprias fraquezas. Se alguém toma uma decisão ruim ou faz uma escolha moral questionável, a razão não é tão capaz de desafiar rapidamente a escolha e chamar o indivíduo ao arrependimento. É mais provável que a razão seja dominada pela tendência de fazer uma série de racionalizações e obter desculpas para a má escolha. Assim, más escolhas morais podem levar à cegueira intelectual; inteligência não é sinônimo de clareza ética. O apóstolo Paulo escreveu em Romanos 1:18 que "os ímpios[...] suprimem a verdade pela injustiça". Lewis reconheceu que a razão, uma vez que tenha sido empregada para justificar uma má escolha, ficará, como um dragão, guardando o acesso ao coração, mantendo assim o entendimento obscurecido. Às vezes, apenas uma história é capaz de passar por um dragão vigilante. As próprias Escrituras dão testemunho dessa verdade, pois, quando teve de confrontar o rei Davi sobre seu pecado (ver 2 Samuel 12), o profeta Natã recorreu a uma história. Ele sabia que o rei provavelmente resistiria a uma declaração direta de seus erros. Mas a palavra profética, reformulada por meio de uma história, atingiu o alvo.

Cada um de nós tem certos pontos cegos que provavelmente protegeremos com tais racionalizações. Esperemos que essas reflexões, usando tanto a não ficção de Lewis quanto sua ficção, penetrem profundamente na alma do leitor.

A importância da reflexão

Por que a reflexão é tão importante? Porque a pessoa que não reflete está correndo perigo, e provavelmente causará problemas para aqueles ao seu redor. É impossível exagerar ao enfatizar isso. Cada um de nós tem fraquezas internas que, sem reflexão, podem permanecer invisíveis para o nosso entendimento, até que as circunstâncias da vida as espremam para fora, como a pasta de dente é espremida do tubo. Sem dúvida, foi a consciência da fraqueza humana que levou Sócrates a comentar na *Apologia* que a vida não examinada não merece ser vivida. Talvez um conto cautelar* destaque os perigos de uma vida não refletida.

Heródoto, um historiador grego, conta uma história particularmente útil, mais tarde recontada na *República de Platão*. É a história de Giges, um pastor da antiga cidade-Estado da Lídia. Um dia, enquanto cuidava de seu rebanho, Giges viu um terremoto abrir uma fissura no solo diante dele. A curiosidade o levou a investigar, e, para sua surpresa, encontrou um corpo em uma caverna abaixo. Percebendo um anel de ouro na mão do cadáver, o pastor pegou o anel e fugiu. Outro terremoto ocorreu e fechou a fissura. Naquela noite, reunido com outros pastores, Giges jantava ao redor de uma fogueira; olhando o anel, nervoso, ele o girou em seu dedo, e então ouviu os outros pastores exclamarem: "O que aconteceu com Giges? Ele estava aqui entre nós agora mesmo, mas sumiu!" Rapidamente, Giges girou outra vez o anel, ouvindo então os pastores dizerem: "Ah, Giges, você está aí! Para onde você foi tão rapidamente, e como voltou sem que percebêssemos?" Assim Giges percebeu que o anel era mágico e dava ao seu portador o poder da invisibilidade. Com esse poder, Giges seduziu a rainha, matou o rei e se estabeleceu como governante da Lídia.

---

*| N.T.: Categoria de histórias por meio das quais se busca ilustrar as consequências de certos atos e omissões; contos que poderiam ser categorizados sob o dito popular "quem avisa, amigo é".

O filósofo americano Mortimer Adler trabalhou com essa história em suas aulas. Depois de contá-la, ele pedia aos alunos que refletissem sobre ela. Se eles tivessem a oportunidade de comprar esse anel, eles o fariam? E se eles comprassem, como o usariam? A reflexão revela que tal poder inevitavelmente corromperá os meros mortais que o obtenham. É claro que manifestações da ideia de que o poder desenfreado provavelmente corrompe são um tema comum. A transmissão da corrupção através de um anel capaz de tornar invisível é magistralmente tecida na narrativa de *O Senhor dos Anéis*, de J. R. R. Tolkien, uma história que Tolkien leu para seu amigo C. S. Lewis enquanto a escrevia. Elementos da história de Giges também aparecem em *Hamlet*, de Shakespeare, e em muitas outras histórias — incluindo o próprio conceito de anéis mágicos de Lewis nas Crônicas de Nárnia. Escritores refletiram, ao longo da história, sobre a corruptibilidade do homem. Não precisamos de muita imaginação para perceber que cada um de nós terá muitos "anéis de Giges" nas mãos ao longo da vida.

Cada ato de vontade, cada escolha que fazemos carrega uma expressão do poder de nos afirmarmos de maneiras que podem nos levar um passo, em uma vida de passos, em direção à corrupção de nosso caráter ou ao desenvolvimento positivo dele. Cada decisão traz em si um anel de Giges.

O esquema do livro

O pensamento vivo de C. S. Lewis: uma jornada espiritual pela obra do autor de As crônicas de Nárnia extrai citações da obra escrita de Lewis. Os limites de espaço e as predileções dos autores e editores estreitaram o escopo dessas leituras. No entanto, cada um dos 24 capítulos deste livro destaca uma fonte particular de Lewis (ou duas, em alguns casos). Cada capítulo é apresentado por um resumo de uma página; esses resumos são seguidos por dez citações de Lewis e dez reflexões. Cada reflexão termina com um versículo bíblico que afirma o conceito de Lewis. Os capítulos são agrupados em grupos de seis, dentro de um tópico que generaliza vagamente um tema que percorre cada livro dessa parte. As quatro partes do livro são Peregrinação, Tentação e triunfo, Aprofundamento e Palavras da graça. Cada uma delas tem uma introdução explicando seu tema geral.

O propósito de *O pensamento vivo C. S. Lewis* é encorajar a reflexão e o pensamento. As seleções são curtas; no entanto, elas são projetadas para o crescimento pessoal do leitor. Lewis abriu mais do que apenas portas de um guarda-roupa. Ler e refletir biblicamente sobre sua obra é empreender uma jornada de descoberta. Ele abre uma porta para as artes liberais — aquelas artes libertadoras que permitem que as pessoas pensem bem para viver bem. Ele as leva a novos mundos de ideias e descobertas imaginativas. Além disso, Lewis integra sua fé no processo de aprendizagem, e isso também fornece um modelo significativo para a própria reflexão do leitor.

Peregrinação

PARTE

I

UM DOS GRANDES TEMAS DA literatura é o da peregrinação, jornada ou busca. Os grandes livros da tradição clássica ecoam esse tema — livros como a *Odisseia* de Homero, a *Eneida* de Virgílio e a *Divina comédia* de Dante, para citar alguns. Essas obras geralmente apresentam personagens cientes de que estão em uma jornada no tempo e que estão caminhando rumo a um propósito, um fim que tenha sentido, ainda que esse fim possa não estar articulado ou claro. A prevalência desse tipo de livros indica que o coração humano pulsa de desejo por um lugar secreto: os cristãos acreditam que, em última análise, esse desejo é pelo céu, e que nossas vidas são uma jornada em busca daquilo que satisfará os anseios mais profundos de nossas almas. Parece que homens e mulheres ao longo do tempo, e em todas as regiões do globo, têm sentido profundamente a falta de algo — e cada um anseia por encontrá-lo. O impulso peregrino leva alguns a deixar para trás o que é familiar, para procurar satisfação no desconhecido. Para outros, há muito afastados das coisas familiares, esse desejo se manifesta na dor da saudade e no desejo de procurar partes de si, perdidas em lugares quase esquecidos. Outros ainda nunca deixam as regiões de seu nascimento; e ainda assim conhecem a dor desesperada do desejo por realizar.

C. S. Lewis raramente coloca a caneta no papel sem insinuar essa permanente "puxada" em seu coração, quando não escreve explicitamente sobre esse tema. Talvez uma das razões de seu apelo duradouro e da amplitude de seu público seja o fato de que suas palavras trazem à tona desejos submersos. Todos nós conhecemos o desejo em algum nível, e estamos todos, de alguma forma, em busca dos objetos dos desejos mais profundos de nossos corações.

Como Lewis, o cientista e filósofo francês Blaise Pascal identificou esse desejo como sendo, em última análise, uma sede de Deus. Pascal escreveu certa vez que existem apenas dois tipos de pessoas razoáveis: aquelas que buscam a Deus porque não o conhecem e aquelas que procuram conhecê-lo melhor porque o conhecem. Nas citações e reflexões encontradas neste tópico, *Peregrinação*, o objetivo dos colaboradores é destacar esse tema dominante na escrita de Lewis. Essas meditações, inspiradas em Lewis, ressaltam o anseio que, em última análise, nos leva à realização em Cristo.

É Deus quem desperta o desejo em nós, para que por meio dele possa nos atrair para si. Mas, como certa vez observou George MacDonald, um homem que Lewis não oficialmente considerava um de seus mestres, às vezes o desejo nos desperta apenas o suficiente para sentirmos uma dor. Estamos conscientes de que queremos satisfazer os desejos do nosso coração e partimos em nossa busca. Podemos vagar por muitos anos antes de começarmos a ler corretamente as pistas. Pode ser que sintamos um anseio como o de Abraão: queremos chegar à Cidade bem alicerçada, cujo arquiteto e construtor é Deus. Essa é a busca, ou peregrinação, por um *lugar* — *na verdade, por um lugar específico*. É a saudade do céu. Outro autor que influenciou fortemente Lewis, seu contemporâneo G. K. Chesterton, escreveu que sentimos "saudades de casa, ainda que estejamos dentro de nossas próprias casas". Toda vez que deitamos nossas cabeças em nossos travesseiros, nós as deitamos em uma terra estrangeira. Santo Agostinho disse que somos peregrinos em nossa própria terra; Pedro escreveu, na Bíblia, que somos estrangeiros e peregrinos em nossa existência terrena. E como declara a velha canção *gospel*: "Este mundo não é nosso lar; estamos apenas de passagem."

Mas C. S. Lewis lembra a seus leitores que existem outros tipos de anseios também. Há um anseio que coloca quem o experimenta em peregrinação pelo *relacionamento perfeito*. Todos nós sabemos o que é sentir-se solitário; ansiamos por convívio tanto quanto o sedento anseia por água, tanto quanto o faminto anseia por comida. A solidão confirma o fato de que somos seres sociais, feitos para o relacionamento. Mas não é também possível sentir-se solitário vivendo sob o mesmo teto que pessoas que conhecemos e de quem cuidamos, pessoas que sabemos que nos amam e que cuidam de nós? O fato de podermos sentir esse tipo de solidão também não prova nada; no entanto, pode sugerir enfaticamente que fomos feitos para um relacionamento que nenhum mero humano pode satisfazer. Esse tipo de desejo também nos coloca em uma peregrinação em busca do nosso companheiro perfeito; isto é, em busca da satisfação relacional final, em Cristo.

Outro tipo de desejo mencionado por Lewis é o desejo de consertar o que está quebrado dentro de nós. Nenhum de nós vive conforme as próprias convicções. Cada um de nós, na medida em que é sincero, tem consciência de algum nível de falha. Podemos trabalhar duro para corrigir uma injustiça alheia, e ainda racionalizar essa mesma injustiça quando nós mesmos a cometemos. Isso revela que há algo dentro de nós que não está muito certo; e, em nossos melhores momentos, sentimos um pungente anseio por colar todos os nossos pedaços quebrados definitivamente. Esse anseio também põe nossos corações em peregrinação, quando começamos a procurar alguém capaz de nos consertar e nos deixar inteiros outra vez.

As obras de Lewis dialogam com seus leitores porque abordam algo tão comum e profundo quanto o desejo e a peregrinação espiritual em que cada um se encontra. As leituras desta seção do livro se dirigem, de modo geral, aos anseios dos peregrinos; se dirigem, portanto, ao peregrino em cada um de nós.

CAPÍTULO I
O regresso do peregrino

O primeiro livro que Lewis escreveu após sua conversão ao cristianismo foi *O regresso do peregrino: uma defesa alegórica do cristianismo, da razão e do romantismo* (*The Pilgrim's Regress: An Allegorical Apology for Christianity, Reason, and Romanticism*). Lewis acreditava que a primeira questão na vida é a tentativa de conciliar a razão e o desejo romântico; isto é, reunir as aspirações mais profundas do coração ao rigor intelectual. Quando jovem, Lewis acreditava que o cristianismo não seria capaz de conciliar essas correntes contrárias de sua vida. Em 1926, ele publicou *Dymer*, um poema narrativo protagonizado por um jovem em busca do Real. Sua peregrinação termina em tragédia. Mesmo assim, as questões que permeiam esse trabalho anterior voltam a se fazer presentes em *O regresso*, mas neste título Lewis foi capaz de fornecer as respostas que estava começando a encontrar em sua recém-aceita fé cristã.

O regresso do peregrino é a história de um menino chamado John, que é criado em uma cidade chamada Puritania. A religião de seu mundo é dominada por fingimento, superstições, inconsistências e legalismo. Um dia, John tem uma visão de uma ilha muito, muito distante. Essa visão desperta em seu coração um profundo sentimento de saudade, que ele pensa ser da ilha. Com o tempo, John aprenderá que o objeto desse desejo, embora despertado pela ilha, é na verdade por algo muito maior. Então ele parte em uma jornada para encontrar o que seu coração deseja.

A rota que ele toma em sua busca tem montanhas ao norte: Essas montanhas representam a razão. Ao sul, estão os pântanos que representam o romantismo. John se vê continuamente fora dos trilhos, desviando-se em direção a um racionalismo que nega o anseio de seu coração ou então a um romantismo que o faz escorregar em pântanos de subjetivismo e sentimentalismo. Somente quando encontra um eremita que representa a história, ele se percebe capaz de tratar de seus anseios. E é só quando encontra a Irmã Kirk, que representa a Igreja, que ele finalmente consegue conciliar sua razão e seu desejo. Ao buscar aquilo pelo que ansiava, John atravessa o que Lewis chamava de dialética do desejo. Essa dialética consiste num processo de amarrar o coração a algum objeto no qual espera se satisfazer, mas do qual apenas obtém decepção, passando depois para algum outro objeto e nova decepção. Assim, também, John amarra seu coração a objetos que, por fim, sempre o desapontam. Ele anseia por algo maior do que esses objetos, que podem fazer pouco mais do que apenas despertar seu desejo.

Após sua própria conversão, Lewis observou que, se sentimos em nós um desejo que nenhum objeto terreno é capaz de satisfazer, isso não quer dizer que o mundo seja uma fraude. Talvez as coisas desta vida apenas despertem o desejo e nos ponham em peregrinação até que o verdadeiro objeto de nosso anseio mais profundo, que é Deus, possa ser, finalmente, encontrado. Lewis chamava esse anseio de *alegria*.

Esse livro, a única alegoria de Lewis, é seu primeiro livro explicitamente cristão. É também sua primeira tentativa de apologética cristã, e vale a pena notar que ele usa a ficção para mostrar seu ponto de vista. A ficção sempre fez parte da retórica de Lewis para fins apologéticos. Ele sabia que algumas coisas são mais fáceis de serem compreendidas através da imaginação, e escrevia com esse tipo de apelo. Finalmente, é importante lembrar que muitos elementos (embora não todos) de O regresso do peregrino são autobiográficos.

· I ·

Pareceu-lhe ver uma bruma, pairando na extremidade do bosque, dissipando-se por um instante; e que através da fenda ele pensou ter visto um mar calmo, e no meio do mar, uma ilha.
LIVRO UM, SEÇÃO II

O protagonista de O regresso do peregrino é um jovem chamado John, que se encontra em uma peregrinação, em uma busca. Ele teve uma visão de uma ilha, e essa visão fez nascer em seu coração um forte anseio. Mas, conforme descobriremos, ele apenas acredita que a ilha é o objeto de seu desejo; na verdade é por algo muito mais importante que ele anseia. Pelo fato de a ilha ter causado o despertar de seu coração, ela assume um significado especial para ele.

A saudade é um dos temas mais importantes de Lewis. Sua importância não é reconhecida apenas por causa da frequência com que Lewis escreve sobre ela, mas também porque a saudade em si é algo muito profundo dentro de cada homem, mulher e criança. Agostinho observou que Deus nos fez para ele mesmo, e nossos corações permanecem inquietos até que encontrem nele seu descanso.

A ilha de John representa inúmeras outras possibilidades. A referência de Lewis à abertura da bruma e à revelação da ilha é significativa. As coisas podem muitas vezes passar despercebidas até um momento quase místico, em que aparecem para nós com uma grande clareza. E com a clareza vem uma consciência de realidades além do nosso alcance. Qualquer coisa pode despertar nosso anseio, e é fácil nos enganarmos, pensando que aquilo que desperta o desejo é realmente o que desejamos. De fato, as coisas que levam nossos corações a doer de saudade são, em virtude de sua mutabilidade — porque são passageiras —, incapazes de satisfazer o anseio que despertam. Essas coisas existem para nos atrair *para* Deus, não para servir como substitutos *de* Deus. São coisas que a traça e a ferrugem destroem, e que os ladrões arrombam e furtam (ver Mateus 6:19–20). Somente Deus, o grande amor de nossas almas, pode nos satisfazer eternamente. Somente Deus pode acender em nossos corações o desejo por ele, e somente por ele não seremos decepcionados. Primeiros amores, terras distantes, sonhos do futuro — objetos terrenos muitas vezes nos fazem criar expectativas que eles não podem satisfazer. Só Deus tem a capacidade de nos satisfazer para sempre.

Tu me farás conhecer a vereda da vida, a alegria plena da tua presença, eterno prazer à tua direita.
SALMOS 16:11

2

Você diz isso porque você é um puritano... Você diz isso porque você é um libertino... Você diz isso porque você é um matemático.
LIVRO TRÊS, SEÇÃO VIII

Há uma maneira comum de se expressar que deve ser característica de qualquer cristão sincero: recusar-se a levar a sério as ideias dos outros, desprezar os interlocutores e insultá-los em vez de considerar o conteúdo de seu discurso ou a substância de suas ideias. Lewis estava particularmente atento a essa questão e a atacava onde quer que a encontrasse.

Quem, afinal, pode realmente afirmar saber muito? Considerando o número de livros disponíveis em qualquer livraria e a quantidade de informações contidas nesses livros, quem poderia afirmar estar familiarizado até mesmo com uma fração muito pequena de todo esse material? E considerando o quão pouco qualquer um de nós sabe, é irresponsável descartar as outras pessoas e responder a suas ideias com nada mais que a mera categorização, usando nomes como puritano, libertino, liberal ou conservador. Devemos primeiro ouvir o ponto de vista de nosso interlocutor e compreendê-lo. Então, se discordamos, devemos usar argumentos bem elaborados para mostrar exatamente por que discordamos. Se não pudermos fazer isso, devemos simplesmente ficar quietos até que tenhamos aprendido o suficiente para falar com inteligência.

Muitas vezes somos rápidos demais em desprezar aqueles cujas ideias são diferentes das nossas. Talvez não tenhamos as habilidades necessárias para ouvir pacientemente as ideias dos outros. Talvez ainda não tenhamos aprendido a tratar todos os que são feitos à imagem de Deus com a dignidade que lhes é devida. Talvez tenhamos deixado de cultivar o tipo de pensamento rigoroso necessário para nos engajarmos em um debate justo e equilibrado. No entanto, a incapacidade de ouvir e dialogar bem com vozes dissidentes certamente fará com que permaneçamos presos aos nossos preconceitos.

Todos os cristãos devem reconhecer rapidamente que estamos todos na mesma situação de peregrinos nesta terra — e nada é mais maléfico para o anseio do peregrino do que o apego aos preconceitos. Se somos peregrinos, é bom que descubramos um mundo mais amplo do que o de nossas próprias experiências. Se nossos pontos de vista não resistem ao escrutínio, nossa posição não será fortalecida pela simples opção de ofender, com nomes indelicados, aqueles de quem discordamos. Se nosso ponto de vista é capaz de enfrentar o dos outros, devemos começar por ouvir o que os outros dizem e depois respondê-los com razão e paciência.

É no debate honesto, e não no xingamento, que podemos medir a força de nossas crenças. Paulo sabiamente advertiu Timóteo a evitar contendas, mantendo-se gentil e tendo consideração para com todos. Em vez de preconceito e julgamento injusto dos outros, abracemos o hábito de dialogar sinceramente e assim permitir que a confiança da nossa própria fé cresça.

Não caluniem a ninguém, sejam pacíficos e amáveis e mostrem sempre verdadeira mansidão para com todos os homens.
TITO 3:2

• 3 •

— *Eu o aconselho vivamente a tomar esta curva...*
— *Para onde ela vai?* — *perguntou John, desconfiado.*
— *Ela leva de volta à estrada principal* — *disse Razão.*
LIVRO QUATRO, SEÇÃO IV

A jornada de John em busca da ilha que ele enxergou em uma visão se tornará, na verdade, uma peregrinação em busca de Deus, pois a ilha despertou nele um desejo que nenhum objeto terreno pode satisfazer. Tais objetos são capazes de despertar esse desejo insaciável; só Deus é capaz de satisfazê-lo.

A jornada leva John por um caminho com montanhas ao norte, que representam a Razão, e pântanos ao sul, que representam o Romantismo — uma polarização simbólica que reflete a crença de Lewis de que a primeira questão na vida é a de encontrar a concórdia entre a cabeça e o coração. Muitas vezes, John se perde no caminho. Se ele tende para as montanhas, encontra a Razão rígida e sem coração, e acaba caindo no legalismo. Se ele tende para os pântanos, seu coração se desvia para o sentimentalismo e a sensualidade. Ele deve manter-se na estrada principal para poder satisfazer seu desejo mais profundo.

Lewis quer afirmar que a história de John é a história de cada homem e mulher. Como diz o antigo hino, cada um de nós é "propenso a vagar". Nossa razão pode falhar e nosso coração pode nos desviar. Cada um de nós pode tender a uma dessas formas de racionalização que se tornam autorreferentes — uma tendência a interpretar todos os elementos da vida a partir de nossa própria perspectiva.

Mas criar o próprio senso de realidade, tecer justificativas para nossos próprios atos, é viver como uma aranha em sua teia, usando os outros e racionalizando nosso mau comportamento. Em contrapartida, desviar-se para o mundo dos impulsos sinceros que ignoram o bom senso também pode levar a comportamentos autorreferentes que, no final, ferem a nós ou aos que nos rodeiam.

Quando nos afastamos de Deus e nos perdemos em nosso caminho, é preciso encontrar o caminho de volta. Em tais momentos, a confissão das transgressões e o clamor pela misericórdia são sempre apropriados para nos pôr de volta no caminho certo. Deus nos ama e quer que nos aproximemos dele, que o sigamos com constância. Ele conhece as nossas tendências: a de nosso coração para vagar e a de nossa razão para racionalizar. Mesmo assim, ele procura nos atrair de novo para ele.

Se confessarmos os nossos pecados, ele é fiel e justo para perdoar os nossos pecados e nos purificar de toda injustiça.
1 JOÃO 1:9

4

Havia este desfiladeiro, que as pessoas da região chamam de Grand Canyon. Mas na minha língua seu nome é Peccatum Adae.
LIVRO CINCO, SEÇÃO II

Enquanto está em sua peregrinação, John aprende sobre um grande abismo que separa o homem de Deus. Contam-lhe que esse abismo é chamado *Peccatum Adae*, que significa "Pecado de Adão". Essa é uma referência ao primeiro pecado — em outras palavras, a doutrina que alguns chamam de pecado original, que afirma que de alguma forma, em virtude do primeiro pecado cometido, toda a raça humana foi contaminada.

Há quem suponha, erroneamente, que essa doutrina é uma tentativa de responsabilizar todos os homens e mulheres pelo ato de alguém que viveu há muito, muito tempo. Nada pode estar mais longe da verdade. Se essa ideia cria dificuldades para você, apenas tente viver uma vida perfeita. Aí está o problema: ninguém *pode* viver uma vida perfeita. Todos nós cometemos erros; nenhum de nós vive à altura das próprias convicções. A doutrina do pecado original serve não tanto para projetar uma culpa universal, mas para explicar um fenômeno universal: o fato de que cada um de nós tende a viver de uma maneira inconsistente e perturbadora.

Como G. K. Chesterton observou em seu livro *Ortodoxia*, essa é a única doutrina teológica que é empiricamente verificável; em outras palavras, a história está cheia de comprovações dela. Guerras intermináveis, genocídios, tráfico de escravos humanos, ganância empresarial, abuso político e de poder, tudo isso testemunha a verdade desagradável: algo deu errado com a espécie chamada humanidade. Mas, embora as páginas da história sejam úteis para mostrar exemplos de pecado e de atos lamentáveis, o estudo da história pode dar a sensação de que o pecado é uma realidade remota. Na verdade, uma avaliação honesta de nossos próprios corações deveria bastar para nos fornecer muitas evidências.

A doutrina do pecado original é apenas uma pincelada do homem numa tela muito mais ampla: a da bondade e da graça de Deus. Além disso, Deus não deixou a humanidade abandonada em sua situação. Afinal, a consciência de que, no mais profundo de nós, há algo que está quebrado e que é necessário consertar também é um incentivo para a peregrinação. Na alegoria de Lewis, John finalmente encontra a graça. Também nós podemos, assim, encontrar graça em Cristo.

Pois da mesma forma como em Adão todos morrem, em Cristo todos serão vivificados.
1 CORÍNTIOS 15:22

·5·

Toda oração é sempre, tomada ao pé da letra, blasfema, quando invoca um sonho folclórico com imagens frágeis...
Não nos entendas, ó Senhor, pelo sentido literal de nossas palavras, mas traduz nossa metáfora hesitante em teu grande e eterno discurso.
LIVRO OITO, SEÇÃO IV

Não importa o que pensemos sobre Deus, ele é maior e melhor do que nossos maiores e melhores pensamentos a seu respeito. Esse é um tema constante nos escritos de Lewis, e é importante para o peregrino cristão tê-lo em mente. Depois de ouvir um sermão ou ler um livro, ou depois de conversas profundas com amigos, podemos entender algo sobre Deus que não entendíamos antes. As peças do quebra-cabeça se juntam e nossa visão de Deus pode se expandir significativamente. No entanto, se alguém se apega excessivamente a uma visão que em qualquer momento já tenha sido benéfica, ela começará a competir com a possibilidade de uma compreensão saudável e crescente de Deus: essa imagem, que antes foi útil, torna-se um ídolo, porque Deus é muito maior do que nossos melhores pensamentos a respeito dele.

Essa ideia de buscar Deus como ele é, e não como gostaríamos que ele fosse, aparece com frequência na história literária. O Barão von Hügel, um filósofo da religião, escreveu sobre os níveis de clareza, alertando: "Cuidado com a primeira clareza; persiga a segunda clareza." Da mesma forma, Robert Browning escreveu: "Acolhe cada rejeição que suaviza a aspereza da terra." Quando pensamos ter tudo planejado, nossa concepção do mundo é agradável, suave e redonda. Mas o mundo não é suave; ele tem textura e complexidade, picos e vales. Como Agostinho escreveu: "A casa da minha alma é muito pequena. Aumenta-a, Senhor, para que possas entrar." E Estêvão, acusado de blasfemar contra o Templo de Jerusalém, disse a seus acusadores que eles nunca poderiam conter Deus em uma caixa. Como Estêvão, Lewis também entendeu que Deus é grande; ele constantemente chuta as paredes dos templos que construímos para ele, porque quer nos dar ainda mais de si mesmo.

Deus é maior do que nossos melhores pensamentos sobre ele, é melhor do que nossas melhores orações. Lewis reconhece nesse fato uma fonte de encorajamento para o peregrino espiritual: não importa quão abaixo de Deus estejam nossos melhores pensamentos a respeito dele, não importa quão fracas sejam nossas orações, ele ainda nos aceita e acolhe esses pensamentos e orações, aceitando-nos como nós somos.

"O céu é o meu trono, e a terra, o estrado dos meus pés. Que espécie de casa vocês me edificarão", diz o Senhor. "Onde seria meu lugar de descanso?
Não foram as minhas mãos que fizeram todas essas coisas?"
ATOS 7:49–50

◆6◆

Sentado estava lá um eremita, cujo nome era história.
LIVRO OITO, SEÇÃO VII

A palavra *alegoria* vem de duas palavras gregas: *allos*, que significa "outro do mesmo tipo", e *ágora*, que significa "mercado".* É daí, por exemplo, que vem a palavra *agorafobia*: medo do mercado. O livro dos Atos deixa

---

*| N.T.: Entender como uma "praça do mercado"; um logradouro público onde estariam diversos comerciantes, servindo muito bem como local de encontro e convívio.

claro que o procedimento do apóstolo Paulo, quando chegava a uma cidade, era pregar primeiro na sinagoga e depois na ágora. Então, juntando as duas palavras, uma *alegoria* é uma história configurada de tal forma que uma coisa é contada em um "mercado" diferente. Ela fornece uma nova maneira de olhar para algo e permite que enxerguemos algumas coisas que poderiam passar despercebidas, se continuassem sendo vistas apenas de uma maneira antiga e familiar.

Nessa alegoria em particular, John, o peregrino de Lewis, chega a um eremita que representa a história. Esse eremita, como a história, é uma pessoa menos propensa a se irritar e a ficar facilmente contrariada com as comoções atuais. Ele tem uma visão ampla das coisas e procura entendê-las em seu devido contexto. Procura entender as complexidades que alimentam cada momento, em vez de se apressar a tirar conclusões mal fundamentadas. O eremita também mostra que a história é a fonte da tradição e fala com uma voz de autoridade.

G. K. Chesterton observou que dois erros podem ser cometidos quanto à tradição. O primeiro é o de simplesmente aceitar todas as coisas tradicionais como se fossem a última palavra sobre como se deve pensar, falar ou agir. Essa visão permite que o passado supere o presente e impede qualquer tipo de desenvolvimento real. É a visão que diz: "Isso sempre foi feito assim." O segundo erro que podemos cometer a esse respeito é o de rejeitar abertamente a voz da história e suas tradições simplesmente porque sua mensagem é antiga e aparece carregada da poeira do passado. Esse erro específico nos impede de acessar os tesouros do passado. Chesterton diz que é o contrário, que "a tradição nada mais é que a democracia estendida ao longo do tempo". Toda vez que alguém se senta para considerar um assunto, pode encontrar sabedoria em muitos conselheiros; mas é igualmente sensato dar àqueles que já se foram o direito a um voto.

Essas coisas aconteceram a eles como exemplos e foram escritas como advertência para nós, sobre quem tem chegado o fim dos tempos.
1 CORÍNTIOS 10:11

•7•

As pessoas que não saem de suas casas são sempre assim. Se gostam de algo em sua própria aldeia, consideram-no como uma coisa universal e eterna, embora talvez nunca tenha sido mencionada cinco milhas longe dali.
LIVRO OITO, SEÇÃO VII

Como é fácil pensar que a compreensão atual de alguém é totalmente precisa. Como é fácil pensar que o conjunto social de alguém — igreja, escola, amigos, comunidade, partido político, associados — tem uma compreensão bastante completa dos assuntos e que aqueles que estão de fora são simplesmente ignorantes completos. Com que facilidade somos dados a esses exageros violentos que rapidamente categorizam os outros e os descartam rapidamente. Uma coisa é certa: cada um de nós tende para o seu próprio provincianismo; devemos sair disso para obter uma visão mais ampla do mundo.

Você já se perguntou o que mantém uma pessoa tão presa em uma rotina e tão relutante em ouvir outras possibilidades? Nenhum mero mortal tem a última palavra sobre seja lá o que for. Isso não significa que não se possa ter uma palavra segura sobre algumas coisas: A possibilidade de existir uma palavra segura nos impede de nos tornarmos relativistas, mas o fato de que não há uma "última palavra" nos preserva da pretensão de supor que temos uma compreensão completa e absoluta de qualquer assunto particular. Podemos acreditar na existência de absolutos, mas nunca devemos dizer: "Compreendo absolutamente esse assunto; não há nada a respeito dele que eu não consiga entender. Eu compreendi completamente todas as aplicações possíveis em relação a esse tema."

Ninguém alcançou uma inteligência capaz de rivalizar com a da Onisciência Divina. Os limites humanos bastam para afastar todos de uma arrogância tal. Toda verdade conhecida ainda pode ser aprofundada e aplicada a desafios ainda não enfrentados. Além disso, a falibilidade humana deve servir como lembrete de que qualquer um pode distorcer a verdade. Assim, é muito fácil supor que aqueles que não conseguem ver as coisas como nós vemos são necessariamente falhos ou deficientes. Mas o caminho da sinceridade — palavra que também pode ser entendida como sinônimo de humildade — nos afastará desse provincianismo.

Alguns se desviaram dessas coisas, voltando-se para discussões inúteis, querendo ser mestres da lei, quando não compreendem nem o que dizem nem as coisas acerca das quais fazem afirmações tão categóricas.
1 TIMÓTEO 1:6–7

•8•

O que é universal é [...] a chegada de alguma mensagem, não perfeitamente inteligível, que desperta esse desejo e faz os homens ansiarem por algo do Oriente ou do Ocidente do mundo.
LIVRO OITO, SEÇÃO IX

Muitos, como C. S. Lewis, sugeriram que os humanos são, em certo sentido, seres híbridos — cuja natureza é tanto física quanto espiritual. Vivemos nossas vidas entre dois mundos. Temos algo em comum com os animais — sendo criaturas de carne — e com os anjos — como seres espirituais. Em consequência, a simples vida carnal não pode nos satisfazer plenamente. Essas características de nossa humanidade muitas vezes nos levam a priorizar os desejos do espírito, em prejuízo dos desejos da carne. Na maior parte das vezes, porém, buscamos coisas da carne à custa das nossas aspirações mais profundas, que são as espirituais e imateriais. Algumas pessoas parecem viver a vida inteira em busca de interesses terrenos. Mas outras, talvez por frustração, percebem que as coisas terrenas não podem satisfazer plenamente os desejos do coração. Lewis entendeu isso; ele o experimentou em sua própria peregrinação em direção à fé e escreveu sobre esse tema em quase todos os seus livros.

Em *O regresso do peregrino*, o desejo por coisas espirituais do protagonista da narrativa é despertado. Esse despertar do desejo o leva a uma busca espiritual, que ele descobre que só pode ser satisfeita em Cristo. Talvez todos nós desejemos algo ou, melhor, alguém que, aparentemente, está além do nosso alcance. Talvez toda a vida seja vivida na presença de alguém que queira abrir caminhos até nós; e, no entanto, no meio de nossas atividades terrenas, nossos sentidos permanecem embotados para experiências que nos alertam a direcionar a Cristo o nosso desejo. Muitas coisas, no mundo criado por Deus, chamam a nossa atenção para ele. No entanto, em nosso mundo e em nossas vidas, as coisas que podem despertar o desejo também podem se tornar objetos nos quais procuramos satisfazer nosso anseio. Deus dá dons que nos atraem para ele; mas não dá esses dons como substitutos dele.

Há sabedoria em ser sensível ao galanteio de Deus em nossas vidas. Sua aurora está sempre nascendo em todos os lugares, em todas as direções. Que ele ilumine os caminhos que, seguidos, levam a ele.

Por isso é que foi dito: "Desperta, ó tu que dormes, levanta-te dentre os mortos e Cristo resplandecerá sobre ti."
EFÉSIOS 5:14

•9•

O mal é fissíparo... As paredes do buraco negro agem como um torniquete... Essa é a última cortesia do Senhorio para com aqueles que não aceitam que ele faça nada melhor por eles.
LIVRO DEZ, SEÇÃO IV

Ao escrever sobre o mal dessa maneira, Lewis se baseia na linguagem da física nuclear. O que ele quer dizer é que o mal, à maneira dos átomos que se dividem em fragmentos, tende a se assemelhar à ondulação que ocorre na superfície da água, quando uma pedra é arremessada nela: se não for detido, o mal se estende *ad infinitum*. Sendo fissípara, como essa força pode ser detida? Lewis acreditava que o inferno é o torniquete que Deus criou para deter o mal, dizendo: "Você pode ir até certo lugar e não mais longe." Assim, ele acreditava que até o inferno é um testemunho da graça de Deus.

A punição divina raramente é algo como um desastre natural — Deus poderia usar a natureza para cumprir seus propósitos, mas tende a agir de maneira diferente. Nós olhamos para a catástrofe natural e a chamamos de tragédia, mas a tragédia não está na ação da natureza; esta está fazendo apenas o que a natureza faz. A ignorância humana ou a indiferença à natureza é o que faz os eventos naturais parecerem trágicos. Na verdade, a tragédia está na loucura humana.

É uma verdade antiga e provada que a maneira costumeira de Deus punir é dar às pessoas o que elas querem. Agostinho, por exemplo, desenvolve essa ideia no Livro I de suas *Confissões*. As leis de Deus são cercas que delimitam o campo de atuação, dentro do qual Deus revela que o que ele deseja para seus filhos é justo e bom, porque seu projeto é que encontremos nele mesmo a nossa felicidade final. Ele dá dons para serem usados de maneira a garantir nosso contentamento, evitando abusar deles. É somente depois de fugir das intenções de Deus para conosco que começamos a sentir a dor e o prejuízo que decorrem de nossa tolice, e a notar que, pela obediência, poderíamos ter evitado esse prejuízo. No entanto, mesmo assim há graça disponível, pois nesse momento podemos nos voltar para ele em busca de perdão, graça, conforto e cura. Mas e se alguém se recusa a se voltar para Deus, preferindo controlar seu próprio destino? Então Deus, em sua justiça, não contradiz o dom do livre-arbítrio; ele respeita suas consequências e permite que o peregrino errante siga seu próprio caminho por toda a eternidade.

    Lewis acreditava que o mal, um dia, será permanentemente isolado, e que o inferno será sua fronteira imóvel. O inferno é o torniquete do mal, uma prisão para o eternamente incorrigível. É um asilo para aqueles que dizem "Melhor reinar no inferno do que servir no céu". Deus lhes dá o que eles querem.

Os homens maus não entendem a justiça, mas os que buscam o Senhor a entendem plenamente.
PROVÉRBIOS 28:5

·10·

Tolos são aqueles que dizem aprender pela própria experiência. Mas já que, pelo menos, eles aprendem, que o tolo traga sua experiência ao lote comum, para que os sábios aprendam também com ela.
POSFÁCIO

Quem se inclinasse a orar: "Senhor, disciplina-me", precisaria fazer isso apenas uma vez. Se Deus respondesse a tal oração, as consequências certamente resultariam em algumas lições difíceis. Em suas *Devoções*, o poeta John Donne observou: "Nenhum homem foi suficientemente afligido a ponto de não amadurecer e aprender com essa aflição, que o torna apto para Deus." Pode-se aprender muito ao sofrer as consequências de nossas próprias escolhas erradas. Mas é claro que há outra maneira, muito menos dolorosa, de aprender. Talvez seja melhor orar para que Deus nos guarde de ter corações duros e pescoços que não se dobram, para que, sempre que possível, possamos aprender pela observação dos erros dos outros.

    O posfácio de Lewis para *O regresso do peregrino* fala dessa forma de aprendizado. Sua humildade é evidente quando ele oferece sua própria experiência — que pode ou não ter nascido da tolice — para que seus leitores possam aprender e crescer a partir dela. O que ele escreve aqui talvez seja mais aplicável do que se percebe à primeira vista.

De fato, pode ser que toda literatura forneça material frutífero para o aprendizado a partir da experiência alheia. É possível se beneficiar das lições de vida de centenas de personagens literários, expostas em incontáveis livros. A peregrinação espiritual de qualquer pessoa será beneficiada pela atenção cuidadosa a esses personagens. O mesmo pode ser dito dos exemplos históricos e das histórias apresentadas nas Escrituras. Aqueles que mais dão atenção a textos de qualquer tipo podem esperar evitar os traumas dos outros, aprendendo com esses textos e aplicando tal sabedoria em suas próprias vidas.

O sofrimento de alguns desses personagens registrados em textos literários, como o de Miss Havisham em *Grandes esperanças*, de Charles Dickens, revela a consequência da amargura longamente nutrida. Pode ser possível que nós, observando essa consequência, transformemos nosso próprio sofrimento em bondade e empatia. Da mesma forma, um personagem como Scrooge, que se tornou avarento e mesquinho após tudo o que recebeu de uma vida generosa, pode ser a ocasião para aprendermos, em contraste, magnanimidade e bondade. Lições de segunda mão podem nos proteger de sofrimento emocional desnecessário, mas todos nós precisaremos aprender algumas lições da maneira mais difícil. E a orientação de Deus — e a graça — está lá para que todas as tristezas se transformem em alegria e para que a esperança seja acessível a todos.

Pois tudo o que foi escrito no passado, foi escrito para nos ensinar, de forma que, por meio da perseverança e do bom ânimo procedentes das Escrituras, mantenhamos a nossa esperança.
ROMANOS 15:4

CAPÍTULO 2
Surpreendido pela alegria

Frequentemente, C. S. Lewis lançava mão de uma variedade de gêneros literários para lidar com um tema em particular. Se algo é digno de ser dito, será digno de ser repetido, mais de uma vez e de muitas maneiras diferentes. Com certeza, isso é verdade quando se trata da própria peregrinação de Lewis em direção à fé. Depois de *O regresso do peregrino*, Lewis escreveu um segundo livro autobiográfico, *Surpreendido pela alegria* (*Surprised by Joy*). Este veio mais de duas décadas depois do primeiro, e tem uma abordagem proposicional em vez de alegórica. No entanto, sua história tem muitos dos mesmos elementos encontrados no trabalho anterior. Como John, o protagonista de *O regresso do peregrino*, Lewis destaca sua própria jornada de fé em *Surpreendido pela alegria*. Por exemplo, ele observa o despertar de seu anseio quando, ainda criança, morando em Belfast, na Irlanda do

Norte, viu seu irmão trazer para o quarto um jardim de brinquedo na tampa de uma lata de biscoitos. À primeira vista, o evento parecia tão arbitrário, mas algo de transcendente irrompeu e colocou o menino em busca do objeto desse desejo indefinido. Lewis escolheu como subtítulo para essa autobiografia *The Shape of My Early Life* [*a forma, imagem ou figura do começo da minha vida*]. Pode-se dizer que ele se refere à forma que procura atribuir à sua vida, ao selecionar entre os inúmeros detalhes de seus primeiros dias aqueles eventos que mais o ajudaram a dar sentido à sua experiência.

Nem tudo o que ele experimentou foi bom. Embora tenha sido criado em um lar cristão — seu avô materno o batizou logo após seu nascimento —, Lewis rejeitou a fé de sua infância, em parte devido à morte prematura de sua mãe, quando ele tinha apenas nove anos. Ele também tinha uma deformidade nos polegares que o tornava desajeitado e, pode-se imaginar, sujeito ao ridículo na escola; esse constrangimento e seu senso de luta pessoal levaram-no a um pessimismo inicial. Sua fé infantil não o confortou ao enfrentar as complexidades e tristezas da vida, e, com o tempo, nasceram nele sérias dúvidas sobre a existência de Deus. Desse modo, no início de sua vida, Lewis se tornou ateu. *Surpreendido pela alegria* narra sua peregrinação desse ponto de partida até a fé, oferecendo-nos uma visão privilegiada de como ele foi capaz de ter suas dúvidas respondidas e encontrar respostas substanciais para suas perguntas, de tal maneira que o levou a abraçar o cristianismo. Juntamente à sua busca por respostas intelectuais, sua jornada espiritual foi impulsionada por um profundo sentimento de anseio por algum objeto que sempre lhe parecia escapar, até que ele veio a Cristo.

Embora seja apenas a história de Lewis, *Surpreendido pela alegria* permite ao leitor descobrir pedaços de sua própria história. Ao narrar os eventos que moldaram sua vida, Lewis nos deixa livres para revisitar e refletir sobre os eventos que moldaram a nossa própria vida. Cada um de nós tem um contexto no qual nascemos, uma história familiar que se torna nossa. A região ou cidade em que fomos criados alimenta um senso de identidade e marca nosso entendimento. As escolas que frequentamos, as amizades que formamos, os livros que lemos contribuem para a vida da alma. Lewis não deixaria seus leitores esquecerem isso. Ao lermos seu livro, também nos lembramos de outra ideia: esses eventos que nos moldam também nos levam a dar início a uma busca espiritual; eles marcam nossa descoberta de um mundo que, se bem compreendido, revela que Deus esteve presente e nos guiou o tempo todo.

·I·

A verdadeira curiosidade objetiva geralmente terá um efeito purificador.
CAPÍTULO 1

Qualquer tipo de crescimento acadêmico começa com a curiosidade. No *Teeteto* [diálogo de Platão], Sócrates observa que toda filosofia (ou seja, "amor à sabedoria") começa pelo espanto, outra palavra para essa faculdade mental. Até o crescimento pessoal depende da curiosidade. Nossa capacidade de compreender os outros depende tanto de sermos curiosos sobre eles — buscando entender seus amores e decepções, suas alegrias e tristezas —, que há uma certa tragédia na vida de quem nunca cultivou a curiosidade. Se quisermos conhecer verdadeiramente as outras pessoas, devemos procurar vê-las como diferentes de nós mesmos. E o senso de curiosidade certamente reforça o interesse em crescer e aprender com a multidão de erros que qualquer ser humano está fadado a cometer durante a vida, bem como o desejo de que esses erros e suas consequências dolorosas possam ser evitados no futuro. Quando escreveu sobre sua própria peregrinação espiritual em *Surpreendido pela alegria*, Lewis estava ciente de uma série de benefícios que poderiam advir do ato de refletir sobre sua vida, e pensou que essa reflexão poderia beneficiar seus leitores também.

Mas de que maneira Lewis indicou que a curiosidade objetiva pode ter um efeito purificador?

Há um tipo de curiosidade que pode não ser útil. É aquela que busca ver as coisas apenas à luz de seu valor utilitário; isto é, ver as coisas e valorizá-las apenas se as acharmos úteis para promover nosso próprio interesse pessoal, em vez de buscar conhecê-las e entendê-las como elas são em si mesmas. Isso é verdade, principalmente, no nível pessoal. Se formos autorreferentes em nossa compreensão da vida, tenderemos a ser utilitários em nossos relacionamentos — tecendo nosso senso de realidade para fora de nós mesmos, como uma aranha, apenas para capturar as outras pessoas em nossas teias e nos alimentarmos delas por interesse pessoal.

Mas a consciência de si mesmo e de suas fraquezas pode, quando devidamente seguida, levar alguém à empatia e compreensão dos outros. Precisamos cultivar uma curiosidade objetiva, uma capacidade de enxergar o que existe fora de nós mesmos e buscar entender os outros como eles são. Esse tipo de curiosidade pode se tornar catártico, pois nos purifica de nossos caminhos autorreferenciais e nos permite ver e valorizar os outros como eles são: criaturas feitas à imagem de Deus.

Bem-aventurados os puros de coração, pois verão a Deus.
MATEUS 5:8

⋆ 2 ⋆

Com a morte da minha mãe, toda a felicidade que existia... desapareceu da minha vida... com aquela antiga segurança. Agora havia o mar e as ilhas; o grande continente afundara, como a Atlântida.
CAPÍTULO 1

Mares e ilhas são imagens comuns na obra de C. S. Lewis; os livros mais famosos em que ele os cita talvez sejam *Perelandra* e *A viagem do Peregrino da Alvorada*. No entanto, em *Surpreendido pela alegria*, no qual Lewis escreve sobre sua peregrinação até a fé, essas imagens assumem um significado especial.

A mãe de Lewis morreu quando ele tinha apenas nove anos. Naturalmente, foi um momento decisivo em sua vida, e em *Surpreendido pela alegria* sua descrição desse evento é reveladora. Sua mãe tinha sido a fonte de estabilidade em sua infância. Para ele, ela era como um continente, um terreno sólido no qual ele podia confiar. E então ela morreu. Sua descrição imaginativa — como se ele estivesse no lendário continente perdido da Atlântida enquanto este submergia — revela a verdade que ele descobriu quando menino: em um mundo cheio de mutabilidade, até o que parece mais estável pode nos ser tirado. Se depositarmos nossa confiança absoluta nessas coisas, poremos nossas esperanças e aspirações no que Lewis chamou de "falsos infinitos". Podemos ficar tentados a acreditar que essas coisas sempre estarão disponíveis e que as ter é o mesmo que ser feliz. Na realidade, a vida, encarada dessa maneira, certamente será decepcionante. A estabilidade só pode ser encontrada em Cristo.

Quando escreveu *Perelandra*, o segundo livro de sua trilogia de ficção científica, Lewis mostrou isso ao longo da história. Perelandra (Vênus) é um planeta cuja Eva não pecou. Sua grande tentação não era a mesma que a do Jardim do Éden — comer um fruto proibido. Em vez disso, no planeta, cheio de mares e ilhas flutuantes, existe uma regra, segundo a qual ninguém deve permanecer durante a noite no continente: deve-se pernoitar nas ilhas flutuantes. Não se pode deixar de pensar que Lewis está dizendo a seus leitores que as pseudoestabilidades de nosso "terreno fixo" não passam de "falsos infinitos". Devemos usufruir do que quer que encontremos em nosso mundo — mas não esperar, de seja o que for, a permanência e a estabilidade que somente Deus pode trazer à vida.

Toda boa dádiva e todo dom perfeito vêm do alto, descendo do Pai das luzes, que não muda como sombras inconstantes.
TIAGO 1:17

·3·

Os castigos divinos também são misericórdias, e a partir do mal particular, o bem particular é produzido; a cegueira punitiva se revela a cegueira curativa.
CAPÍTULO 5

Deus pode tirar o bem do mal que sofremos e suportamos? Lewis pensava assim. Isso pode ser verdade se o sofrimento for consequência de nossas próprias más escolhas ou das escolhas dos outros. Pense na pior coisa que já aconteceu com você. Agora, pense na segunda pior coisa. E a próxima. E a seguinte. Até onde você consegue chegar, antes que o poço de sua memória se esgote? Agora comece a se lembrar das coisas positivas que você experimentou: as vezes que você teve ótimas conversas com amigos ou as vezes que você riu, leu um grande livro, ganhou um presente, ficou feliz em dar um presente para outra pessoa, percebeu a beleza de um pôr do sol ou um campo de flores silvestres na primavera. Essa segunda lista pode prosseguir indefinidamente. As experiências ruins que sofremos são relativamente raras em comparação com a abundância de boas experiências que nos cercam por todos os lados. Decerto é evidente que, ao longo da vida, mesmo aqueles que estão em pior situação experimentam muito mais coisas boas do que ruins. E na hora da morte, para a maior parte das pessoas, a dor, por mais significativa que seja, permanecerá relativamente breve em comparação com uma vida cheia de alegrias. E, ainda assim, suportamos experiências dolorosas. No entanto, Lewis talvez tivesse razão: é possível que o bem seja tirado do mal?

Pense novamente naquela lista de coisas ruins que você suportou. A questão que se apresenta é: você já viu alguma delas, no fim, resultar em algum bem? Talvez não tenha havido uma resolução das próprias circunstâncias; mas você não tirou da dor lições valiosas? Se, com a passagem do tempo, você pôde ver o bem nascendo de alguns dos males que experimentou, então você tem motivos para acreditar que, dada a eternidade, todo mal pode resultar em algum tipo de bem. Se, sem dúvida, a pior coisa que já aconteceu na história humana foi a Cruz, e se Deus virou esse evento pelo avesso e por meio dele ofereceu a maior demonstração de seu amor e graça para nós, então temos ainda mais razões para acreditar que ele pode tirar, de toda a dor que suportamos, algo de bom.

Todos estão fadados a sofrer durante a peregrinação da vida. No entanto, todos são convidados a ter esperança no fato de que o bem pode vir do mal que experimentamos.

Senhor, trata com bondade aos que fazem o bem, aos que têm coração íntegro.
SALMOS 125:4

· 4 ·

Toda alegria é uma reminiscência. Nunca é uma posse, sempre um desejo por algo mais além, distante, ou ainda "por haver".
CAPÍTULO 5

Lewis usou uma certa palavra como uma espécie de abreviação para descrever os anseios mais profundos da alma; essa palavra é *Alegria*. Ele a usou em referência ao despertar do desejo por algum objeto que nunca é totalmente possuído, mas que envolve um anseio que pode nos levar a uma situação de insaciabilidade. Em última análise, esse anseio é por Deus, e pode ser despertado por qualquer coisa que se experimente em um mundo feito por ele, um mundo que tem indícios de sua presença em toda parte. Há muito que sugere que as peregrinações à fé começam quando esse anseio se lança à procura de seu objeto.

Deus nos atrai para si mesmo, dando-nos dons, mas ele não quer que liguemos o desejo do nosso coração ao dom em lugar do doador. Encontramos a beleza e procuramos seu Criador, mesmo que inicialmente nossa busca seja apenas para agradecer profundamente a glória que vimos; a beleza nos lança em uma peregrinação que, por fim, nos leva a Deus. Temos nosso coração despertado por um primeiro amor, e achamos que aquela pessoa amada é tudo aquilo por que mais ansiamos. Embora os relacionamentos humanos possam ser satisfatórios, somente Deus satisfaz em definitivo. Devidamente compreendidos, os amores relacionais nos familiarizam com a Alegria que nos coloca em uma peregrinação em busca do nosso primeiro amor definitivo.

A consciência de nossas próprias deficiências morais e o desejo de consertar o que está quebrado em nós também despertam uma busca que só pode ser satisfeita em Deus. O desejo de dar sentido a nossas experiências e descobrir um propósito em nossas vidas sugere a existência da verdade suprema. Assim, também, o desejo de segurança desperta em nós o desejo pelo céu — nosso lugar absolutamente seguro. Mesmo o amor à natureza pode revelar um desejo de se aproximar do Deus da natureza e estar ciente de sua proximidade.

O nome dado por Lewis a todas essas experiências humanas comuns que despertam em nós um sentimento de saudade, uma consciência de que um desejo mais profundo nos chama, é Alegria. Ninguém jamais alcançará o verdadeiro desejo do coração até que o encontre em Cristo. Ele é o objeto desse profundíssimo desejo. Nossas vidas não ficarão satisfeitas, até que se satisfaçam nele.

O Senhor é a minha força e o meu escudo; nele o meu coração confia, e dele recebo ajuda. Meu coração exulta de alegria, e com o meu cântico lhe darei graças.
SALMOS 28:7

·5·

Ele se importa apenas com a construção de templos, e não com os templos construídos.
CAPÍTULO 11

Outra ideia importante na escrita de C. S. Lewis é esta: "A realidade é iconoclasta." Em praticamente todos os livros que ele escreveu, essa ideia aparece de uma forma ou de outra. O que isso significa? Um iconoclasta é uma pessoa que quebra ídolos. A ideia apresentada por Lewis é que qualquer imagem de Deus que possa ser formada por alguém após ouvir um bom sermão, ler um livro ou ter uma conversa esclarecedora com amigos pode se tornar problemática com o tempo — ainda que seja, naquele momento, uma ideia benéfica.

As imagens que temos de Deus, se nos agarrarmos a elas com muito empenho, competem contra a nossa compreensão crescente e expansiva a respeito de Deus. Tal imagem, com o tempo, torna-se um ídolo. Deus se dedica a demolir as paredes de qualquer templo que possamos construir para ele, porque ele quer nos dar ainda mais de si mesmo. Ele não se importa com "templos *construídos*; apenas com a *construção* de templos". Deus é grande — maior do que qualquer um dos nossos melhores pensamentos sobre ele. Portanto, nossas ideias de Deus devem ser dinâmicas, não estáticas; nossas ideias sobre ele devem estar constantemente em expansão, para que cheguem mais perto de uma verdadeira compreensão dele. Esse não é um conceito novo criado por Lewis; está inserido em uma longa tradição. Como foi mencionado anteriormente, Agostinho escreveu sobre a casa de sua alma ser muito pequena, e ele orava para que o Senhor pudesse expandi-la e entrar nela. Dê boas-vindas às experiências da vida que lhe ajudam a ver as coisas como elas são, em vez de como você gostaria que fossem.

Mais uma vez o Barão von Hügel, filósofo da religião, escreveu que devemos tomar cuidado com o que desde o princípio parece claro, avançando para a "segunda clareza" e, poderíamos acrescentar, também para a terceira e quarta clareza. Deus é maior do que nossos melhores pensamentos sobre ele. Se nossa capacidade de conhecê-lo não crescer, não vai demorar muito para que estejamos adorando um Deus criado por nós mesmos e cortando o vínculo espiritual com todos os que não veem as coisas do nosso jeito. Além disso, escreveremos "Assim diz o Senhor" embaixo de todas as nossas próprias opiniões, enquanto nos aproximamos da idolatria. Lewis não aceitaria nada disso — e nós também não deveríamos aceitar.

Então Jó respondeu ao Senhor: "Sei que podes fazer todas as coisas; nenhum dos teus planos pode ser frustrado. Tu perguntaste: 'Quem é esse que obscurece o meu conselho sem conhecimento?' Certo é que falei de coisas que eu não entendia, coisas tão maravilhosas que eu não poderia saber."
JÓ 42:1-3

· 6 ·

Minha imaginação foi, em certo sentido, batizada.
CAPÍTULO 11

Assim como a curiosidade, a imaginação é um bem valioso para a peregrinação espiritual. Mas, como acontece com todos os outros dons, a imaginação pode ser usada para o bem ou para o mal. Ela pode ser usada em empreendimentos criativos que melhoram a situação da humanidade, ou de maneiras que tragam destruição e estragos, causando danos a nós e aos outros. Lewis reconheceu que sua própria imaginação precisava ser "batizada" — isto é, resgatada para bons propósitos. Em seu livro *A imagem descartada* (*The Discarded Image*), Lewis distinguiu três tipos de imaginação.

Primeiro, há a que ele chamou de imaginação transformadora. Lewis cita o poeta inglês William Wordsworth como exemplo. Esse não é um tipo positivo de imaginação, pois transfere para as pessoas e circunstâncias as coisas que queremos ver, para o bem ou para o mal; e geralmente para o mal. Essa transferência — que está envolvida no que os psicólogos chamam de projeção — é a forma mais prejudicial da imaginação, porque nos isola dos outros e nos impede de nos conectarmos com o mundo como ele é. Com o tempo, nos encontramos vivendo em uma ilusão da qual precisamos ser despertados.

Em seguida, há a imaginação penetrante. Em vários ensaios, Lewis observa que Shakespeare e Dante são exemplos desse tipo; não importa o que esteja diante deles, eles procuram entendê-lo mais profundamente do que seria possível à primeira vista. A imaginação penetrante procura sondar as profundezas de uma coisa e compreender seus meandros e complexidades.

Por último, Lewis fala da imaginação realizadora, que ele diz ser característica da literatura da Idade Média. Os medievais tendiam a olhar para fora, usando sua imaginação para perceber seu lugar em um mundo mais amplo. Essa forma de imaginação se abre para o mundo ao seu redor com espanto e admiração.

Na própria peregrinação de Lewis e no meio de sua leitura, ele se deparou com a obra *Phantastes: a terra das fadas* (*Phantastes: A Faerie Romance*), de George MacDonald — e disse que sua imaginação foi batizada pela leitura. Em outras palavras, Lewis sugere que sua imaginação foi empregada em uma atividade como que sacramental, que lhe forneceu uma primeira consciência da presença e da graça de Deus em sua vida. Ele não teria descrito dessa forma na época, mas, observando em retrospecto, ele soube que foi isso que aconteceu. A literatura imaginativa, talvez mais do que a não ficção meditativa, permitiu-lhe apreender algumas ideias que dificilmente poderiam ser pensadas por outros métodos. Seria bom que todos os verdadeiros peregrinos cultivassem as disciplinas da imaginação de uma forma capaz de produzir vida e saúde espirituais.

Em suas várias vias, a imaginação nos permite penetrar mais profundamente nas realidades espirituais, bem como perceber mais amplamente que vivemos sempre na presença de Deus.

[...] tudo o que for verdadeiro, tudo o que for nobre, tudo o que for correto, tudo o que for puro, tudo o que for amável, tudo o que for de boa fama, se houver algo de excelente ou digno de louvor, pensem nessas coisas.
FILIPENSES 4:8

•7•

Eu pensava que [Deus] nos havia projetado como um dramaturgo projeta seus personagens; e que eu não poderia "conhecê-lo" mais do que Hamlet poderia conhecer Shakespeare.
CAPÍTULO 14

Antes de se tornar cristão, Lewis não achava que fosse realmente possível ter um encontro com Deus. Através do raciocínio, ele havia percorrido seu caminho até o teísmo, mas, como relata em sua autobiografia, acreditava que não poderia conhecer Deus pessoalmente mais do que Hamlet poderia ter conhecido Shakespeare. Quando se tornou cristão, ele percebeu que sua analogia Hamlet-Shakespeare ainda era boa. De fato, Hamlet, enquanto personagem da peça, nunca poderia sair das palavras para conhecer o autor. Mas era possível que Shakespeare pusesse a si mesmo na peça e desse a Hamlet a oportunidade de conhecê-lo. Lewis diz que essa analogia expressa algo como o que aconteceu na Encarnação, quando Deus, o Filho, se inscreveu no jogo da experiência humana e tornou possível que o Criador e a criatura fossem apresentados um ao outro.

Por melhor que seja essa analogia, ela ainda não convencerá alguns. Pode-se imaginar a seguinte situação em Elsinore: ultimamente, as coisas estão muito estranhas. O rei morreu no auge de sua força. A coroa não passa para o príncipe herdeiro, como era de se esperar, mas para o irmão do rei morto. Além disso, a rainha não guarda o luto por seu marido falecido, mas imediatamente se casa com seu cunhado, o novo rei. Hamlet tem agido de forma estranha (embora alguns digam que há um método em sua loucura); e Ofélia é um caso perdido. De repente, aparece na corte um homenzinho de barba pontuda, usando roupas elisabetanas e um brinco na orelha. Todos perguntam: "Quem é você e como passou pelos guardas, surgindo na corte do rei?" Ele responde: "Oh, eu sou Shakespeare, seu criador. Todos vocês estão vivendo em uma peça que eu trouxe à existência. Eu sei que as coisas estão difíceis ultimamente, mas posso garantir que, com um pouco mais de tempo, todos os erros serão reparados e corrigidos." E, ouvindo isso, toda a corte descarta Shakespeare como um louco.

Aquele que é a Palavra tornou-se carne e viveu entre nós. Vimos a sua glória, glória como do Unigênito vindo do Pai, cheio de graça e de verdade.
JOÃO 1:14

· 8 ·

Examinei-me com um propósito seriamente prático... O que encontrei me espantou; um zoológico de luxúrias, uma confusão de ambições, um viveiro de medos, um harém de ódios acariciados.
CAPÍTULO 14

Uma peregrinação honesta é cheia de autodescoberta. Infelizmente, nem tudo o que podemos descobrir sobre nós mesmos é agradável de se saber. Encaremos os fatos: ser humano é ser uma mistura do que é digno e do que é depravado.

Uma visão cristã do que significa ser humano deve levar em conta as possibilidades tanto de bondade quanto de maldade. Certamente somos bons por natureza; somos feitos à imagem de Deus, e isso é bom. Por essa razão, mesmo os piores criminosos nas sociedades cristãs recebem um julgamento justo e são considerados inocentes até prova em contrário. Mas nenhuma visão cristã da natureza humana é completa sem a percepção de que também somos maus em nossa natureza. A maldade é uma invasão de uma natureza que, ao ser criada por Deus, era boa, mas na qual algo obviamente deu errado.

Os cristãos podem, em virtude de seu credo, explicar tanto a dignidade quanto a depravação da humanidade. A doutrina cristã sobre Deus reconhece que ele não poderia fazer nada essencialmente mau. A doutrina cristã sobre Cristo reconhece que, embora plenamente Deus, ele também foi plenamente humano e que em sua humanidade não se encontrava mancha de pecado. Assim, o pecado não é essencial para o significado de "ser humano".

Além disso, a visão cristã da antropologia enxerga quatro categorias de pessoas nas Escrituras: Adão e Eva antes da queda, Adão e Eva e seus descendentes após a queda, Cristo em sua humanidade, e as pessoas em seu estado glorificado no céu. Em apenas uma dessas categorias encontra-se pecado; de modo que o pecado não pode ser a característica essencialmente definidora do que significa ser humano. No entanto, um pré-requisito para a restauração da dignidade de nossas vidas requer uma avaliação honesta do que farão conosco o pecado e a nossa própria vontade quando opera sem respeitar o direito de Deus de governar e reinar em nossas vidas. Antes da sua conversão a Cristo, Lewis viu a verdadeira condição de sua vida e sua desesperada necessidade da graça de Cristo. O autoexame honesto é uma parte importante de qualquer peregrinação que leve a Deus.

Examinem-se para ver se vocês estão na fé; provem-se a si mesmos. Não percebem que Cristo Jesus está em vocês? A não ser que tenham sido reprovados!
2 CORÍNTIOS 13:5

◆9◆

Deus deve ser obedecido por causa do que ele é em si mesmo.
CAPÍTULO 15

Os peregrinos espirituais rapidamente descobrem, como Lewis, que há muita coisa que eles não sabem ou entendem. Mas, se esses peregrinos acreditam em um Deus onisciente e aceitam sua revelação nas Escrituras, então a obediência pela graça de Deus se torna uma parte essencial de suas vidas. Nenhum conhecimento humano, mesmo quando se aproxima do potencial máximo, é completo. No entanto, se os mandamentos de Deus nos são dados em virtude de seu infinito saber, então todo ato de obediência dá aos fiéis acesso aos benefícios da onisciência de Deus. A obediência nos possibilita viver a vida melhor do que poderíamos vivê-la por conta própria.

Deus deve ser obedecido porque ele é Deus e soberano sobre todos. E, no entanto, de acordo com os ensinamentos de Jesus, a obediência é, em última análise, baseada na percepção de que esse único e soberano Deus ama suas criaturas. Ele disse aos seus seguidores: "Se vocês me amam, obedecerão aos meus mandamentos." (João 14:15) O amor vem primeiro; a obediência o segue. Aqueles que pensam que a obediência é o meio de ganhar o amor de Deus vivem em empobrecimento espiritual por toda a vida. Mas aqueles que obedecem em resposta ao amor de Deus obtêm grande benefício.

Lewis também observou que a obediência é uma maneira pela qual Deus permite que seus verdadeiros seguidores consertem suas fraquezas. A obediência é uma tala que Deus coloca em uma vida fragmentada para que ela se conserte. Em outras palavras, a obediência é o caminho de reabilitação que Deus escolheu para nós, para que possamos amadurecer à semelhança de Cristo. Não se deve enxergar a tala como algo permanente, mas necessário, até que de modo espontâneo escolhamos fazer o que uma pessoa semelhante a Cristo faria.

Blaise Pascal escreveu em *Pensamentos* (*Pensées*): "Mais valem duas leis para governar toda a República cristã do que todas as leis da política": ame a Deus e ame o próximo como a si mesmo. As pessoas que amam a Deus não precisam de ordens para adorá-lo. As pessoas que amam seus próximos não precisam ser instruídas a não mentir, trapacear e roubar, pois naturalmente serão honestas e generosas. Mas, até que esse amor domine nossas escolhas, é a obediência que nos move na direção que mais se assemelha aos atos amorosos (isto é, semelhantes a Cristo).

Se vocês me amam, obedecerão aos meus mandamentos.
JOÃO 14:15

·10·

Fui levado a Whipsnade numa… manhã. Quando partimos, eu não acreditava que Jesus Cristo era o filho de Deus. Quando chegamos ao zoo, eu acreditava.
CAPÍTULO 15

Nem todo mundo consegue se lembrar do momento exato em que poderia dizer: "Até então eu não era cristão, e depois de tal momento eu me tornei um." Lewis lembrava-se desse momento em sua vida. Durante anos, ele lutou com questões em torno da crença em Cristo. Ele tinha muitas dúvidas; mas com o tempo chegou ao limiar da crença. Foi depois de uma conversa, tarde da noite, com seus amigos Hugo Dyson e J. R. R. Tolkien que Lewis deixou de lado suas últimas objeções à fé. Poucos dias depois, em 28 de setembro de 1931, viajando até o Jardim Zoológico de Whipsnade, no *sidecar* da motocicleta de seu irmão, Lewis tornou-se cristão.

O momento de conversão de Lewis foi único para ele; felizmente, ninguém é obrigado a aceitar a fé enquanto vai a um zoológico. Mas há muitas coisas comuns que podem ser observadas na experiência de Lewis. Primeiro, sua fé lhe veio na reta final de um processo bem pensado, que levou muitos anos. Fé e razão não são a mesma coisa; é possível que alguém se convença da razoabilidade do cristianismo e ainda assim não assuma um compromisso. Contudo, é sábio manter-se racional em questões de fé. Em segundo lugar, embora Lewis tenha lutado com questões espirituais por anos, foi o testemunho fiel de dois amigos que finalmente o levou a assumir um compromisso. A importância do testemunho pessoal dos outros não pode ser negligenciada. Lewis viria a fazer o que vira personificado em Dyson e Tolkien, pois ele também falaria a outros sobre Cristo. Terceiro, Lewis quis tomar a decisão de seguir a Cristo. Como alguns descreveram, essa não é uma decisão única, mas se assemelha mais à decisão de, a partir daquele momento, decidir por Cristo em todas as decisões. Em outras palavras, Lewis fez um compromisso vitalício com Cristo. Por fim, o local onde assumiu esse compromisso não foi significativo para sua decisão. Compromissos com Cristo podem ser feitos na igreja, em casa, sozinho ou conversando com amigos. Lewis estava, entre todos os lugares possíveis, no *sidecar* de uma motocicleta. O Deus onipresente pode ser encontrado em qualquer lugar.

Se você confessar com a sua boca que Jesus é Senhor e crer em seu coração que Deus o ressuscitou dentre os mortos, será salvo.
ROMANOS 10:9

CAPÍTULO 3
Até que tenhamos rostos

A té que tenhamos rostos: a releitura de um mito (*Till We Have Faces: a Myth Retold*) é, talvez, o livro mais impressionante de Lewis; e traz, de longe, os temas mais complexos entre todos os livros que ele escreveu. É a releitura do mito de Cupido e Psiquê.

Lewis acreditava que as boas histórias muitas vezes se beneficiam da riqueza das histórias que as precederam. Na releitura, um autor tem a vantagem de um motivo antigo e amado, bem como a liberdade para embelezar e apresentar algum interesse retórico próprio. Lewis escreveu alguns ensaios explicando a prática medieval dessa forma de embelezamento. Ela aparece na história de Troilo e Créssida — Chaucer contou sua história tomando personagens emprestados da *Ilíada* de Homero e de *Il Filostrato* do poeta italiano Giovanni Boccaccio; Shakespeare, depois, também embelezaria ainda mais a história para o teatro. Essa é uma prática ainda usada hoje. *Romeu e Julieta* torna-se *West Side Story*; *Orgulho e preconceito* torna-se *O diário de Bridget Jones*, de Helen Fielding; *Oliver Twist* torna-se o filme *August Rush* [*O som do coração*, de Kirsten Sheridan], de 2007. Para qualificar o verdadeiro retrabalho de releitura, não se pode aceitar que o autor da nova história seja alguém desprovido de criatividade, e, portanto, reduzido ao plágio; em vez disso, o novo autor, reconhecendo o poder da velha história, faz da sua releitura o veículo para seu embelezamento, que é novo e justificado pela necessidade de propor um ponto retórico.

Assim é com Lewis, quando emprega o velho mito de Cupido e Psiquê como um veículo para algumas percepções mais recentes. Sua releitura deu-lhe ocasião para escrever sobre duas coisas em particular. Primeiro, ele queria explorar como o relacionamento entre duas pessoas é afetado quando uma passa por uma transformação espiritual e a outra não. Que esforços uma fará para fazer a outra enxergar a partir de seu ponto de vista; até que ponto aquela que tem a experiência não compartilhada projetará a ilusão na outra? Em segundo lugar, Lewis explorou a maneira como até algo tão exaltado como o amor pode degenerar em tirania nas mãos de homens e mulheres bem-intencionados.

O verdadeiro amor procura entrar no mundo do outro e dar de acordo com a real necessidade desse outro. Mas, se nosso egoísmo não for controlado, nosso amor pode se transformar em um egocentrismo controlador, justificando sua tirania como preocupação com a pessoa amada, quando na verdade tem intenção utilitária. As perversões do amor não são empáticas; elas raramente se importam com o outro além do valor e interesse temporários. Assim, nesse livro impressionante, Lewis mostra um espelho aos seus leitores e nos faz enxergar, em suas faces, o que de outra forma poderia não ser corrigido.

· I ·

Vou acusar os deuses. Vou contar tudo, como se estivesse me queixando deles perante um juiz.
LIVRO 1, CAPÍTULO 1

Até que tenhamos rostos começa quando Orual, a rainha de Glome, apresenta uma queixa contra os deuses. A história se passa na época do império grego; Glome é um reino bárbaro na periferia da Grécia. Orual teve seus privilégios e responsabilidades na vida; mas ela está zangada com os deuses. O leitor descobrirá que é porque sua amada irmã, Psiquê, lhe foi arrebatada por Cupido. Orual está convencida de que tal situação não beneficia Psiquê, pois desconfia das intenções de todos para com Psiquê; e só confia nas próprias intenções. Ela é cega, até mesmo para o que a própria Psiquê talvez prefira. O amor de Orual está envenenado pelo interesse próprio mascarado de amor, que na verdade é tirania. Em vez de enxergar a verdade sobre sua própria visão equivocada das coisas, ela vê como uma injustiça e um ultraje qualquer coisa que deponha contra a sua vontade. Orual está convencida de que entende como o universo deve funcionar melhor. Seu ponto de vista é autorreferente. Ela acha até que sabe melhor do que os deuses como as coisas deveriam ser. Assim, o livro começa com sua queixa contra eles.

Através da reclamação da rainha Orual, Lewis conecta *Até que tenhamos rostos* aos corações de todos que já sofreram e culparam Deus por isso. Na Bíblia, há muitos que brandiram seus punhos para o céu: Jó, o homem mais sofrido entre os mortais; Davi, em muitos dos Salmos; e Habacuque, o profeta. É digno de nota que o Deus da Bíblia não parece se ofender com as dúvidas, os medos e as reclamações das pessoas. Na verdade, parece que ele fornece modelos para que reclamem dele. Deus permite — talvez encoraje — aqueles que têm o coração pesado a falar honesta e francamente com ele, para que as tristezas sejam purgadas de suas almas. Ele torna possível que as pessoas não neguem as mágoas profundas que muitas vezes têm lugar em um mundo caído. Queixar-se contra Deus não é um ato vindo de um erro de julgamento, mas virar as costas para ele, sim. Afastar-se de Deus é mover-se numa direção onde não há solução que possa ser encontrada. Mas se voltar para Deus, na angústia honesta, é se mover numa direção em que, muito provavelmente, tanto o conforto quanto o sentido serão — com o tempo — encontrados.

Embora ele me mate, ainda assim esperarei nele; certo é que defenderei os meus caminhos diante dele.
JÓ 13:15

•2•

Acho que foi a primeira vez que entendi claramente que sou feia.
LIVRO 1, CAPÍTULO 1

Orual é feia. Isso não é uma falha, mas é um fato, do qual ela não estava ciente até o momento em que alguém o apontou. Infelizmente, quando as pessoas nos apontam essas coisas — coisas sobre as quais pouco podemos fazer —, elas geralmente o fazem enquanto deixam claro seu descontentamento. Então, Orual não pode mais viver sua vida sem se sentir desvalorizada por causa de sua aparência. Com o tempo, ela adota o hábito de usar véu. Esconder-nos daqueles que nos feriram não é incomum.

Tendemos a obter nosso senso de identidade baseado em como percebemos que os outros nos veem; e nem todas as formas de pressão dos pares são necessariamente ruins. Por exemplo, cada um de nós abandonou certos comportamentos, outrora tolerados em nossa infância; comportamentos que agora seriam considerados —

por boas razões — censuráveis em meio à companhia educada. No entanto, as más impressões sobre nós mesmos que recebemos dos outros podem nos marcar e nos deixar devastados por anos. Além disso, embora procuremos nos outros um senso de identidade, muitas vezes aqueles para quem olhamos são tão inseguros quanto nós. O que deve ser observado, no entanto, é que fomos feitos com a capacidade de extrair um senso de identidade do outro. Na verdade, é possível que nossas próprias almas estejam programadas para isso. Mas, em vez de olhar para outros humanos, que são tão fracos quanto nós, devemos, em última análise, obter de Deus nosso senso de identidade. E, quando olhamos para ele, esperando que ele nos defina, descobrimos que ele nos ama.

O livro do Apocalipse diz que chegará o dia em que os que estiverem no céu receberão uma pedra branca com um novo nome escrito nela. Nas Escrituras, um nome geralmente fala da identidade de um indivíduo; essa pedra branca será a identidade que Deus atribuiu a um indivíduo. É um nome novo, mas de alguma forma conhecido por todos nós. Talvez durante toda a nossa vida estejamos, de uma forma ou de outra, recebendo adiantamentos da identidade indicada pela pedra branca. Como Orual, podemos ter dificuldade em abraçar nossa identidade atual, mas, quando esse dia futuro chegar, nossa verdadeira identidade será finalmente aperfeiçoada na presença de Deus. E mesmo agora, se basearmos nossa autoestima na avaliação de Deus, essa identidade verdadeira não será um mistério absoluto — perceberemos indícios dela o tempo todo.

Também lhe darei uma pedra branca com um novo nome nela inscrito, conhecido apenas por aquele que o recebe.
APOCALIPSE 2:17

3

— Você não acha que as coisas das quais as pessoas mais se envergonham são aquelas que elas não podem mudar?
Pensei na minha feiura e não disse nada.
LIVRO 1, CAPÍTULO 10

Embora imperfeita tanto por fora quanto por dentro, ao longo de sua vida a rainha Orual revela notáveis capacidades para realizar feitos gloriosos. No entanto, ela mal parece estar ciente de suas várias vitórias e dons de liderança como rainha de Glome. Ela é movida por outras coisas. Sua queixa perpétua contra os deuses marca sua peregrinação terrena; ela é uma mulher obcecada.

Como também é a tendência de tantos de nós, Orual deixa seu senso de identidade depender de seu relacionamento com o outro; isto é, com sua irmã, Psiquê. Agora Psiquê está retida, como noiva de Cupido. Mas Orual não acredita que Psiquê seja verdadeiramente a noiva do deus, preferindo acreditar que a incapacidade, por parte de sua irmã, de ver a vida como ela deve significar que Psiquê está delirando. Ironicamente, é Orual que não consegue ver as coisas com clareza, ou pelo menos se recusa a fazê-lo. Ela não tem nada daquela hesitação que poderia ajudá-la a entender as ações dos outros quando elas entram em conflito com os hábitos que ela desenvolveu para lidar com sua profunda desintegração. Para que ela pudesse ver as coisas de outra forma, seria necessária uma reavaliação significativa de suas escolhas. Em vez de aceitar a realidade como ela é, Orual opta por projetar na realidade o que ela quer que seja real. Ela quer recuperar Psiquê para si mesma. Ela quer que os outros vejam o mundo como ela o vê, e ela empregará os métodos mais manipuladores para garantir isso.

Orual está dolorosamente ciente de sua feiura exterior; ela a encobre, escondendo-se atrás de um véu. Mas ela não tem consciência da feiura que domina seu eu interior — seu egocentrismo controlador. Em um momento, Orual reconhece que as coisas das quais a maioria das pessoas se envergonha são coisas que elas não podem mudar. Embora tente esconder sua aparência dos outros, ela não pode fazer nada para melhorá-la. Entretanto, ela poderia fazer algo sobre a feiura de seu caráter, mas nega a existência de qualquer problema nesse âmbito. Como é triste quando nós, como Orual, nos revoltamos contra as coisas que não podemos mudar e negligenciamos as mudanças que estão ao nosso alcance. A obstinação talvez seja inocente, em seu início, mas com o tempo pode ter consequências desastrosas.

A ira de Deus é revelada do céu contra toda impiedade e injustiça dos homens que suprimem a verdade pela injustiça.
ROMANOS 1:18

• 4 •

Se eles [os deuses] tinham, honestamente, a intenção de nos guiar, por que suas orientações não são claras?
LIVRO 1, CAPÍTULO 12

A rainha Orual faz uma pergunta que a maioria entende intuitivamente, mesmo que nunca a tenha proferido abertamente, ou que tenha medo de perguntar. Os cristãos sabem que devem buscar e obedecer à vontade de Deus. Mas se Deus quer que todos obedeçam à sua vontade, por que muitas vezes é tão difícil saber onde essa vontade está? O que fazer com o fato de que o Deus do universo espera algo de suas criaturas e então parece reter os elementos necessários para que isso aconteça? Além disso, se ele promete estar conosco e nos guiar, o que significa não sentirmos sua presença?

Em sua antologia de George MacDonald, o autor escocês que exerceu uma influência tão duradoura sobre ele, C. S. Lewis cita MacDonald, que diz: "A obediência abre os olhos." O comentário não esclarece todos os mistérios que cercam esse tópico, mas fornece alguns conselhos potencialmente úteis: faça o pouco que certamente deve fazer em cada momento, e espere a chegada de uma clareza maior a seguir. Quando o salmista escreveu sobre uma "lâmpada que ilumina os meus passos e luz que clareia o meu caminho" (Salmos 119:105), a lâmpada que ele tinha em mente, como a luz de uma vela, iluminava apenas o próximo passo. Para vermos o que se segue, precisamos da fé que nos leve a dar o passo à frente, onde a luz já iluminou.

O problema de Orual ocorre, em parte, porque ela opta por não fazer o que sabe que deve fazer, e depois reclama que não foi orientada. Na verdade, ela já escolheu que tipo de orientação está disposta a seguir; ela rejeitará qualquer uma que não combine com suas inclinações. Certamente há momentos em que ficamos perplexos, desejando saber e fazer a coisa certa. Mas, se formos honestos com nós mesmos, devemos admitir que também há momentos em que temos clareza suficiente sobre o certo, mas nos recusamos a fazê-lo. Pior ainda, culpamos Deus por esconder sua vontade, quando o problema central, na verdade, é nossa recusa em fazer sua vontade. Nossa própria peregrinação, como a de Orual, pode se tornar mais problemática quando ignoramos o óbvio.

A tua palavra é lâmpada que ilumina os meus passos e luz
que clareia o meu caminho.
SALMOS 119:105

·5·

Que tipo de deus seria esse, que não se atreve a mostrar o rosto?
LIVRO 1, CAPÍTULO 14

Orual está zangada com os deuses. Sua irmã, Psiquê, foi dada em casamento a Cupido, com a condição de que ela não veja o rosto dele. Ao recontar a velha história de Cupido e Psiquê, Lewis dá a seus leitores a oportunidade de revisitar a história com uma maior apreciação de sua complexidade e estranheza. Lewis acreditava que qualquer compreensão que se tenha a respeito de Deus será sempre incompleta, pois como podem as mentes finitas compreender o infinito? Nossas melhores e mais verdadeiras teologias ainda são aproximações feitas pelo homem, e devemos sempre buscar aproximações cada vez melhores.

Orual não está apenas incomodada porque Psiquê não pode ver Cupido; ela também está com raiva, porque ela mesma não pode ver os deuses. E ela não está sozinha nessa reclamação. "Acreditarei em Deus se você puder me provar que ele existe" é uma perspectiva comum. No entanto, há uma certa irracionalidade na expectativa de que o Deus onipresente pudesse se revelar empiricamente. Se, por exemplo, alguém derrete chumbo e o despeja em um molde, o metal poderia, em certo sentido, ser considerado onipresente no espaço desse molde. Chumbo é algo que pode ser visto e tocado. Tem massa e substância. Se o chumbo se tornasse onipresente no espaço que você está ocupando neste momento, não haveria espaço para mais nada de substância material, porque o chumbo empurraria todo o resto para fora do caminho. Se Deus, onipresente, existisse de forma acessível à percepção empírica, não deixaria espaço no universo para a existência de outros objetos materiais. Portanto, se Deus, como um ser onipresente, existe de maneira compatível com o que é material, então ele deve ser uma onipresença imaterial.

Deus se revela no tempo e no espaço. Como foi dito pelo reformador protestante João Calvino, Deus vestiu as vestes da Criação, para que pudesse ser visto no que fez. Ele também se revela em sua Palavra, que nos deu ao inspirar os escritores bíblicos. Ainda melhor que tudo isso, ele se revelou a nós por meio de seu Filho, Jesus Cristo. Seremos sábios, se ao menos começarmos a buscar Deus por meios realmente capazes de nos levar ao encontro dele.

Pela fé entendemos que o universo foi formado pela palavra de Deus, de modo que o que se vê não foi feito do que é visível.
HEBREUS 11:3

·6·

De fato, você está me ensinando sobre tipos de amor que eu não conhecia. É como olhar um poço profundo. Não tenho certeza se gosto desse tipo de amor mais do que do ódio.
LIVRO 1, CAPÍTULO 14

Orual se recusa a aceitar a experiência de Psiquê, porque isso negaria sua própria visão da realidade. Em vez de aproveitar a oportunidade de mudar, ela impõe sua visão de vida à irmã. Orual procura forçar a mão de Psiquê, coagindo-a a agir contrariamente à sua própria consciência e vontade. Os motivos de Orual não mais estão mascarados pelo fingimento e pela sofisticação. Ela é inequivocamente controladora, procurando manipular Psiquê em nome do amor. Quantas vezes as palavras "Estou fazendo isso apenas para o seu próprio bem" foram empregadas por aqueles que não têm nenhum interesse em mente além dos seus. Eles impõem sua vontade, como se ela devesse ser a opinião universal.

Até que tenhamos rostos apresenta suficientemente a história de Orual para que o leitor perceba que a peregrinação dela foi cheia de dor e sofrimento. E talvez todo o seu egocentrismo controlador possa ter raiz em alguma dor profunda. Mágoa gera mágoa. Muitas vezes, as pessoas controladoras sofreram grande tristeza e nunca mais querem passar por tais circunstâncias novamente. Mas, em vez de permitir que a dor e o perdão libertem do passado suas vidas emocionais, as pessoas controladoras se decidem a controlar o ambiente, não importa o que aconteça.

Pessoas controladores são impossíveis de ignorar. Muitas vezes mascarando sua própria dor profunda, elas não percebem a dor que podem estar causando aos outros. Atos maus de controle e coerção muitas vezes são justificados como se pautando pelo bem dos outros, mas, como Psiquê diz à irmã, alguns tipos de ódio podem ser melhores do que o tipo de controle que se disfarça de amor. As almas profundamente feridas correm o risco de ferir as outras, de sugar-lhes a vida. Elas devem recorrer à força de Deus, para sofrer e perdoar aqueles que as feriram, para que possam oferecer vida aos outros.

[...] se nos amarmos uns aos outros, Deus permanece em nós, e o seu amor está aperfeiçoado em nós.
1 JOÃO 4:12

·7·

Vá. Você salvou sua vida; vá e viva como puder.
LIVRO 1, CAPÍTULO 14

Embora afirme amá-la, quando sobrepõe sua vontade à de Psiquê — coagindo a irmã a fazer algo que ela, por si mesma, jamais faria —, Orual está tentando se salvar à custa de Psiquê. Essa ideia de se proteger à custa dos outros tem sido um tema lamentável ao longo da história. Se sabemos que certos comportamentos nos ferem, então não temos desculpa quando infligimos a mesma dor a outros, cuja natureza é semelhante à nossa. Tal atitude egoísta contrasta com o que tem sido chamado de "altíssima cortesia do céu" — mais dramaticamente expressa na morte de Cristo na cruz quando ele disse, em essência, "Eu ofereço minha vida por você". Suportar a inconveniência dos outros é agir como Cristo.

Aqueles que estavam ao pé da cruz naquele dia, como a rainha Orual, conheciam o caminho do interesse próprio e não conseguiam entender por que Jesus não o seguia. Eles o ridicularizaram, dizendo: "Se você é o Filho de Deus, salve-se e desça da cruz!" Eles pensavam segundo os termos do interesse próprio. Eles não compreendiam Jesus, porque Jesus não veio para se salvar. Se os homens que o insultavam fossem onipotentes e estivessem na cruz, teriam empregado seus poderes para salvar a si mesmos; por que Jesus não fazia isso? Como ele não se salvou, eles concluíram que ele não era capaz de se salvar — e que ele, portanto, era um mero homem como eles.

Na verdade, Jesus era totalmente homem — e muito mais. Ele tinha poderes, mas operava a partir de um outro conjunto diferente de valores. As Escrituras são claras: ele tinha legiões de anjos à sua disposição. Ele poderia ter descido da cruz e se salvado. Mas ele não veio para se salvar; ele veio para salvar a humanidade perdida. Ou seja, ele veio para virar o mundo do avesso. Foi o egocentrismo dos homens que o levou às condições sob as quais ele estava entregando sua vida. O egocentrismo esperava que o Salvador salvasse sua própria vida. Mas Jesus veio para resgatar a humanidade perdida, dando sua vida. E, ao fazer isso, estabeleceu o padrão, a altíssima cortesia do céu: "Ofereço minha vida por você."

[...] salve-se! Desça da cruz, se é Filho de Deus.
MATEUS 27:40

⋆ 8 ⋆

A partir de agora, eu decidi sempre usar véu... É uma espécie de tratado com a minha feiura.
LIVRO 1, CAPÍTULO 16

A rainha Orual não consegue aceitar a si mesma, nem se dispõe a deixar que os outros a vejam como ela é. Ela decidiu permanecer velada em todos os momentos. Há tristeza em sua escolha, assim como há nas escolhas que as pessoas fazem para se esconder dos outros em qualquer subcultura. É de partir o coração quando os membros de uma comunidade sentem, em relação aos outros, tanta falta de amor e confiança que se esconder de alguma forma é comum. Isso é especialmente triste quando ocorre nas igrejas.

Tudo começa inocentemente. Alguém é marginalizado e descrito por palavras como *fora da comunhão*, *apóstata* ou *carnal*. Embora ninguém jamais o diga explicitamente, a sugestão é que devemos ser perfeitos naquela comunidade; não há espaço para falhas ou imperfeições. Como ninguém atinge o padrão implícito de perfeição, nasce na comunidade o fingimento. Todo mundo tenta parecer melhor do que é na realidade, e certas lutas são silenciosamente contidas no foro íntimo. Assim, a comunidade adota comportamentos muito distantes da vida real. Mas então os comportamentos aberrantes devem ser racionalizados, e nesse ponto ocorre uma espécie de justificativa farisaica da patologia emergente na comunidade. Essas racionalizações e autojustificativas afastam as pessoas umas das outras; o único fruto que produzem é o isolamento e a solidão. Assim aconteceu com Orual, rainha de Glome, no dia em que cobriu o rosto com seu véu e começou sua diatribe contra Deus e os outros ao seu redor.

Aqueles que desejam crescer, melhorar e se portar melhor do que no passado precisam estar tão decididos a cultivar a transparência e a honestidade quanto Orual estava em se esconder. Uma comunidade saudável encoraja o verdadeiro crescimento. No entanto, permanecer conectado na comunidade exige esforço. O fingimento pode ser mais fácil do que a sinceridade. Mas o amor de Deus, que expulsa o medo e a insegurança (ver 1 João 4:18), é o meio pelo qual alguém pode se desenvolver como indivíduo e contribuir responsavelmente para o crescimento de uma comunidade. Orual tomou um caminho que agravou suas tristezas e atrasou sua recuperação. Isolando-se, ela abraçou uma tristeza desnecessária, em vez de se abrir para as graças disponíveis para ela. Há um caminho melhor.

Mas, quando alguém se converte ao Senhor, o véu é retirado.
2 CORÍNTIOS 3:16

•9•

Como eles poderão nos encarar, face a face, até que tenhamos rostos?
LIVRO 2, CAPÍTULO 4

Nesta linha, Lewis mostra que compreendeu o fato de que encontrar Deus exige autoconsciência; cada um encontrará Deus verdadeiramente, ou não o encontrará. Um verdadeiro encontro começa com a consciência da própria fraqueza e das feridas. Todos estão feridos, mas nem todos estão quebrados.

"Estar ferido" é meramente um sintoma do estado decaído e de viver em um mundo caído, em que os pecados das gerações são transmitidos ao longo do tempo. As nações experimentam as consequências à medida que os atos malignos proliferam e se acumulam ao longo dos tempos. Todas as coisas humanas — culturas, instituições, famílias, locais de trabalho — sofreram as consequências dessas feridas. As feridas levam as pessoas a assumirem posturas defensivas, e muitas vezes a vícios de vários tipos. Mas os comportamentos anestésicos não são capazes de curar; apenas amortecem a dor temporariamente. Além disso, hábitos de autoproteção desordenada levam, por fim, a tendências autorreferentes, que por sua vez levam a um comportamento utilitarista. Assim, o que começa como uma proteção contra os traumas pode facilmente ser usado para ferir os demais.

Em contrapartida, o "estar quebrado" ou quebrantamento caracteriza as pessoas que se mantêm em contato com suas feridas e que, em sua dor, tornam-se sensíveis ao fato de que outros cuja natureza é semelhante também são propensos aos mesmos tipos de mágoas e tristezas. Eles são autoconscientes — ao contrário daqueles que são autorreferentes, eles experimentam empatia, uma atividade semelhante à Encarnação.

Assim como o Cristo encarnado entrou em nosso mundo e se identificou com nossas enfermidades, a pessoa empática tenta entender os pontos de vista dos outros. Assim, os quebrantados podem se tornar o que o padre e escritor Henri Nouwen chamava de "terapeutas feridos". Vimos que há um grande abismo separando os feridos dos quebrantados. Há um abismo igualmente grande separando os feridos de Deus. Deus é Deus para todos, disposto a dar graça aos que estão em profunda necessidade. Mas, enquanto os feridos estão cegos para sua necessidade, os quebrantados estão famintos pela graça. E são eles — os autoconscientes — que vão começando a se solidificar, a ganhar um "rosto". São eles que têm uma identidade e podem começar a conhecer Deus face a face.

Embora exteriormente estejamos a desgastar-nos, interiormente estamos sendo renovados dia após dia, pois os nossos sofrimentos leves e momentâneos estão produzindo para nós uma glória eterna que pesa mais do que todos eles.
2 CORÍNTIOS 4:16–17

·10·

Agora eu sei, Senhor, por que não respondes. Tu mesmo és a resposta. Diante de tua face, as perguntas se desfazem. Qual outra resposta bastaria?
LIVRO 2, CAPÍTULO 4

No final de seus dias, a rainha Orual chega a um ponto decisivo. Sua vida interior foi caracterizada por uma queixa perene contra Deus. No entanto, cansada e talvez até perto do fim de sua vida, Orual finalmente cede e aceita o caminho de Deus. Mesmo que sua entrega seja apenas por cansaço, ela dá testemunho da graça de Deus, que aceita até mesmo a oferta de vidas gastas que lhe sejam entregues verdadeiramente. É um testemunho do fato de que seu amor e graça nunca são adquiridos. Afinal, o que qualquer homem ou mulher poderia fazer para merecê-los?

Jesus, em seus dias na terra, depois de ter alimentado a multidão de cinco mil pessoas, viu uma multidão que queria fazê-lo rei (ver João 6). Mas eles estavam procurando apenas um salvador econômico, alguém para alimentar suas barrigas e conceder-lhes outros benefícios materiais. No dia seguinte, a multidão voltou a Jesus, lembrando-lhe que Moisés havia dado pão aos seus antepassados no deserto — o maná que descia do céu todos os dias, para sustentá-los em sua jornada. Resumindo, as pessoas estavam simplesmente pedindo a Jesus mais uma refeição. Eles haviam se fartado da comida que Jesus lhes dera, mas agora estavam com fome novamente. Mas Jesus, por sua vez, tinha um lembrete.

Ele lembrou ao povo que foi seu Pai, não Moisés, que alimentou seus pais no deserto. Além disso, Jesus lhes disse que a comida que haviam comido no dia anterior só poderia satisfazê-los temporariamente; em última análise, eles precisavam do Pão da Vida, que satisfaz para sempre. Intrigados, pediram a Jesus que lhes fornecesse desse pão. Eles ficaram chocados quando Jesus se ofereceu a eles: "Eu sou o pão da vida." Em outras palavras, Jesus estava dizendo: "Eu me entrego a vocês; encontrem em mim sua satisfação." A maior parte das pessoas o deixou então. Ele lhes oferecera o maior presente que poderia dar: o dom de si mesmo. Ele não tinha nada maior a oferecer, pois só ele poderia ser completamente satisfatório. E as pessoas se voltaram para outras direções, buscando outras coisas.

No final de sua peregrinação, Orual finalmente encontra o que procurou durante toda a sua vida — embora não seja o que ela pensava. Suas queixas ao longo da vida refletiam um grande mal-entendido de sua parte. Por fim, ela descobre que suas tristezas se deviam a expectativas equivocadas. Quando vê os verdadeiros propósitos de Deus e os aceita, ela fica em paz: "Qual outra resposta bastaria?"

Eu sou o pão da vida. Aquele que vem a mim nunca terá fome.
JOÃO 6:35

CAPÍTULO 4
Dymer

O poema narrativo *Dymer* é uma das publicações mais significativas de C. S. Lewis, embora tenha sido escrito anos antes de sua conversão ao cristianismo. Pode-se perguntar por que tal obra seria considerada em um livro de meditações cristãs, mas o fato é que há pelo menos duas razões. A primeira é que muitos elementos da obra posterior de Lewis podem ser encontrados em forma de semente nesse poema narrativo. Em segundo lugar, as questões que Lewis postula são perenes. Ele descobriria, mais tarde, como Cristo havia fornecido respostas a essas questões intelectuais atormentadoras e abordado as enfermidades de seu coração.

Dymer é um jovem que nasceu e se criou em uma cidade modelada segundo o ideal estabelecido na *República* de Platão. Lewis diz a seus leitores que os formadores da Cidade torturaram "em pedra cada bolha que a Academia soprara", que o que era mera teoria havia sido forçado, ali, a fórmulas rígidas que nada tinham a ver com a realidade. Por outro lado, Dymer percebe que a programação e doutrinação que ele precisou sofrer são inadequadas, dadas as complexidades do mundo real. Uma manhã de primavera pode ser vista através da janela de uma sala de doutrinação, e o poema pergunta: "Quem jamais foi capaz de censurar os dias de primavera?" Dymer foge da cidade e parte numa peregrinação para descobrir o que é real e substantivo. Infelizmente, muito do que ele descobre é inquietante, pois ele acaba por enfrentar verdades sobre si mesmo e sobre seu mundo. Ele se considera corajoso; mas capturado pela própria covardia, começa a descobrir suas muitas fraquezas.

Em uma dessas lições, Dymer encontra um homem mortalmente ferido, cuja história o faz perceber que sua própria fuga da cidade causou anarquia. Esse homem ferido amaldiçoa o nome Dymer. O peregrino foge para mais longe e assim descobre a casa de um vil mago, que vive de fantasias oníricas e realidades reprimidas. Dymer precisa fugir da casa do mago, assim como fugiu da Cidade; nenhum desses lugares lhe oferecia uma visão fiel da realidade. As explicações temporárias da Academia, cristalizadas em fórmulas inflexíveis e sujeitas aos sonhos do momento, não satisfazem Dymer. E assim, pode-se imaginar, essas fórmulas possivelmente eram insatisfatórias para Lewis, mesmo neste estágio pré-conversão de sua vida.

Paulo escreveu que "não há ninguém [...] que busque Deus" (Romanos 3:11). Alguém que esteja em busca de Deus, portanto, é em si mesmo uma prova de que Deus já estava trabalhando, cortejando-o para si. Assim, em um livro como *Dymer*, no qual Lewis ainda não proclama a fé, podemos descobrir material que aponta para Deus.

I

*Lançaram fortes fundações, torturando na pedra cada bolha
que a Academia havia soprado.*
CANTO I, 4

Dymer, o personagem principal do poema narrativo de Lewis, foi criado em uma cidade moldada conforme a *República* de Platão. Lewis quer que seus leitores compreendam a ideia de que a Academia (o mundo dos acadêmicos e a torre de marfim), por mais útil que seja, não tem todas as respostas.

As instituições educacionais devem ser um lugar em que a verdade possa ser buscada com firmeza. Pode-se esperar que algumas verdades realmente sejam descobertas; no entanto, essas sempre poderão ser exploradas num nível mais profundo e aplicadas de forma mais ampla. Não podemos ter a última palavra sobre nada, mas isso não significa que não possamos ter palavras seguras sobre algumas coisas. São as palavras seguras que nos impedem de nos tornarmos relativistas; é o fato de que não podemos descobrir uma última palavra sobre nada que nos impede de nos tornarmos tiranos. Podemos acreditar, com razão, em algum tipo de absoluto transcendente, mas seríamos tolos em dizer que conhecemos absolutamente seja o que for. Podemos acreditar conceitualmente na infinidade dos números, mas ninguém nos levaria a sério se disséssemos que conhecemos os números em sua infinitude. Sempre haverá profundidades a sondar e aplicações ainda a fazer. Aqueles que fazem do conhecimento presente uma palavra ou fórmula final e tirânica são o tipo de pessoa que Lewis critica em *Dymer*. Eles partiram das bolhas, os frágeis pressupostos da Academia, e os forçaram às duras realidades de sua engenharia social.

O livro de Lewis foi publicado na época em que, na Europa, surgiam os Estados totalitários. Ele viu os problemas que ocorrem quando a realidade objetiva é entregue ao arbítrio subjetivo de alguns. Ele escreveu muito antes de as expectativas levantadas por esses experimentos utilitários explodirem em horríveis decepções. A percepção de Lewis sobre esses assuntos é quase profética. Não é que ele fosse um profeta; mas ele foi capaz de pensar, de forma imaginativa e razoável, nas conclusões naturais daquelas falsas premissas. Dessa forma, Lewis mostra aos seus leitores a necessidade de evitar a defesa exagerada até mesmo de nossos melhores pensamentos. Não importa o quanto saibamos, há mais coisas a entender. Mesmo as verdades que afirmamos devem ser afirmadas com profunda humildade e sinceridade.

Há caminho que parece certo ao homem, mas no final conduz à morte.
PROVÉRBIOS 14:12

·2·

Quem jamais foi capaz de censurar os dias de primavera?
CANTO I, 7

Dymer, sentado em uma sala de aula na cidade, está sendo doutrinado nas expectativas culturais dos engenheiros sociais. Ele olha pela janela e vê o mundo real. É uma manhã de abril, o tipo de manhã que testemunhou a partida dos peregrinos dos *Contos de Canterbury* [ou *Contos da Cantuária*], de Chaucer. A primavera se revela no derretimento da neve — o despertar da natureza para a vida e a animação. O professor, com suas fórmulas e descrições canhestras da realidade, é incapaz de competir com as realidades complexas da natureza. Os pássaros cantam, as flores desabrocham, as árvores brotam e o sol brilha; esse mundo depõe contra o mundo descrito na sala de aula. Lewis pergunta: "Quem jamais foi capaz de censurar os dias de primavera?" Os ciclos da natureza e sua previsibilidade possibilitam aos agricultores arar, plantar e colher na estação. A natureza fixa das estrelas permite que os navegadores encontrem seu caminho através dos mares. As teorias da astronomia vêm e vão, mas os navegadores continuam em suas rotas. Toda a natureza declara o cuidado vigilante de Alguém, cujas graças são distribuídas a todos e cuja generosidade é abundante. Dymer, vislumbrando o mundo real, abandona a cidade para descobrir o mundo como ele é, não como o palestrante gostaria que fosse.

No entanto, esse mundo testemunha a existência de um Deus bom? Certamente o bem é observado na natureza, mas, como Dymer aprende, a honestidade exige que também se reconheça, na natureza, a existência de coisas viciosas. Contudo, é necessário perguntar: onde surgiram as distinções entre o bem e o mal? Se o mundo é tão ruim assim, como surgiu o conceito de bem? Se o universo tem sentido, provavelmente ele será encontrado em uma explicação tão complexa quanto a realidade descrita. O que há na peregrinação humana que inspira alguém, como Dymer, a querer dar sentido à sua experiência? Se não há sentido a ser encontrado, por que continuamente o procuramos? Por que procurar entender ou explicar alguma coisa? A chave é olhar mais profundamente para o mundo como ele é nos dias de primavera, ou em qualquer dia, na esperança de dar sentido à peregrinação de cada um.

Pois desde a criação do mundo os atributos invisíveis de Deus, seu eterno poder e sua natureza divina, têm sido vistos claramente, sendo compreendidos por meio das coisas criadas, de forma que tais homens são indesculpáveis.

ROMANOS 1:20

·3·

E, enquanto fugia, me perguntava: de qual alienígena era a história na qual eu me havia perdido?
CANTO I, 22

Dymer sai da cidade e se sente mais vivo do que nunca. Ele começa sua peregrinação enquanto descobre um vasto, vasto mundo. Suas curiosidades correm inabaláveis, suscitando perguntas; as perguntas levam-no ao espanto; o espanto dá origem ao temor e muitas vezes à adoração. Dymer percebe que está vivendo no meio de uma história, mas não pode deixar de se perguntar de quem é a história. Como o personagem de Lewis, G. K. Chesterton observa, em *Ortodoxia*, que sempre sentiu que estava vivendo dentro de uma grande história que se desenrolava diante dele. E isto lhe ocorreu: se a vida é uma história, então deve haver um narrador. Se houver um narrador, então a história contada deve ter um propósito. Há um fim à vista, uma moral a ser exemplificada, um sentido a ser apreendido. Se há uma história, deve haver um enredo.

Considerar que sua vida é uma história com um autor e uma intenção afetará a peregrinação de sua vida. Por um lado, nenhuma história pode existir sem um elenco. A história da qual cada um de nós faz parte é aquela em que a definição de si só pode ser alcançada pela descoberta de nossa verdadeira identidade, precisamente no relacionamento com os outros. E — aqui a trama se complica —, isolado dos outros, ninguém pode se entender completamente. Como o poeta John Donne nos diz na *Meditação XVII*, uma das obras pela qual ele é mais conhecido: "Nenhum homem é uma ilha."

Todos nós nos encontramos em nossas próprias histórias, mas elas não são apenas nossas. Elas podem ser percebidas do nosso ponto de vista particular, mas a complexidade é tal que cada ângulo de visão tem alguma validade. Tendemos ao crescimento, em nossa história, com a tentativa de compreender os pontos de vista alheios.

Vista apenas de nossa própria perspectiva, essa história se tornaria bastante tediosa. É necessário sair do calabouço do eu para ver com maior clareza. Dymer se pergunta: Na história de quem ele se perdeu? Certamente era a dele, e certamente era a história dos outros personagens ainda a surgirem na narrativa. Mas Dymer também faz parte da história de Lewis, e, pode-se dizer, também faz parte da história de todos. Talvez a maioria dos livros — certamente a maioria dos bons livros — dê aos leitores a oportunidade de descobrir algo de suas próprias narrativas pessoais enquanto os leem.

Ora, vocês são o corpo de Cristo, e cada um de vocês, individualmente, é membro desse corpo.
1 CORÍNTIOS 12:27

• 4 •

Da grama não ceifada, cresceu a urtiga.
CANTO III, 8

Enquanto a fuga da cidade abriu para Dymer um mundo mais amplo, cheio de seus próprios mistérios e encantamentos, também o levou à descoberta de que "há cobras no Éden", que o mundo está cheio de maravilhas e aflições.

Lewis acabaria por entender o problema do mal e do sofrimento do ponto de vista cristão. O bem é primário; o mal é uma perversão do bem. Não se pode pensar em uma banana ruim sem pensar nela como uma banana boa que se estragou. Dito de outra forma, o mal se relaciona com o bem como o mofo se compara com o pão. Como o mofo no pão, o mal, não tendo existência independente, precisa se alimentar do bem. E, ainda assim, uma pessoa feita à imagem de Deus pode usar o mofo, que é ruim para o pão, para fazer algo bom: a penicilina. Devemos pelo menos cogitar a possibilidade de que Deus, sendo maior que a humanidade, possa usar os males deste mundo, fazendo deles algo de bom. É possível afirmar que a crucificação de Cristo talvez tenha sido o ato humano mais hediondo da história: as criaturas se voltaram contra aquele que as criou, que enviou seu Filho para lhes comunicar seu amor, e crucificaram o Cristo. No entanto, Deus tomou esse ato maligno, o modificou em seu sentido próprio e criou uma espécie de penicilina divina. De modo sobrenatural, Deus produziu o bem a partir do mal humano: a obra transformadora da ressurreição de Cristo.

Além da graça redentora que Deus trouxe ao mundo, há também um tipo de graça que ocorre na disciplina espiritual. A experiência de Dymer, ao deixar a cidade, o leva a um mundo onde as urtigas crescem na grama "não ceifada" — sem corte. Lewis reconheceu que a desordem pode levar a dificuldades que se acumulam. A grama cortada detém o crescimento das urtigas, assim como o ato de cuidar de um jardim permite que ele floresça. Abandone-o, e as ervas daninhas crescerão. O que vale para os jardins vale também para o caráter: a disciplina e o exercício espirituais nos permitem cortar as urtigas da alma e arrancar as ervas daninhas do nosso caráter. Às vezes, experiências dolorosas são uma parte necessária do processo de amadurecimento.

[...] exercite-se na piedade. O exercício físico é de pouco proveito; a piedade, porém, para tudo é proveitosa, porque tem promessa da vida presente e da futura.
1 TIMÓTEO 4:7–8

•5•

A alegria lampeja no fio da navalha do presente; e já se foi.
CANTO V, 10

A alegria está ao alcance de todos, em qualquer momento — mas é necessário escolhê-la. Isso não significa que as tristezas devam ser suprimidas ou ignoradas. Certamente, lidamos melhor com as tristezas quando processamos emocionalmente nossas perdas e perdoamos, quando necessário, aqueles que nos feriram. Sem aceitar a dor e o perdão, permanecemos o tempo todo presos àqueles que nos magoaram. Mas lidar com a tristeza através do luto e do perdão abre um caminho no qual se pode, por fim, chegar à alegria.

A alegria dá um indício do sabor da eternidade. Lewis observou que, se a eternidade pode ser experimentada aqui neste mundo, o eterno e imutável só pode ser encontrado em meio ao mutável. A eternidade é encontrada na mutabilidade; isto é, a eternidade só pode ser encontrada na transitoriedade do tempo. Para aqueles que não conhecem a Deus e sua graça, toda alegria é uma manifestação de sua presença e uma expressão de seu desejo de invadir suas vidas. Ele nos corteja para si através da alegria. Na verdade, Lewis disse que a alegria era o principal interesse do céu. E, para aqueles que conhecem a Deus, a alegria é um testemunho da proximidade e presença de Deus. A cada momento, a eternidade, com todas as suas alegrias, está invadindo nosso mundo; cada sarça é uma sarça ardente, e o mundo está cheio de Deus. Nós é quem escolhemos quando perceber isso. O fio da navalha do tempo põe uma escolha diante de cada um de nós. Se isso for verdade, a decisão de seguir a Cristo é, na verdade, a decisão de tomar *cada* decisão por causa de Cristo, cada vez que ele se manifesta e corteja com seus dons. Onde mais o eterno pode ser encontrado, senão no momento? Devemos despertar para sua presença e aproveitar suas alegrias; ainda mais, devemos praticar ficar em sua presença, para permanecermos despertos para ele.

As tristezas momentâneas não podem prejudicar essas alegrias, se nesses momentos optarmos por ir mais fundo e descobrir mais profundamente a presença de Deus. E a verdadeira alegria não pode ser eclipsada pelas sombras de um determinado momento, pois a luz de sua graça não pode ficar escondida por muito tempo.

*Que o Deus da esperança os encha de toda alegria e paz,
por sua confiança nele, para que vocês transbordem de esperança,
pelo poder do Espírito Santo.*
ROMANOS 15:13

· 6 ·

Grande Deus, tome de volta o seu mundo.
CANTO V, 15

Em meio à angústia, é fácil queixar-se contra Deus; é até mesmo algo bastante comum. O nosso mundo é um mundo de mágoa, sofrimento e dor. Isso, por si só, já é suficientemente desagradável; mas todas as noites também podemos ligar a TV e trazer a dor do mundo para a nossa sala de estar. A angústia rende por acúmulo. Ninguém passa muito tempo em peregrinação antes de chegar ao lugar onde Dymer estava — clamando a Deus que ele assumisse novamente o controle do mundo. Há um salmo em que o salmista diz que alguém gostaria de esmagar os bebês de seus inimigos contra uma rocha, tão grande havia sido a dor causada por aqueles inimigos (ver Salmos 137:9). Estou convencido de que Deus não quer que esmaguemos ninguém contra uma pedra — mas não há momentos em que, em nossa dor e perplexidade, desejamos poder simplesmente sacudir alguém? O que fazemos com esses sentimentos? Devemos presumir que nossa fé é irrelevante quando caímos em tempos tão angustiantes? Ou há algo a ser descoberto mesmo na escória da tristeza e devastação humana?

As Escrituras não desprezam as tristezas, nem negam a probabilidade de que ocorram. De fato, as Escrituras falam com franqueza sobre eventos que até mesmo causam desespero existencial. É por isso que existem, na Bíblia, os Salmos "imprecatórios" — como o citado acima — e livros como Jó. Em nossa tristeza, temos a opção de virar as costas para Deus e nos afastar dele; mas fazer isso é afastar-se da única origem viável e real do resgate. Aquelas Escrituras que a angústia de Dymer parece ecoar realmente fornecem um modelo pelo qual podemos nos dirigir a Deus com honestidade e deixá-lo nos levar ao lugar onde é possível processar nossas tristezas profundas. Podemos ir a Deus e dizer a verdade, a partir de nossas frustrações e medos. No final das contas, as pessoas de fé não precisam negar o que provavelmente encontrarão em um mundo caído. Pelo contrário, elas podem buscar Deus com uma oração sincera, para que ele dê sentido ao mundo; é provável que a resposta venha. Se um Deus bom permite que o mal exista, então deve ser porque ele sabe que, de sua existência, ele pode criar um bem maior do que de outra forma.

Ele traz as nuvens, ora para castigar os homens, ora para
regar a sua terra e mostrar o seu amor.
JÓ 37:13

7

[A] alegria incansável que traz dos velhos campos as flores
das primaveras não nascidas.
CANTO V, 29

Há um tipo de alegria que leva o peregrino a buscar mais do que praias arenosas com horizontes largos e ondas quebrando, uma busca por mais do que vistas gloriosas de campos férteis ou das majestades de montanhas púrpuras. Há uma espécie de alegria que anseia que as paisagens da alma revelem uma emergente fecundidade de caráter. Engajar-se no cultivo da vida interior é comprometer-se com o futuro; é construir agora para o que ainda está por vir em alguma data posterior.

Os antigos conheciam a virtude como meio para a boa vida. Era um todo integrado, composto de coragem, temperança, justiça e sabedoria — as quatro virtudes cardeais (além das três virtudes teologais, fé, esperança e amor). Lewis escreve propositivamente sobre esses atributos em *Mere Christianity* [*Cristianismo puro e simples*].

Coragem é a habilidade habitual de padecer dor e sofrimento; manifesta-se na resistência, fortaleza e perseverança. Coragem é a capacidade de dizer sim à ação correta, mesmo diante da dor. A temperança é o hábito de resistir à tentação do prazer imediato para obter o bem maior, embora remoto. Se coragem é a capacidade de dizer sim à ação correta mesmo em meio à dor, a temperança é a capacidade de dizer não à ação errada mesmo com a perspectiva de prazer; nesse sentido, é uma marca da maturidade. A justiça, outra característica da virtude, é o hábito de se preocupar com o bem comum — o bem-estar geral da sociedade. A justiça reconhece sua responsabilidade para com os outros e sabe que não se desenvolve moralmente quem não se preocupa com os outros. O desenvolvimento moral cultiva a empatia, ao escapar da masmorra do eu; é preciso coragem para corrigir os erros e temperança para negar a si mesmo as coisas que nos impedem de defender o bem dos outros. E, por último, há a sabedoria, o hábito de ser cuidadoso com as decisões tomadas. A sabedoria busca o conselho, reconhecendo que o mundo é complexo e que uma abertura para entender essa complexidade levará a uma vida melhor — ou, como observa Dymer, aos benefícios dos campos floridos e das nascentes.

Porque, se essas qualidades existirem e estiverem crescendo em suas vidas, elas impedirão que vocês, no pleno conhecimento de nosso Senhor Jesus Cristo, sejam inoperantes e improdutivos.
2 PEDRO 1:8

· 8 ·

— Você ouviu minha arma? Eu acabo de matar uma cotovia.
— Senhor! Como? — disse Dymer. — Atirar num pássaro canoro?
— Senhor — disse o homem —, eles cantam desde o amanhecer
até o anoitecer, e interrompem meus sonhos.
CANTO VI, 10

Durante sua peregrinação, Dymer se encontra na presença de um mago. A maneira de esse homem se relacionar com o mundo real é extremamente utilitária, e a associação de Dymer com ele truncará grosseiramente o desenvolvimento de Dymer e a descoberta de seu próprio caminho no mundo.

O mago parece não ter capacidade para o amor genuíno. Todos os seus atos são fingidos. Ele se mostra preocupado com os outros, mas seu interesse real dura apenas enquanto esses outros servirem a seus interesses. Dymer poderia ter notado isso no início de seu encontro com o mago, mas não o faz, pois ele também está no meio do processo em que há de descobrir como se libertar de interesses egoístas e se abrir para um mundo mais amplo. Primeiro, ele percebe um pássaro cantando com toda a beleza de que é capaz, e, um momento depois, ele ouve um estalo de tiro, e o canto é interrompido. O pássaro cai morto no chão, e, quando vai verificar, Dymer encontra o mago. O mago declara que foi ele quem atirou no pássaro, porque seu canto interrompia seus sonhos. Aqui está um personagem do poema que se põe em guerra contra seu mundo. Ele preserva aquilo que valoriza, e destrói aquilo que depõe contra sua visão do mundo, isto é, seus sonhos. Influências como as do mago podem ser encontradas no meio da peregrinação espiritual pessoal de qualquer pessoa. Fuja de qualquer envolvimento do tipo, pois não pode levar a nada além de desilusão e sofrimento.

Certamente todas as pessoas razoáveis têm sonhos de algum tipo. Como saber quando os sonhos são benéficos e quando são perigosos?

Talvez um indicador claro seja a resposta a esta pergunta: "Meus sonhos e aspirações me permitem ver com mais clareza os outros, suas esperanças e medos, ou meus sonhos me levam a valorizar os outros apenas na medida em que servirem aos meus interesses?" Há um abismo de diferença entre essas duas visões da vida.

Esses tais difamam tudo o que não entendem; e as coisas que entendem por instinto, como animais irracionais, nessas mesmas coisas se corrompem.
JUDAS 1:10

• 9 •

Lágrimas e dor humana; e esperando coisas impossíveis, e tropeçando na noite, onde ninguém enxerga.
CANTO VI, 77

Muitas de nossas maiores decepções resultam de expectativas não cumpridas. Assim é com Dymer, que anseia por coisas que não haviam de ocorrer. Talvez suas dificuldades estejam em suas próprias fraquezas, como acontece com tantos de nós. Ele comete erros "na noite, onde ninguém enxerga". É justo acreditar que ninguém é habilidoso demais para a vida. Todos somos propensos a cometer erros em um grau ou outro. Ninguém está pronto para se casar, mas, se as pessoas retardarem o casamento até que estejam prontas, perderão muitas das alegrias da vida. Ninguém está pronto para ter filhos, mas, se as pessoas esperarem para ter filhos somente quando estiverem prontas, a raça humana cessaria após uma geração. Todo mundo é desajeitado de alguma forma. Uma criança que está aprendendo a andar cai e se machuca. Uma criança de cinco anos tirando as rodinhas do veículo de duas rodas pode cair e se ferir. Um adolescente que pegue um *skate* pela primeira vez e tente um *ollie* num *half-pipe* pode torcer o tornozelo ou talvez quebrar o pulso. Todo mundo parece desajeitado ao tentar algum novo empreendimento; na verdade, se você não parece desajeitado em nenhuma parte da sua vida, você simplesmente não está crescendo.

Você já teve um motivo perfeitamente puro para qualquer coisa que já fez? Se você acha que sim, pode estar vivendo uma vida de ilusão. Além disso, se você esperasse até que seus motivos fossem perfeitos, nunca faria nada. Em algum nível, todos os atos humanos são uma espécie de gafe. E é nesse ponto que o amor de Deus se torna tão significativo, pois ele não é dado em virtude do mérito humano, nem pode ser diminuído pelos nossos fracassos. O amor de Deus é sempre dado apesar da nossa falta de jeito, à luz da nossa inépcia. Na verdade, ele nos ama apesar do nosso pecado (não por causa dele, mas certamente apesar dele). E é em seu amor que aqueles que tropeçam, em sua peregrinação na vida, encontram incentivo para se levantar depois de um tombo e seguir em frente.

Mas Deus demonstra seu amor por nós: Cristo morreu em nosso favor quando ainda éramos pecadores.
ROMANOS 5:8

·10·

Havia um Dymer na clareira da floresta. Havia um Dymer que trabalhava e brincava... mas nenhum desses sou eu.
CANTO VIII, 81

Somos a mesma pessoa desde o momento em que nascemos até o dia em que morremos. Entretanto, a pessoa que morre é muito diferente da criança que nasceu. Como compreender tudo isso? O Dymer no início do poema narrativo de Lewis não é o mesmo Dymer no final. Ele começa como um estudante doutrinado e condicionado a acreditar no que os engenheiros sociais lhe disserem. Mas esse Dymer deixa de existir quando começa a ver mais do mundo e deixa os pequenos limites da cidade em busca de algo maior e menos sufocante. Ele ganha uma compreensão mais rica à medida que se vê refletido em seu tratamento pelos outros. E, como Dymer, estamos constantemente nos transformando e desenvolvendo; no entanto, em meio a essa mudança, há continuidade. Descobrimos que não somos mais quem éramos ao nascer. Não somos mais quem éramos quando adolescentes. Não somos quem éramos quando nos tornamos adultos. Nós não somos nada disso, pois pelo desígnio e graça de Deus, o crente está sempre se tornando como Cristo. Essa mudança contínua é frequentemente acompanhada por algum grau de dor.

John Donne observou: "Nenhum homem foi suficientemente afligido a ponto de não ser amadurecido e ensinado por essa aflição, que o torna apto para Deus." O jovem Dymer não é o mesmo homem que começou sua peregrinação — nem é totalmente diferente. Embora haja continuidade ao longo de sua vida, pode-se sugerir que o Dymer que morre no fim é, de fato, uma versão melhor de si mesmo. Ele cresceu através de suas aventuras. Ele aprendeu a deixar de lado a falsidade e abraçar a vida como ela é, não como gostaria que fosse. Ele ajustou a escoliose de sua alma ao prumo da realidade. Como Dymer, todo homem e toda mulher estão em processo. As decisões tomadas e os hábitos formados determinam o tipo de pessoa que estamos nos tornando. Através da alegria e da tristeza, cada um deve escolher bem.

Meus irmãos, considerem motivo de grande alegria o fato de passarem por diversas provações,
pois vocês sabem que a prova da sua fé produz perseverança.
E a perseverança deve ter ação completa, a fim de que vocês sejam maduros e íntegros, sem lhes faltar coisa alguma.
TIAGO 1:2-4

CAPÍTULO 5
A viagem do Peregrino da Alvorada

A *viagem do* Peregrino da Alvorada (*The Voyage of the* Dawn Treader) é a crônica de Nárnia na qual Lewis melhor combina o tipo de aventura que encontramos na *Odisseia* de Homero ou na *Eneida* de Virgílio com a literatura infantil. Ambos os livros incluem uma viagem marítima e apresentam heróis que só querem encontrar seu próprio lar. Enquanto o rei Caspian, no *Peregrino da Alvorada**, pretende descobrir o que aconteceu com os sete senhores desaparecidos e chegar às remotas ilhas de Nárnia, ele também carrega alguém que simplesmente quer voltar para casa.

Todos os que já leram *A viagem do* Peregrino da Alvorada se apaixonaram por Reepicheep, o mais cavalheiresco dos ratos. O desejo de

---

*| N.T.: Nome do navio que dá título ao livro.

Reepicheep de ir à pátria de Aslan fala de algo que temos também no fundo de cada um de nós. Em última análise, nenhum de nós foi criado para este mundo. Não atingiremos a satisfação de que somos capazes até que nos achemos em nossa casa no céu. Mas temos, ainda, jornadas a percorrer. Enquanto o *Peregrino da Alvorada* tem como uma de suas missões levar Reepicheep ao litoral da pátria de Aslan, outras transformações devem ocorrer ao longo do caminho.

Nesse livro, o leitor acompanha Edmund e Lucy de volta a Nárnia, em sua terceira e última visita. Por vontade do Leão, seu primo, Eustace Clarence Scrubb, também faz a viagem. Eustace tem o coração de um dragão pulsando sob a pele de um menino e, na magia daquela terra, ele se transforma exteriormente naquilo que sempre foi interiormente. Eustace não estava consciente de como ele era um fardo para todos ao seu redor; ele não tem noção de seu comportamento horrível e hábitos egocêntricos. Mas uma vez que se transforma em um dragão e vê seu verdadeiro eu refletido em uma lagoa, Eustace chora ao descobrir a verdade sobre si mesmo. Em seu arrependimento, embora ainda seja um dragão, ele se torna bastante útil, ajudando a tripulação do *Peregrino da Alvorada*. Ele consegue ajudar a reparar a ruína do mastro do navio, bem como reabastecer o navio para seu retorno ao mar. Ainda assim, por mais prestativo que tenha se tornado, ele não consegue se "desdragonificar". É como um dragão que Eustace conhece Aslan, o Leão — a figura de Cristo dos livros de Nárnia. O Leão lhe diz que ele deve se despir. Nesse momento, Eustace percebe que, sendo reptilianos, os dragões devem ter a capacidade de trocar de pele, e conclui que o Leão o está instruindo a trocar de pele, para voltar a ser um menino. No entanto, por mais que tente, após cada troca de pele, Eustace continua sendo um dragão. Frustrado, ele vai ao encontro do Leão, apenas para ouvir, mais uma vez, que ele precisa ser despido. Eustace se entrega à garra do Leão, a única capaz de cortar sua carne de dragão, indo até o âmago de seu coração de dragão para torná-lo novamente um menino.

É madrugada quando Eustace volta ao navio, ao encontro dos companheiros. Todos estão dormindo, menos um: Edmund, que pôde ouvir a confissão de Eustace. Quanta perspicácia, da parte de Lewis, se revela em dar a Edmund o papel de padre confessor, pois foi ele que, em uma história anterior — *O Leão, a Feiticeira e o Guarda-Roupa* —, descobriu seus próprios traços dragontinos, e também foi transformado pelo Leão. Edmund seria empático e paciente, terno e gentil.

⋅ I ⋅

Ao terminar de se vestir, ela olhou a água corrente pela janela e respirou fundo. Tinha certeza de que uma ocasião maravilhosa estava começando.
CAPÍTULO I

Para Lucy, que já havia feito uma viagem-"surpresa" anterior a Nárnia (em *Príncipe Caspian*), a passagem do quarto de hóspedes de Eustace para o convés do *Peregrino da Alvorada* é uma aventura bem-vinda! De fato, Edmund e Lucy estavam relembrando seu lugar favorito, Nárnia, quando foram convocados a ir lá mais uma vez. Ao contrário de Eustace, Lucy é uma peregrina pronta e ansiosa para ir! Ela pousa na água fria, e se considera abençoada por ter tido aulas de natação na escola no último semestre. Suas roupas ficam arruinadas, mas ela se contenta com roupas velhas de Caspian, embora sejam grandes demais para ela. Lucy se instala em seu novo ambiente e entre seus novos companheiros (alguns deles, na verdade, velhos amigos), respondendo a tudo com uma atitude de alegria e ansiosa por participar do que quer que surja em seu caminho.

Em *Príncipe Caspian*, Edmund nos diz que Lucy vê Aslan mais frequentemente do que qualquer outra pessoa. Por causa disso, ela parece ter adquirido muitos de seus atributos: um coração carinhoso e cuidadoso, um espírito sincero e valente, e, às vezes, paciência e sabedoria inesperadas em sua idade. Isso fica evidente na emoção que Lucy experimenta em *A viagem do* Peregrino da Alvorada ao retornar a Nárnia. Ela espera ansiosamente por uma aventura, especialmente se Aslan estiver envolvido.

Como poderíamos ser mais semelhantes a Jesus, se tivéssemos a fé e o foco de Lucy... Se pudéssemos apenas contemplá-lo, e aos seus propósitos, em tudo que fazemos, e ficar entusiasmados quando aventuras e provações aparecem em nosso caminho... Se conseguíssemos desviar nosso foco do desconforto imediato e da ansiedade pelo incógnito, ficando atentos e gratos pelo preparo que recebemos, e assim deixar claro o que realmente valorizamos: Jesus. Vivendo plenamente o momento, procurando vislumbres da mão de Deus em todas as coisas, regozijando-nos em sua presença, podemos descobrir que lutamos menos, desfrutamos mais e, ao longo do processo, nos tornamos um pouco mais parecidos com ele. Você está disposto, como Lucy, a ficar atento aos vislumbres de Deus nesta semana?

Pois onde estiver o seu tesouro, aí também estará o seu coração.
MATEUS 6:21

· 2 ·

Por que não chegaríamos ao extremo leste do mundo? E o que encontraríamos lá? Eu espero encontrar a pátria de Aslan.
CAPÍTULO II

O valente e nobre rato Reepicheep está a bordo do *Peregrino da Alvorada* em peregrinação à pátria de Aslan. Ele está numa jornada, e sela seu legado de uma maneira taxativa e dramática, partindo em direção ao horizonte, para o desconhecido, com grande coragem e fé. Ele procura a pátria de Aslan como se buscasse seu lar definitivo e eterno, o lugar para o qual sua vida em Nárnia o preparou, o lugar que ele sempre conheceu em seu coração. Ele cumpriu o propósito de sua vida durante a guerra, sendo bravo e corajoso, e pela paz em Nárnia. Ele serviu ao reino e ao mais digno dos reis, Aslan; e serviu bem. Reepicheep está seguro de que fez tudo o que podia.

Aqui há uma lição para aqueles de nós que arrastamos nossas vidas sem confiança, aqueles de nós com fé vacilante e pouca coragem. Se vivermos de acordo com o propósito de Deus, confiando em sua força e orientação, podemos atravessar corajosamente qualquer vale, inclusive o vale da morte. É importante que tenhamos a perspectiva de Reepicheep, que ensina que a jornada não está completa até que cheguemos ao outro lado. Dessa forma, permanecemos em guarda, e não relapsos.

A Bíblia promete que Jesus está preparando um lugar para nós (ver João 14:2). Iremos à "Pátria de Deus", o lugar onde Deus habita, onde experimentaremos Deus com todos os nossos novos sentidos. Estaremos com ele e o conheceremos plenamente. Mas, até que esse dia chegue, podemos seguir o conselho do apóstolo Paulo e "manter-nos firmes na fé". Essa firmeza nos garante que terminaremos bem, assim como Reepicheep.

Como você pode encorajar alguém a ser firme?

Estejam vigilantes, mantenham-se firmes na fé, sejam homens de coragem, sejam fortes.
1 CORÍNTIOS 16:13

⋄3⋄

Senti que era meu dever apontar que não sabíamos que havia terra à frente e tentei fazê-los ver os perigos do pensamento desejoso.
CAPÍTULO V

Eustace, quanto ao conhecimento, se considera superior à maioria. Ele gosta de livros que trazem informação. Conhece coisas que podem ser medidas, contadas, fixadas em cartões — como sua coleção de besouros. Orgulhando-se de conhecer seus direitos, exige que o deixem desembarcar no próximo porto, para ser ouvido no consulado britânico. Assim, a perspectiva de estar em outro mundo, longe de preenchê-lo com o entusiasmo de Lucy, o deixa física e emocionalmente doente. Ele não pode imaginar tal possibilidade, porque negligenciou o imaginário e aparentemente não se interessa tanto por ficção. É óbvio que ele também não gosta muito de pessoas — e ele é altamente intolerante com as outras espécies, como é evidente em suas relações com Reepicheep.

De fato, um "nobre" como Eustace sente como seu dever alertar os outros peregrinos e aventureiros dos perigos inerentes do "pensamento desejoso"[*] que eles demonstram ao desfrutar de Nárnia. No entanto, nossos sonhos e desejos, aspirações, altas expectativas para nós mesmos e nossas famílias — tudo isso é pensamento desejoso.

Em seu livro *Wishful Thinking* (*Pensamento desejoso*), Frederick Buechner disse o seguinte sobre o assunto: "O cristianismo é, essencialmente, pensamento desejoso. Até mesmo a parte sobre Julgamento e Inferno reflete um desejo de que, em algum lugar, a pontuação esteja sendo contada... Crianças brincando de *vida adulta*: pensamento desejoso. Viagem interplanetária é pensamento desejoso. Às vezes, o desejo dá as asas pelas quais a verdade se faz verdadeira. Às vezes, a verdade é que nos faz desejá-la."

Se percebermos que nossas vidas têm propósito, se percebermos que Deus direciona nosso rumo, nos envolveremos ativamente no ajuste fino de nossas habilidades, para imaginar e determinar o que

---

[*] N.T.: *Wishful thinking* é um conceito de difícil tradução direta; refere-se ao modo de acreditar na existência, disponibilidade, certeza e até proximidade daquilo que se deseja, como se o ato de desejar, por si, fosse suficiente para dar realidade ao objeto desejado e para realizar, para o sujeito, a posse do objeto. É mais frequentemente usado em um sentido pejorativo, denotando "ilusão"; mas essa não é a chave interpretativa adequada para esse trecho.

Deus deseja que desejemos e em que direção ele deseja que sigamos. Como o salmista e rei Davi nos lembrou, o primeiro passo é "nos deleitarmos no Senhor". Pois, ao nos deleitarmos com ele, ao imaginarmos para nós mesmos vidas dignas de um chamado, podemos acabar percebendo que nosso "pensamento desejoso" se tornou realidade.

Deleite-se no Senhor, e ele atenderá aos desejos do seu coração.
SALMOS 37:4

·4·

Ele se transformou em um dragão enquanto dormia. Dormindo com uma consciência de dragão, com pensamentos gananciosos e dragontinos em seu coração, ele acabou se tornando um dragão.
CAPÍTULO VI

Eustace tem uma conduta maligna. Seu diário, durante a viagem, está repleto de visões egoístas, críticas cruéis, pretensão soberba e ressentimento de falsa "vítima". Ele consegue racionalizar até concluir que todos os outros a bordo do *Peregrino da Alvorada* são culpados — que são tolos e egoístas, e ele é o único inteligente e nobre. À medida que lemos sobre suas ações e seus atos, bem como seus pensamentos, as evidências revelam que Eustace é totalmente egocêntrico, distorcido e inútil. No leilão de escravos, nas Ilhas Solitárias, não é feito um único lance por ele — ninguém o deseja, nem de *graça*.

Na Ilha do Dragão, Eustace não se porta de maneira nobre nem sábia, pois se afasta dos outros, discretamente, para evitar o trabalho árduo a fazer. Ao encontrar um dragão moribundo, ele se refugia em seu covil, sem ter ideia do tipo de magia que podia afetá-lo, já que, durante toda a sua vida, leu os livros errados. Assim, os pensamentos de Eustace se manifestam em suas ações e, finalmente, em sua aparência externa — ele se torna por fora a fera que é por dentro.

O pecado, como o câncer, pode começar como um pequeno problema e crescer rapidamente, assumindo proporções monstruosas e fatais. Ele começa em nossa natureza egoísta e é facilmente alimentado por uma vida de pensamentos negativos. As injustiças e os desafios inevitáveis da vida podem estimular sentimento de culpa, ressentimento, vitimização e presunção. Sem uma dieta diária de humildade, confissão e nutrição espiritual, podemos ver nossos corações se tornando, rapidamente, duros e cínicos, e nossas mentes se enchendo de pensamentos bestiais. Quando cada palavra que sai de nossa boca se torna uma expressão de aborrecimento — ou pior, uma maldição para outra pessoa — e cada ação uma afirmação repetitiva de nossos desejos egoístas, estamos em rota de colisão, com problemas à frente. Devemos considerar o estado de nossos corações hoje, para não nos tornarmos intoleráveis nos relacionamentos, correndo o risco de acabar sozinhos — sozinhos em um covil feito por nós mesmos de nossa pele humana envolvendo o coração de um dragão.

Ai dos que se prendem à iniquidade com cordas de engano,
e ao pecado com cordas de carroça.
ISAÍAS 5:18

·5·

Eu estava com medo de suas garras, é verdade, mas eu havia chegado ao desespero. Então eu simplesmente me deitei de costas, para deixá-lo agir.
CAPÍTULO VIII

Eustace, agora um dragão, não está satisfeito com suas perspectivas futuras. Ao ir atrás de Aslan, ele assume um risco enorme. Ele desiste de suas manipulações e planos inteligentes, de sua vontade e talvez de sua vida — certamente, da vida como ele a conhecia. Não tem mais nada de valor, nem mesmo uma boa ideia que o ajude a se transformar novamente em um ser humano. Está indefeso e arrependido. Embora não possa mudar a si mesmo, por fim ele procurou e se entregou àquele que pode. O grande Leão, através dos mistérios de uma magia tão profunda que Eustace não a poderia conhecer, pode salvá-lo — mas não sem dor. Deitado, Eustace rejeita todos os poderes dragontinos ou humanos e se dispõe a suportar a dor, a cirurgia sem anestesia; no entanto, ele sabe que está sob os melhores cuidados do Mestre Cirurgião.

Nós, como Eustace, não mudamos facilmente. Pode ser necessária uma crise descomunal para nos deixar dispostos a abandonar as camadas de nossa pele. É somente pelas "garras" de Deus que o algum efeito verdadeiro é realizado — pelo corte profundo de camadas de comportamentos errados e atitudes defensivas para dar origem a uma vida transformada. Ser mudado é doloroso. É doloroso deixar nossas vontades de lado e desistir de lutar. Porém sentiremos alívio, nesse processo, ao encontrar aquele em que podemos finalmente confiar. Ele nos tem em suas mãos, e quer pereçamos ou não, finalmente estamos bem com ele.

O renascimento espiritual é o processo que nos "desdragonifica". Como Jesus prometeu a Nicodemos, renascemos com novos olhos, novas sensibilidades e uma nova recepção às palavras de conforto e à graça de Deus. E, nesse processo, à medida que nos perdemos, nos ganhamos — ganhamos nosso verdadeiro eu, que Deus planejou para nós.

Você está ajudando ou atrapalhando o trabalho das "garras" de Deus em sua vida?

Em resposta, Jesus declarou: "Digo-lhe a verdade: Ninguém pode ver o Reino de Deus, se não nascer de novo."
JOÃO 3:3

6

Depois de um tempo, o leão me levantou e me vestiu... Não sei como: com roupas novas — as mesmas que estou usando agora.
CAPÍTULO VIII

Eustace conta sua história a Edmund, explicando como o grande Leão Aslan o chamou, o "desdragonificou", lavou-o e por fim o vestiu com roupas novas. Eustace não é mais um dragão velho, com pele dura e modos bestiais: ele é um garoto novo, com um corpo redimido e uma mente regenerada, e, embora humano novamente, ele mudou dramaticamente! Eustace não consegue explicar perfeitamente o que aconteceu, pois nem ele mesmo entende completamente o que aconteceu com ele. Mas Edmund — aquele que traiu os outros em *O Leão, a Feiticeira e o Guarda-Roupa*, e da mesma maneira se viu em necessidade desesperada — entende exatamente o que Eustace lhe está dizendo. Edmund dá testemunho da capacidade que Aslan tem de perdoar e mudar as pessoas de dentro para fora. Ele participa do processo de cura de Eustace, ouvindo sua confissão contrita.

Para salvar Eustace, assim como fez com Edmund, Aslan interveio por meios dramáticos e sobrenaturais. Eustace recebe de volta seu corpo anterior, limpo, com nova pele e roupas novas. Ele também recebe uma nova perspectiva, uma nova atitude de humildade, uma nova consciência da verdade e de seu lugar na ordem das coisas.

Não somos capazes de entender completamente como ou por que Deus nos transforma por meios sobrenaturais que só estão ao alcance dele. Mas está dentro de nossa capacidade reconhecer que precisamos desesperadamente de sua graça transformadora — e é quando chegamos a esse ponto que Deus pode começar a transformação. Podemos ter tentado melhorar a nós mesmos de várias maneiras e acabamos falhando. Seja imediatamente, gradualmente ou apenas por causa de uma crise, quando abrimos nossos corações e mentes a Deus para que ele realize a obra, reconhecendo que ela está além do que por nós mesmos podemos fazer, ele agirá em nosso favor.

É grande o meu prazer no Senhor! Regozija-se a minha alma em meu Deus! Pois ele me vestiu com as vestes da salvação e sobre mim pôs o manto da justiça, qual noivo que adorna a cabeça como um sacerdote, qual noiva que se enfeita com joias.
ISAÍAS 61:10

7

— Bem, ele me conhece — disse Edmund. — Ele é o grande Leão, o filho do Imperador Ultramarino, que me salvou e salvou Nárnia.
CAPÍTULO VIII

Quando Eustace pergunta a Edmund se ele conhece Aslan, a resposta de Edmund é que *Aslan o* conhece. Edmund sabe quem é Aslan; ele declara a verdade afirmativamente, citando o título próprio de Aslan e o fato mais importante sobre o relacionamento entre eles. Mas ele hesita em dizer que conhece Aslan. Embora Edmund reconheça Aslan e suas ações, ele também percebe que Aslan é incrível e maravilhoso — e não é bem compreendido. Ele supera largamente a capacidade que Edmund tem de compreendê-lo, de prever seus pensamentos, raciocínio ou comportamento.

Da mesma forma, muitos de nós conhecemos Jesus como o Filho de Deus, como o Salvador do mundo e como nosso Salvador pessoal. Estamos familiarizados com a história de Cristo e suas palavras, e podemos sentir sua presença. Podemos ter nos familiarizado com sua voz e estar obtendo cada vez maior conhecimento sobre ele, mas podemos dizer honestamente que realmente o conhecemos?

Somos humanos e não temos a capacidade de compreender os mistérios do nosso Deus onipotente.

No entanto, *ele nos* conhece. Ele nos conhece desde antes de nascermos e conhece nosso passado, presente e futuro. Ele tem planos e propósitos para nós. Ele conhece todos os nossos pensamentos, movimentos e inclinações. Embora conheça nosso pecado, nossa vergonha e nossa teimosia, ele nos ama. Ele nos criou e ainda está nos formando. Nossa parte no processo é receber com humildade a graça e o amor que sempre motivam Deus a agir.

Senhor, tu me sondas e me conheces. Sabes quando me sento e quando me levanto; de longe percebes os meus pensamentos. Sabes muito bem quando trabalho e quando descanso; todos os meus caminhos te são bem conhecidos.
SALMOS 139:1-3

· 8 ·

Para ser totalmente preciso, ele [Eustace] passou a ser um menino diferente. Teve recaídas. Ainda havia muitos dias em que ele podia ser muito cansativo. Mas... a cura havia começado.
CAPÍTULO VIII

Eustace é mudado; não apenas na superfície, passando de dragão a menino humano, mas também por dentro. Por fora, Eustace tem roupas novas. Ficaram para trás as roupas velhas, com bolsos cheios de tesouros do covil do dragão. Abandonado o adorável, mas doloroso bracelete da caverna do dragão — um bracelete que ninguém quer tocar, após a maldição da "dragonificação" de Eustace. Assim como Eustace deixa de lado seus tesouros materiais, como coisas inúteis ou até perigosas, ele também deixará de lado as coisas que uma vez considerou importantes em sua vida intelectual e emocional.

Ao descrever para Edmund seu encontro com Aslan, Eustace revela que nem sabe quem é Aslan. Embora tenha se submetido a Aslan como Salvador e Senhor e sofrido com o processo da raspagem de sua pele de dragão, ele tem muito a aprender sobre os caminhos de Aslan. Eustace está em um novo começo, tem uma nova versão de si mesmo por dentro e por fora, mas sua jornada como uma "nova criatura" está apenas começando.

É fácil ver o notável paralelo que C. S. Lewis traça entre a "desdragonificação" de Eustace e nosso próprio "renascimento" em Cristo. Cristo nos dá um novo começo, e em seguida nos dá seu Espírito Santo para viver dentro de nós. Nascemos de novo, mas somos apenas bebês numa floresta, ainda no processo de aprender quem Cristo realmente é e como andar em seus caminhos de justiça. Sim, somos diferentes após nosso renascimento em Cristo; a doença do pecado e da rebelião foi debilitada. Embora ainda sejamos imperfeitos, a cura começou.

Portanto, se alguém está em Cristo, é nova criação. As coisas antigas já passaram; eis que surgiram coisas novas!
2 CORÍNTIOS 5:17

·9·

— *Oh, Aslan* — *disse ela* —, *foi gentil da sua parte vir.*
— *Eu estive aqui o tempo todo* — *respondeu ele* —, *mas você acabou de me tornar visível.*
CAPÍTULO X

Lucy não sabe que Aslan está presente; ela não pode vê-lo com os olhos. Ela aceitou a tarefa de encontrar um livro de magia em algum lugar no andar superior de um castelo. Ao fazê-lo, sente medo, mas age com coragem. Folheando o livro, Lucy inadvertidamente executa um feitiço para libertar da maldição do mago os amigáveis Dufflepuds, de Nárnia. De repente, voltando-se ao som de passos pesados no corredor, ela encontra o grande Leão, Aslan, diante dela. Ela fica surpresa e muito feliz em vê-lo. Ela o tornou visível!

Nós não vemos nosso Deus invisível, mas onipresente. Ele está presente mesmo que nossos olhos não possam vê-lo. Está presente quando fazemos o que é certo, presente quando fazemos o que é errado. Está presente quando temos medo e quando somos corajosos. É a sua presença que nos estimula, dando-nos confiança quando não podemos encontrar confiança em nós mesmos. Ele é o suficiente e está aqui, e nele encontramos o que precisamos; mas na maior parte das vezes ignoramos sua proximidade. Algumas vezes, não acreditamos que ele possa ser encontrado. De vez em quando, nos perguntamos se ele existe.

Embora não tenhamos olhos para ver um Deus espiritual, existem muitas outras maneiras de sentir que nosso Deus nos tocou, que nos despertou, que nos disse algo diretamente. E, quando não o sentimos, podemos dar o primeiro passo nesse caminho através de um ato da vontade: a adoração. É então que sentimos seu grande amor e cuidado, e percebemos que ele esteve aqui o tempo todo.

Como é feliz o povo que aprendeu a aclamar-te, Senhor, e que anda na luz da tua presença!
SALMOS 89:15

· 10 ·

Mas lá eu tenho outro nome... Essa foi exatamente a razão pela qual vocês foram trazidos para Nárnia, para que, conhecendo-me aqui um pouco, possam me conhecer melhor lá.
CAPÍTULO XVI

No capítulo final, Aslan diz a Lucy e Edmund que eles nunca mais poderão voltar a Nárnia. Ambos exclamam seu horror, e Lucy verbaliza seu maior medo — ficar longe de Aslan. Nesse mesmo capítulo, Aslan (na imagem de um cordeiro) convida as crianças para o café da manhã e diz a elas que em seu mundo há uma passagem alternativa para a pátria de Aslan. O Cordeiro se transmuta de branco em dourado e se transforma em Aslan, e lhes explica que ele é a ponte entre o mundo delas e o dele.

Para que não haja nenhum engano, Aslan, o grande Leão e Cordeiro, o filho do Imperador Ultramarino, é a figura de Cristo de Nárnia. Dessa forma, C. S. Lewis nos traz a Nárnia e nos lembra da beleza do evangelho: a história de Jesus. Como Lúcia e Edmund, ao encontrar Aslan e conhecê-lo um pouco lá, nós também podemos desejar saber mais sobre Jesus. Lewis criou a história fictícia de um leão semelhante a Cristo em outro mundo como uma maneira de os leitores experimentarem a história do evangelho, livres de pressupostos que poderiam impedi-los de contemplar pensamentos sobrenaturais ou divinos.

Para aqueles de nós que conhecem e amam a história do evangelho, a história de Aslan serve para nos lembrar de seu poder e sua verdade. Da mesma forma, as cartas de Paulo lembraram seus leitores — neste caso, os Coríntios — das Boas-Novas que ele havia pregado para eles. Ele queria que essa notícia fosse uma parte importante de suas vidas, fundamentando todas as suas decisões e mantendo-os fiéis a Deus. Através de seu conhecimento de Jesus e do estudo contínuo das Escrituras, eles viriam a conhecê-lo melhor. Também para nós isso é verdade.

Irmãos, quero lembrar-lhes o evangelho que lhes preguei, o qual vocês receberam e no qual estão firmes.
1 CORÍNTIOS 15:1

CAPÍTULO 6
A cadeira de prata

A *cadeira de prata* (*The Silver Chair*) é o quarto volume das Crônicas de Nárnia escrito por Lewis, e é o sexto volume de acordo com sua cronologia linear, como ocorre frequentemente nas edições modernas. A história centra-se no resgate do filho do rei Caspian, o príncipe Rilian, que a Feiticeira Verde capturou e manteve como refém no subsolo. A bruxa elaborou um plano pelo qual ela montará um exército para invadir Nárnia e estabelecer Rilian, o verdadeiro herdeiro do trono, como rei — mas apenas como seu fantoche. Ela mantém Rilian sob um feitiço que o impede de se lembrar de sua verdadeira identidade, exceto durante uma hora por dia. Durante essa hora, ele fica amarrado em uma cadeira de prata, com plena consciência de quem realmente é. Ele grita e pede que alguém o liberte, para que ele possa derrotar a Feiticeira Verde e retornar a Nárnia. Mas ele só pode ser libertado se, nessa hora tumultuosa, alguém quebrar a cadeira de prata.

É nessas circunstâncias que Aslan, o verdadeiro Rei Leão e a figura de Cristo nos livros, chama Eustace Scrubb e sua amiga de escola Jill Poole, da Inglaterra. E é para Jill, que nunca esteve em Nárnia antes, que Aslan dá as instruções para o resgate de Rilian. Ele revela sua estratégia para ela, que a compartilha com Eustace, juntamente a vários sinais de acompanhamento que eles devem seguir de perto. Eles têm a sorte de se juntar em sua aventura um Marsh-wiggle chamado Puddleglum, um dos personagens mais cativantes de todos os livros de Nárnia. Puddleglum é muito pessimista e depressivo, como o Eeyore de A. A. Milne, mas é leal e verdadeiro. Com os sinais e a boa vontade de Aslan para sua aventura, o grupo enviado para resgatar o príncipe Rilian consegue zerar a lista de erros que se pode pensar em cometer. Mas no final eles vencem a bruxa, libertam o príncipe e o devolvem a Nárnia em sã consciência.

Se *O sobrinho do mago* é a história da criação de Nárnia e *O Leão, a Feiticeira e o Guarda-Roupa* é a história da redenção da ilha, *A cadeira de prata* é a eclesiologia de Lewis, ou a história da igreja. Um grupo de pessoas é chamado para fora de seu mundo para restaurar o filho do rei à sua verdadeira e legítima identidade. Eles são enviados em sua grande comissão pelo sopro do Leão. O grupo, enviado ao território inimigo para realizar o resgate, é cheio de falhas e medos e consegue cometer muitos, muitos erros, mas pela graça a vontade de Aslan ainda é cumprida através deles.

•I•

Embora ela estivesse ansiando por algo assim, Jill sentiu medo...
— *Podemos voltar? É seguro?...* — *perguntou Jill.*
CAPÍTULO I

Fugindo de maus momentos nas mãos de crianças maldosas de sua escola, Jill não pode fazer mais que orar por alguma rota milagrosa de fuga. Mas, quando, inacreditavelmente, outro mundo se abre diante dela, ela hesita. Embora sua salvação tenha se materializado tão convenientemente, ela sente que cruzar a porta envolve um compromisso que pode ser irreversível.

O desejo de fuga de Jill não é diferente de nossa tentação de flertar casualmente com a religião como uma rede de segurança ou algum tipo de seguro de vida, apenas no caso de realmente existir uma vida após a morte. Mas seguir a Cristo constitui uma mudança de coração que desvaloriza muito do que antes pensávamos ser real e importante antes que possamos estabelecer um relacionamento com ele. É quase como entrar em outro mundo sem saber se podemos ou não voltar.

O que Jill estaria deixando para trás? As importunações das crianças más porque ela não age como elas esperam? A injustiça das autoridades escolares, que toleram o *bullying* para não censurar a expressão individual? Um sistema em que os valores como impertinente e agradável estão virados de cabeça para baixo? No entanto, ela não tem garantia de que o novo mundo será melhor; ela tem apenas a palavra de seu amigo de que ele viu esse mundo e ele é real.

Nárnia, o mundo que Jill hesita em adentrar, não é um veículo metafórico para o cristianismo. Nesse momento da experiência de Jill, entretanto, seu surgimento representa um passo de fé que, uma vez dado, pode separá-la da vida como ela a conheceu. Nenhuma promessa para Jill: apenas uma chance de que algo melhor possa existir. Então ela entra em Nárnia, mais por desespero do que por qualquer outro motivo. No entanto, cruzado esse limiar, ela encontra Aslan, e, a partir de então, olha apenas para a frente, nunca para trás. Da mesma forma, para aqueles que têm olhos para ver Jesus, a realidade do Salvador torna o chamado para abandonar tudo mais razoável, convincente e possível. Qual aspecto desse chamado você está sentindo? Você, como Jill, atenderá ao chamado?

Ninguém que tenha deixado casa, mulher, irmãos, pai ou filhos por causa do Reino de Deus deixará de receber, na presente era, muitas vezes mais, e, na era futura, a vida eterna.

LUCAS 18:29–30

✦ 2 ✦

— Você promete não fazer nada comigo, se eu for? — disse Jill.

CAPÍTULO II

Jill está em apuros. Tendo causado a perda de seu único companheiro, ela está sozinha em um mundo sobre o qual nada sabe, e sente uma sede enlouquecedora. Ela encontrou um riacho, mas há um problema: um enorme leão está entre ela e a água. Fugir ou caminhar em direção ao leão para chegar à água parece uma escolha igualmente fatal. Simplesmente ficar sem beber? Ela não pode!

Jill percebe que precisa dessa água. O Leão — que os leitores reconhecem como a figura de Cristo em Nárnia — se recusa a prometer que não a comerá. E, ele confirma, sem essa água ela certamente morrerá. Mas é exatamente da morte que Jill procura escapar, mantendo-se longe dele. Certa vez, Jesus falou a uma mulher samaritana com sede sobre a "água viva" (João 4:10). Esse convite para vir e beber é repetido no Livro do Apocalipse quando o Espírito Santo e a noiva de Cristo — a igreja — convidam todos a vir e beber da "água da vida". Todos os que desejam saciar sua sede nessa fonte devem considerar tudo o mais, até a própria vida, como algo comparativamente sem valor. A vida eterna é dada aos que aceitam a oferta: se você está com sede, venha e beba. É um bom negócio: trocamos tudo o que *achamos* que precisamos por aquilo que o Criador *sabe* que precisamos para viver felizes para sempre. Ele promete não necessariamente segurança física, mas satisfação completa.

Jill é apenas uma criança fraca e cansada, perdida e assustada, com fome e sede. Espiritualmente, nós também somos, e não podemos salvar a nós mesmos. Nossa luta comum é reconhecer a falta de qualquer outra opção adequada e trocar as coisas às quais nos apegamos pela "água da vida" e uma promessa ilusória de segurança pelo sabor de tudo o que é eternamente bom.

Quem tiver sede, venha; e quem quiser, beba de graça da água da vida.
APOCALIPSE 22:17

•3•

— *Você não teria me chamado, a menos que eu estivesse chamando você — disse o Leão.*
CAPÍTULO II

Dos contos populares e mitos à literatura moderna, as histórias falam de viagens. Quer o personagem de uma história vá ou não a algum lugar, muitas vezes acontece uma jornada de transformação dentro do personagem. As peregrinações — viagens feitas como meio para um fim espiritual — são todas semelhantes, pois algumas envolvem um deslocamento de muitas milhas, enquanto outras envolvem distâncias internas. Seja na realidade, seja na ficção, uma jornada começa com a resposta do viajante a algo que tenha atraído seu coração ou sua mente.

Em *A cadeira de prata*, Jill e Eustace ouvem o chamado de Aslan em suas vidas. O engraçado é que eles pensam ser os autores da ideia. Eustace pede a Aslan que lhes permita entrar em Nárnia, para fugir das crianças valentonas da escola. Eustace, que já esteve lá antes, inventa um refrão pseudorreligioso que as crianças começam a cantar, apenas para serem interrompidas pelo acontecimento real. Diante deles, abre-se um portal para o outro mundo. Então, mais tarde, quando Aslan menciona o fato de que os chamou, Jill se pergunta se pode haver algum engano, já que a ida deles a Nárnia, na verdade, havia sido uma ideia de Eustace. Mas Aslan garante: Foi ele, Aslan, quem os capacitou a pedir.

O progresso de Jill e Eustace (incluindo seus erros), as dificuldades e as lições aprendidas em Nárnia são semelhantes aos de qualquer peregrino cristão que se esforça para manter o foco na tarefa e no destino final. Mas não haveria progresso nem lição aprendida sem um chamado e uma resposta. Como Jesus explicou a um grupo de queixosos, ninguém vem a ele a menos que antes tenha sido atraído por Deus. Até mesmo os nossos anseios não são o primeiro passo quando o encontramos, mas uma resposta afirmativa àquele que já nos chamou. Ele nos quer antes mesmo de *querermos* ser queridos.

Ninguém pode vir a mim, se o Pai, que me enviou, não o atrair.
JOÃO 6:44

4

Mas, antes de tudo, lembre-se, lembre-se, lembre-se dos Sinais.
CAPÍTULO II

Aslan dá a Jill sinais e instruções dos quais depende a missão das crianças, bem como o destino não apenas do príncipe desaparecido, mas de toda Nárnia. Tanta coisa depende das palavras de Aslan — de conhecê-las e segui-las — que ele faz Jill repeti-las várias vezes, até que ela as entenda completamente e na ordem certa. Ele a adverte a continuar repetindo-as para si mesma de manhã e à noite, e mesmo quando ela acordar no meio da noite.

Dessa instrução emergem dois pontos importantes para nós. Primeiro, conhecer profundamente as palavras. Para o cristão, isso significa saber o que Deus nos comunicou na Bíblia, porque ela contém as palavras da vida. Leia-as; releia-as; ouça; e lembre-se, lembre-se, lembre-se delas.

Em segundo lugar, conhecer profundamente a sequência. As instruções de Deus geralmente dependem de uma ordem específica, assim como as de Aslan para Jill. Por exemplo: "Busquem, pois, em primeiro lugar o Reino de Deus e a sua justiça, e todas essas coisas lhes serão acrescentadas." (Mateus 6:33) Se você inverter as direções simplesmente não vai acabar no destino certo.

Até mesmo uma criança pode se lembrar e encontrar orientação e proteção na palavra de Deus que nos guia. Durante os quarenta anos de Israel no deserto, Deus ordenou ao povo, através de Moisés, que se lembrasse de suas instruções. Os pais deveriam ensiná-las a seus filhos e realizar outras tarefas para guardar na memória os mandamentos de Deus. Dessa forma, eles se comprometiam "de todo o coração" com as instruções de Deus, assim como Jill é instruída a se comprometer com as de Aslan. Falar sobre elas em casa ou enquanto se deslocavam era a melhor maneira de os israelitas prendê-las "na testa", isto é, na vanguarda. Nós também devemos manter as palavras de orientação de Deus na vanguarda de nossas vidas.

Que todas estas palavras que hoje lhe ordeno estejam em seu coração. Ensine-as com persistência a seus filhos. Converse sobre elas quando estiver sentado em casa, quando estiver andando pelo caminho, quando se deitar e quando se levantar.
DEUTERONÔMIO 6:6–7

· 5 ·

Ambas as crianças notaram que ele disse "nós", não "você"; e ambas exclamaram ao mesmo tempo: "Você vem conosco?"
CAPÍTULO V

Com receptividade infantil, Jill e Eustace se comprometem a fazer o que Aslan instrui sem questionar, embora não tenham conhecimento do lugar ou da situação em que estão e nenhum recurso além de suas mãos vazias. No entanto, tudo se encaixa quando eles se veem vestidos, abrigados e banqueteados no palácio de um rei; transportados e aconselhados por sábias corujas falantes; e conduzidos a Puddleglum, o Marsh-wiggle, que sabe como começar a jornada. Melhor ainda, quando Puddleglum se inclui, durante a discussão sobre seus planos de viagem, as crianças percebem com grande alegria que ele está indo com eles como seu companheiro e guia.

Aslan providencia tudo de que as crianças precisam, refletindo a maneira como Deus provê tudo o que precisamos para realizar seus propósitos. Além dos sutis estímulos internos do Espírito Santo, Deus nos dá o auxílio de outros que, embora humanos imperfeitos como nós, podem ter exatamente os recursos espirituais e o conhecimento para complementar os nossos. De tais cooperadores se compõe a igreja, o corpo de Cristo, cujas mãos, pés e bocas cumprem as ordens de Deus em todo o mundo. Eles se apresentam para orientar e acompanhar.

Em Nárnia, a casa do rei partilha sua riqueza. As corujas fornecem transporte aéreo e bons conselhos. E, embora ele possua pouca coisa — uma cabana de barro, um chapéu, uma vara de pescar —, o próprio Puddleglum (a pessoa que ele é) mostra-se inestimavelmente valioso para Jill e Eustace. É no povo de Deus que encontraremos a riqueza mais valiosa para nós em nossas próprias peregrinações.

Igualmente importante: devemos perceber que nós também somos uma parte do corpo. E devemos assumir nossas responsabilidades, contribuindo para a saúde, a riqueza e o bem-estar de nossos companheiros, para que o corpo possa responder efetivamente às diretrizes de seu chefe, Jesus Cristo.

Qual é o seu lugar no corpo? Como você encorajaria alguém que não tem certeza de seu lugar?

Ora, assim como o corpo é uma unidade, embora tenha muitos membros, e todos os membros, mesmo sendo muitos, formam um só corpo, assim também com respeito a Cristo.
1 CORÍNTIOS 12:12

· 6 ·

Não há acidentes. Nosso guia é Aslan.
CAPÍTULO X

Em *A cadeira de prata*, Lewis sublinha a incrível tendência de Deus de usar todos os tipos de inadequações humanas, transformando-as em ferramentas para moldar seus bons propósitos. Eustace, Jill e Puddleglum demonstram ser vasos fracos para o trabalho de Aslan; muitas vezes confusos, eles não reconhecem seu adversário e se deixam enganar. Eles discutem, perdem o interesse pelos sinais e optam por desconsiderar temporariamente sua missão em troca do conforto corporal da comida, do abrigo e do descanso. Extraviando-se, eles quase se tornam comida para gigantes. No entanto, seu desvio para um lugar de onde nunca deveriam ter se aproximado os coloca em posição de ver um dos sinais de Aslan que, antes, eles haviam perdido. Enquanto tentam voltar aos trilhos, eles são perseguidos por gigantes e cães de caça; mergulham em um buraco em uma rocha, que os deposita exatamente onde precisam estar: no submundo, onde sua missão os espera. Eles teriam encontrado a abertura de outra forma?

Jill e Eustace demoram a ver que, apesar de seus erros, Aslan conduz os eventos, pondo-os cara a cara com a própria pessoa que procuram, o príncipe Rilian. O príncipe, enfeitiçado e inconsciente de sua própria identidade, usa a lógica para colocá-los em mais dúvidas, para minar sua interpretação do sinal de Aslan. Mas Puddleglum notou o padrão da "impressão da pata" de Aslan em sua jornada. Ele se lembra do que sabe há muito tempo: Aslan é confiável em tudo. São as palavras de Aslan que testam a lógica humana, e não o contrário.

Embora, como humanos, cometamos erros, com Deus não há "acidentes" nem "e se". Há apenas o entrelaçamento de todas as coisas, pois Deus determina cada passo que damos e permanece no controle do resultado de cada um.

Em seu coração o homem planeja o seu caminho, mas o Senhor determina os seus passos.
PROVÉRBIOS 16:9

⋅7⋅

Não há nada como um bom choque de dor para dissolver certos tipos de magia.
CAPÍTULO XII

A dor, uma professora natural com consequências que até bebês e animais transformam em aprendizado pela experiência, pode nos dar muito conhecimento útil. A dor vem tanto de contatos prejudiciais quanto da perda de coisas boas. E funciona como um alerta para nos ensinar cautela e atenção.

Na história, Puddleglum faz algo que exige grande maturidade, algo que as crianças não foram capazes de fazer. Quando é quase tarde demais, sabendo que dentro de um instante ele estará totalmente perdido no estupor mental em que o encantamento fatal da bruxa o lançará, ele escolhe despertar pela dor. Ele pisa no fogo, e sua carne, queimando, rapidamente limpa seu pensamento!

Muitos cristãos descobriram o princípio que Puddleglum emprega aqui: que a dor, às vezes, deve ser nossa companheira de viagem. É preciso maturidade e força de caráter para lutar contra a "mágica" das tentações que o inimigo usaria para nos acalmar e nos levar à complacência. A dor é sempre um sinal de alerta e, às vezes, abraçar a dor com suas consequências desagradáveis pode ser a única maneira de evitar um desastre ainda maior. Naufragar nas rochas da margem pode ser uma escolha melhor do que cair numa catarata. Da mesma forma, qualquer medida de risco pessoal é preferível ao perigo mais grave de fazer escolhas pecaminosas. A dor não deve nos intimidar. Em vez disso, devemos esperá-la como consequência de estar no mundo, mas não ser do mundo.

Não tenham medo dos que matam o corpo, mas não podem matar a alma. Antes, tenham medo daquele que pode destruir tanto a alma como o corpo no inferno.
MATEUS 10:28

·8·

Estou do lado de Aslan, mesmo que não haja nenhum Aslan para marchar à nossa frente. Pretendo viver como um narniano tanto quanto eu puder, mesmo que não haja Nárnia.
CAPÍTULO XII

Com um tom protetor e brincalhão, a Rainha do Submundo sugere que a crença em Nárnia (o Mundo Superior) e Aslan não está à altura de Eustace, Jill e Puddleglum, que adquiriram conhecimento através de educação, viagens e experiência. E, para esses seguidores de Aslan, a ideia de que os objetos de seu amor e lealdade são meras ficções é mais do que desencorajadora; ela ameaça-os com desespero. No entanto, como sua declaração mostra, Puddleglum decide que prefere até mesmo uma busca infrutífera pelo bem que ele sente que deve existir a permanecer no Submundo com a sedutora rainha.

De certa forma, nós também vivemos em um submundo, embora nosso mundo não seja tão sombrio quanto o de *A cadeira de prata*. Ao contrário dos habitantes do Subterrâneo, vemos belezas naturais tão requintadas que mesmo grandes artistas ficaram aquém de suas tentativas de capturá-las. Nossa história testemunha atos gloriosos de heroísmo, sacrifício e amor. Ainda assim, uma escuridão subterrânea atormenta nossas mentes, sob as formas insidiosas da ganância e vanglória, levando a todos os tipos de injustiças. No entanto, coexistindo com esse lado mais sombrio da natureza humana, existe um anseio pela verdadeira justiça que é temperada pela misericórdia, pelo amor que é governado pela disciplina e pela disciplina governada pelo amor, e por outros ideais que nunca foram satisfatoriamente alcançados na história humana. E nossa intuição sobre o que tais coisas *poderiam ser* se revela em nossas histórias, que por sua vez inspiram nossas aspirações e esforços em direção a esses ideais que percebemos.

A Palavra de Deus e a vida de Jesus fornecem os únicos modelos de pensamento e comportamento capazes de produzir o tipo de mundo que instintivamente desejamos. Mostramos que pertencemos a Cristo quando obedecemos aos seus mandamentos. E mesmo que não houvesse Jesus ou uma eternidade a ser passada com ele, seus ensinamentos e exemplo são tão perfeitos que os seguir ainda seria o mais digno dos objetivos para uma boa vida aqui em nosso Subterrâneo.

Se vocês obedecerem aos meus mandamentos, permanecerão no meu amor, assim como tenho obedecido aos mandamentos de meu Pai, e em seu amor permaneço.
JOÃO 15:10

❖ 9 ❖

E ela queria dizer "me desculpe", mas não conseguia falar.
CAPÍTULO XVI

Jill e Eustace já haviam encontrado o desaparecido príncipe Rilian e desempenhado um papel significativo em devolvê-lo a Nárnia. Apesar de seu sucesso, eles estão cientes da loucura que quase lhes custou a conclusão de sua missão. Todas as razões pelas quais eles poderiam ter falhado — esquecimento, cansaço, fome, mau humor, egoísmo — mostram a Jill as fraquezas inerentes à sua humanidade como uma "filha de Eva". Quando ela se aproxima de Aslan, o remorso precede a alegria de reencontrá-lo.

Como seres humanos, não podemos nos livrar de nossa natureza imperfeita, assim como não podemos nos livrar de nossa própria pele. Quão mortificados ficaremos ao ver nossas falhas quando estivermos frente a frente com a perfeição! Mas Aslan conforta as crianças e as parabeniza por completarem o trabalho para o qual as enviou.

Deus conhece a fragilidade de mentes, corações e corpos humanos. E Aslan sabia disso quando escolheu Eustace e Jill como seus agentes. No final de sua jornada, ele está satisfeito. Ele não os recebe com cara fechada e repreensões, mas com amor e perdão, dizendo: "Vocês conseguiram!"

Nossas vidas são compostas de jornadas semelhantes, e nosso senso de realização muitas vezes é prejudicado por uma aguda consciência de nossas falhas pessoais. Mas a mensagem de Mateus 25:21 é que Deus celebra nossa obediência. Ele aceita nossa participação em seu trabalho, transformando nossa vergonha, nosso pecado e nossa labuta em bênção, recompensa e descanso.

"Muito bem, servo bom e fiel! Você foi fiel no pouco; eu o porei sobre o muito. Venha e participe da alegria do seu senhor!"
MATEUS 25:21

• 10 •

— *Eu vim para trazer vocês para Casa* — *disse Aslan.*
CAPÍTULO XVI

Do Odisseu de Homero ao Bilbo Bolseiro de Tolkien, guerreiros, ladrões, aventureiros e diversos andarilhos têm buscado a recompensa do retorno ao lar. Em *A cadeira de prata*, como na jornada do cristão, os corações anseiam, uma vez cumprida a tarefa, pelo fim do caminho e por chegar, finalmente, ao lar.

Se o lar é onde está o coração, é importante que o coração chegue onde deseja habitar. Eustace e Jill sabem da importância de sua missão, mas ao mesmo tempo seus corações anseiam pela presença de Aslan. Apenas o Leão pode devolvê-los ao seu próprio mundo e à Inglaterra, mas, mais importante, ele os *traz* para *Casa* nele mesmo. Em *Planet Narnia*, Michael Ward observa: "O 'C' maiúsculo [em Casa] e o verbo 'trazer', em vez do esperado 'levar', ajudam a esclarecer o ponto de Lewis de que o lar não pode ser outro lugar senão onde está a figura de Cristo [Aslan]."

Quando nossos corações estão postos em Jesus, ele nos traz para si. Ele é nosso lar; não importam as circunstâncias, seja na doença, seja no sucesso, e não importa o lugar, seja em um palácio, seja em uma prisão. Paradoxalmente, nele estamos em casa — já estamos lá —, mesmo enquanto viajamos, pois seu amor e poder nos cercam sempre; ele prometeu nunca nos deixar nem nos abandonar (ver Hebreus 13:5). E, ainda maior, ele promete nos dar um lugar de descanso eterno. Quando este lugar estiver pronto, ele voltará para nós.

Enquanto Aslan devolve as crianças ao seu lar terreno, Nárnia se dissolve diante dos olhos de Eustace e Jill. Eles devem, como nós, continuar por mais algum tempo no mundo em que nasceram. A escola, o crescimento e tudo o que a vida lhes reserva ainda estão por vir, até que este mundo também se dissolva e eles tenham uma visão desimpedida de seu lar eterno, e conheçam Aslan sem impedimentos. Que possamos todos voltar para casa: assim como Jill e Eustace para o Leão de Nárnia, também nós para o Leão de Judá, agora e depois.

E se eu for e lhes preparar lugar, voltarei e os levarei para mim, para que vocês estejam onde eu estiver.
JOÃO 14:3

Tentação e triunfo

PARTE
◆ II ◆

O MUNDO QUE DEUS FEZ É bom. Os cristãos sempre acreditaram que o mal é a perversão do bem, que sua existência depende da presença do bem, que o mal explora e usa para o mal. De fato, para fins de analogia, pode-se dizer que o mal se compara ao bem como o mofo se compara ao pão. O mofo não é bom para o pão, mas ainda pode servir como um exemplo. O homem, feito à imagem do Criador, mostrou-se capaz de usar o próprio mofo, que é tão ruim para o pão, para fazer algo com propriedades curativas: a penicilina.

Aplicando esse princípio, os cristãos acreditam que, embora este mundo tenha sido criado bom, uma tragédia ocorreu nele. Os seres criados procuravam administrar as coisas por si mesmos, sem pensar nos propósitos ou intenções de Deus. A rebelião atingiu seu apogeu no Calvário: criaturas crucificando seu Criador, o Filho de Deus. No entanto, Deus demonstrou, por meio da Cruz de Cristo e da Ressurreição, sua capacidade de criar uma espécie de penicilina divina para trazer o perdão dos pecados, a reconciliação com Deus para todos os que estavam afastados dele e a cura para as profundas dores da alma. E, se essa capacidade de redimir e resgatar a humanidade perdida pode ser vista no macrocosmo do Calvário, com certeza ela também pode ser vista no microcosmo dos eventos de cada vida particular.

Esta leitura da tentação e do triunfo não considera levianamente os fatos da humanidade caída e nossa propensão a tropeçar. Cada vida é vivida pela primeira vez, e muitas vezes cometemos erros, por causa da inexperiência. No entanto, apesar dessa realidade, temos infusa em nós a esperança de uma vida triunfante em Cristo. É pela graça de Deus e nossa fé nessa graça que podemos ter essa esperança. C. S. Lewis escreve sobre o fracasso do homem com sinceridade, mas com otimismo, confiante no triunfo do amor de Cristo e na esperança que nele se encontra.

Visto que Deus sabe tudo sobre nós e ainda assim nos ama, podemos ter também a certeza de que ele ouve nossas palavras honestas de arrependimento, nos perdoa, nos conforta e nos encoraja a crescer e agir melhor. E é o amor por ele que aumenta nosso desejo de segui-lo e torna menos atraentes as tentações. Com o tempo, as coisas que nos distraem de Deus revelam-se, em sua verdadeira natureza, incapazes de nos satisfazer; com elas, continuamos vazios. Depois de amarrarmos nossos corações às coisas que a traça e a ferrugem destroem, depois que nossos corações se partem porque buscamos a satisfação nas coisas que despertam o desejo, mas não o podem satisfazer, no momento de autoconsciência em que nos damos conta de nossa fraqueza e necessidade — é então que o amor de Deus se torna ainda mais precioso para nós, pois descobrimos que ele nos ama mesmo assim. Ele vem para nos oferecer tudo de si; seu amor não é diminuído por nossa conduta imperfeita. Ele não rejeitará aqueles que vierem a ele. A escrita de Lewis está cheia de lembretes desse triunfo sobre a tentação, desse perdão para aqueles que falham, dessa ajuda e desse fortalecimento para todos os que clamam a Deus.

CAPÍTULO 7
Perelandra

Perelandra é o segundo livro da trilogia de ficção científica de Lewis. O personagem principal dos livros é um acadêmico, um filólogo, um amante das palavras, chamado Elwin Ransom. Na verdade, Ransom é um personagem criado por Lewis e baseado em seu grande amigo J. R. R. Tolkien, que era filólogo na Universidade de Oxford. Deliberadamente escolhido, o nome Elwin significa "amigo dos elfos".

Em cada um dos romances de ficção científica, Ransom desempenha um papel importante, enfrentando pessoas más e atos diabólicos. Em cada livro, os personagens perversos usam meios subjetivistas para racionalizar suas intenções malévolas, e Ransom é quem precisa impedi-los da melhor maneira possível. Em *Out of the Silent Planet* (*Além do planeta silencioso*), ele se encontra em Marte, que Lewis chama de Malacandra. É uma civilização antiga e não decaída. É necessário deter um homem malvado, Weston, em sua intenção de colonizar Marte e explorar seus recursos.

O conflito de Ransom com Weston continua no segundo livro da trilogia e atinge seu apogeu em Perelandra, ou Vênus. Perelandra, um planeta jovem, tem dois jovens, um homem e uma mulher, como únicos habitantes. Eles são a Eva e o Adão desse mundo. Em algum momento, Weston fica tão comprometido com o mal e o subjetivismo que não pode mais ser chamado de homem; Ransom se refere a ele como o *Não homem*. Uma batalha entre ele e o Não homem pela alma dessa mulher é a fonte de tensão.

Perelandra é um planeta formado por um continente e mares cheios de ilhas flutuantes. E tem uma lei inexorável: ninguém deve permanecer durante a noite no continente. A grande tentação, portanto, é desejar uma permanência artificial. Como seria fácil imaginar que se pode encontrar estabilidade e segurança na vida continental, e não em Maleldil — o nome pelo qual Deus é chamado. De certa forma, é comum a todos a tentação perelandriana: o desejo de trocar Deus por um "falso infinito" que nunca pode satisfazer completamente. Essa tentação equivale a fazer de um entendimento temporário, meramente atual, um ídolo permanente. Não importa o que se saiba sobre qualquer coisa, especialmente sobre Deus; por fim alcançaremos uma compreensão mais robusta, que deve substituir a anterior. O Não homem pensa que suas escolhas são as melhores possíveis; mas permanecer muito tempo no continente é tornar duradouro o que não deve se tornar objeto de apego. O papel de Ransom, em Perelandra, é lutar pela verdadeira permanência em Deus e contra as artificialidades. Ele luta pelo triunfo em meio à tentação.

· I ·

Suponho que todo mundo conhece esse medo de ser "tentado"... a sensação de que uma porta acabou de bater, e nós ficamos do lado de dentro.
CAPÍTULO 1

Enquanto Lewis, o narrador de *Perelandra*, viaja para a casa de seu amigo Ransom, ele pensa na possibilidade de ver um dos misteriosos e angelicais *eldila*, dos quais Ransom já lhe falara. Conquanto o pensamento de ver um *eldil* o aterrorize, ser "tentado" — decidindo-se sobre o que ele realmente acredita — é a única maneira de triunfar sobre esse medo.

A vida está cheia de eventos que ameaçam ir além do nosso controle ou nos fazem pensar profundamente sobre seu verdadeiro significado. Depois de sermos golpeados pela tentação, como uma porta arrombada e solta nas dobradiças, percebemos que a capacidade de triunfar está além de outra porta, que nunca chegamos a abrir, porque nunca giramos a maçaneta.

Saulo, fariseu obediente e perseguidor dos cristãos, foi jogado no chão pela realidade do Cristo ressuscitado. Ouvindo sua voz e vendo "uma luz do céu" (Atos 9:3) — assim como o narrador Lewis ouvia o nome de Ransom ser chamado e via uma luz —, Saul não pôde mais manter a crença de que "Ele era apenas um bom professor" ou "Ele era apenas um homem". Em consequência, Saulo — mais tarde conhecido como Paulo — não pôde mais acreditar que os cristãos eram inimigos de Deus. Na verdade, *ele* estava errado. E a perda de sua visão física por três dias ressaltou a metáfora de sua cegueira espiritual.

Nem sempre temos vislumbres tão vívidos do sobrenatural para nos ajudar a atravessar a porta da crença. No entanto, todos os dias, quando enfrentamos algum tipo de tentação, cabe a nós passar pela porta.

Em sua viagem, quando se aproximava de Damasco, de repente brilhou ao seu redor uma luz vinda do céu. Ele caiu por terra e ouviu uma voz que lhe dizia: "Saulo, Saulo, por que você me persegue?"
ATOS 9:3-4

·2·

Enquanto o que você teme é algo mau, você ainda pode esperar que o bem venha em seu socorro. Mas imagine se você lutar até conquistar o bem, e descobrir que ele também é terrível?
CAPÍTULO 1

Percorrer o desafio dos medos, no caminho para a casa de Ransom, e ter um *eldil* à sua espera: eis uma situação difícil para Lewis, o personagem, em *Perelandra*. Depois de lutar contra essa barreira de medo ao longo do caminho, ele encara outra luta: decidir se o *eldil* na casa de Ransom se encaixa em sua definição de bom. O *eldil* lhe parece terrível — quase no mesmo nível do horror que sentiu enquanto vinha pelo caminho.

Às vezes vemos Deus através do véu do medo ou mesmo do horror. Tal visão pode resultar de equívocos com os quais ainda temos de lutar. Portanto, achamos difícil aproximar-nos de tal Deus — o Deus da nossa imaginação — quando estamos com medo ou fracos. Você concordaria?

Se você está lutando com uma visão de Deus cheia de medo no sentido não reverencial, considere a mensagem do Salmo 136. O salmista não apenas lhe diz que Deus é bom; ele também explica *por que* ele é bom. Ele não apenas é o Criador (v. 5); ele também agiu para o bem de seu povo. Ele resgatou Israel de seus inimigos, forneceu comida para eles e lhes deu Canaã, a terra que ele havia prometido.

Ao contrário de um tirano que tenta esmagar a vontade do povo, Deus estava e ainda está sempre atento aos medos e fraquezas de seu povo. Ele sabe quando lutamos com nossas crenças sobre ele. Ele só quer que admitamos isso. O melhor de tudo é que ele não nos repreende por nenhum equívoco que tenhamos cometido. Em vez disso, ele nos lembra de suas qualidades e do que fez no passado.

Deem graças ao Senhor, porque ele é bom. O seu amor dura para sempre! [...] Àquele que se lembrou de nós quando fomos humilhados. O seu amor dura para sempre! E nos livrou dos nossos adversários; o seu amor dura para sempre! Aquele que dá alimento a todos os seres vivos. O seu amor dura para sempre!
SALMOS 136:1;23–25

·3·

Essa vontade de ter as coisas de novo, como se a vida fosse um filme que pudesse ser desenrolado duas vezes ou mesmo rodado ao contrário... seria a raiz de todo mal?
CAPÍTULO 4

À medida que se aclimata a Perelandra, Ransom descobre as árvores de bolhas refrescantes e uma árvore com frutos amarelos tão suculentos que seriam irresistíveis no nosso mundo. Tendo provado de ambos, Ransom tem um forte desejo de se deleitar novamente. No entanto, fazer isso, sabendo que está satisfeito, parece-lhe errado. Podemos nos perguntar qual é o mal em reviver momentos preciosos. No entanto, como C. S. Lewis explica por meio de seu personagem, os problemas surgem do desejo de viver continuamente nesses momentos — agarrá-los ou acumulá-los, em vez de seguir em frente. Ransom se pergunta se o excesso, em qualquer forma — no passado, na autopiedade ou na comida —, é "a raiz de todo mal". Talvez essa seja a questão por trás do lembrete do apóstolo Paulo a seu filho espiritual, Timóteo, de como a piedade e o contentamento trabalham juntos. Como missionário se esforçando para ser semelhante a Cristo, Paulo sabia o valor de se contentar com o que tinha — fosse pouco ou muito. Ele tratava de conquistar mais de Cristo, em vez de ganhar qualquer outra coisa.

Qual é a "coceira" em sua vida? Às vezes, prendemos nossos filhos a nós — querendo mantê-los conosco ou dependentes de nós para sempre. Talvez tentemos manter inalterados outros relacionamentos, vivendo no passado, mantendo assim a vida no presente, em permanente pausa. A admoestação de Paulo sobre a satisfação e a luta pela piedade nos lembra que nem sempre a questão principal da vida estará entre acumular ou esbanjar. Ela também pode exigir que partamos ou paremos. Podemos abandonar nossa necessidade de acumular, permanecendo no contentamento que Deus oferece. Assim como com Ransom, a chave para Paulo era lembrar que ele estava satisfeito; o contentamento em Cristo nos satisfaz.

De fato, a piedade com contentamento é grande fonte de lucro, pois nada trouxemos para este mundo e dele nada podemos levar.
1 TIMÓTEO 6:6–7

4

"Então", pensou ele, "é por isso que fui enviado para cá. Ele falhou em Malacandra e agora está vindo para cá. E cabe a mim fazer algo a respeito disso."
CAPÍTULO 6

— Depende de mim.

Com uma clareza crescente e um coração temeroso, Ransom percebe sua incrível responsabilidade: ele terá de lidar com a coisa-que-era-Weston antes que a influência cancerígena do Não homem corrompa o coração da Dama Verde e, portanto, toda Perelandra. Em Malacandra, em *Além do planeta silencioso*, Ransom podia fazer muito pouco em relação a Weston. Mas, aqui, em Perelandra, não há ninguém que possa intervir e cumprir a tarefa: a responsabilidade está toda nas mãos de Ransom.

Uma das razões para o Livro de Ester do Antigo Testamento ser tão eloquente é toda a responsabilidade recair sobre suas mãos. Como seu parente Mardoqueu lhe explicou em termos inequívocos, Ester e seu povo morreriam, a menos que ela agisse para impedir o plano de extermínio de Hamã. Sua ascensão ao centro das atenções da realeza tornou possível esse passo.

Nessas experiências em que a situação de fato fica séria, às vezes somos tentados a fugir da responsabilidade, ou pelo menos procrastinar, como Ransom faz por um tempo — esperando que Deus envie outra pessoa para fazer o trabalho. Crescer em maturidade envolve assumir a responsabilidade que Deus nos dá. Às vezes, ele nos coloca em posições ou no lugar certo para nos permitir tomar uma posição. Mas tal passo é arriscado. Ester poderia ter sido morta por comparecer perante o rei sem ser convocada. Mas ela foi mesmo assim. Como resultado, o plano de Hamã foi frustrado.

Enquanto analisa o passo que precisa dar para salvar a Dama Verde e Perelandra, Ransom também considera a dor que Deus às vezes permite. Deus nem sempre poupa a vida de seus aventureiros: basta ler qualquer livro de história da igreja para saber disso. Você está disposto a defender o Reino mesmo arriscando sua vida e integridade... ou a morte de sua reputação?

[...] pois, se você ficar calada nesta hora, socorro e livramento surgirão de outra parte para os judeus, mas você e a família de seu pai morrerão. Quem sabe se não foi para um momento como este que você chegou à posição de rainha?
ESTER 4:14

·5·

Onde se pode saborear a alegria de obedecer, a menos que Ele lhe mande fazer algo sem qualquer outro motivo além da vontade dele?
CAPÍTULO 9

Você já participou de um debate em que se sentiu totalmente derrotado? Esse é o caso de Ransom quando ele procura proteger a Dama Verde, enquanto Weston, então o Não homem, a instiga a pecar. Embora pareça que Ransom está do lado perdedor da discussão verbal, no fim ele conclui seu argumento persuasivo com uma pérola: por que não obedecer simplesmente porque Maleldil — o Deus do universo — pediu?

Essa situação reflete a de Adão e Eva no Jardim do Éden. A ordem de evitar comer da árvore do conhecimento do bem e do mal pode ter parecido estranha. No entanto, era um primeiro passo necessário no longo caminho da obediência. Infelizmente, esse foi o passo em que nossos antepassados tropeçaram após o argumento persuasivo da serpente.

Quando a tentação acena, às vezes nós também pensamos no que perderíamos se resistíssemos a ela. Weston tenta convencer a Dama Verde da "injustiça" da regra, imposta por Maleldil, de não viver na Ilha Fixa. Da mesma forma, o inimigo de nossas almas tenta nos convencer da injustiça ou irrelevância dos mandamentos de Deus. No entanto, a Bíblia nos assegura que Deus nunca muda (ver Hebreus 13:8; Tiago 1:17).

Uma mãe cheia de trabalho a fazer, quando suas orientações são questionadas, tem o direito de responder aos seus filhos: "Porque eu mandei"; e Deus diz, de certa forma, essas palavras para nós. Às vezes, ele quer que lhe obedeçamos simplesmente porque ele pede. É claro que, ao contrário de um genitor, cujo "porque eu mandei" pode sinalizar raiva ou falta de paciência, Deus Pai sempre nos guia com amor e para o nosso bem.

E o Senhor Deus ordenou ao homem: "Coma livremente de qualquer árvore do jardim, mas não coma da árvore do conhecimento do bem e do mal, porque no dia em que dela comer, certamente você morrerá."
GÊNESIS 2:16–17

⋅6⋅

Não podemos fugir da vontade de Maleldil: mas Ele nos deu uma maneira de fugir da nossa vontade.
CAPÍTULO 9

A Dama Verde em Perelandra não percebe o perigo de ceder à tentação até que Ransom explica a situação para ela. Como sua compreensão é infantil, ela não reconhece as sutilezas da maldade de Weston. Com a ajuda de Ransom, ela percebe que fugir de sua própria vontade, em vez da de Maleldil, é a melhor opção. Em tempos de tentação, nosso julgamento e compreensão podem ser obscurecidos pela falta de informação ou por nossos próprios desejos. Com escolhas tão desinformadas, nós também podemos facilmente ser desviados. Então, o que escolhemos nos parece certo, apenas porque não estamos familiarizados com uma opção melhor.

Qual é a melhor opção? Como podemos "fugir da nossa vontade" quando as tentações vêm, tentações como as de Weston, que acenam maliciosamente ou instigam o intelecto? Muitas vezes tentamos ter um plano de jogo para derrotar a tentação: "Nesta primavera, vou parar de comer demais para estar em forma para o verão!" ou "Este ano vou parar de fumar!". Mas mesmo a força de vontade mais forte tende a enfraquecer com o passar dos meses.

Podemos nos sentir tudo, menos triunfantes, quando os Fantasmas do Passado zombam de nossa determinação de vencer a tentação atual. Mas devemos ter coragem. O apóstolo Paulo tinha um plano viável para combater a tentação. Como ele explicou aos crentes de Corinto, Deus é capaz de garantir a nossa fuga — "uma maneira de fugir de nossa vontade". Isso significa escolher obedecer a Deus, seguir sua luz nas trevas da tentação e fazer nossas escolhas de acordo com a vontade dele.

Tentado? Em vez de contar com sua determinação, lembre-se do Deus que suportou a tentação e a venceu. A força e a capacidade de Deus para nos fazer atravessar a tentação nunca falham. Não acredita? Confira Mateus 4:1–11. E, então, apoie-se na força dele.

Não sobreveio a vocês tentação que não fosse comum aos homens. E Deus é fiel; ele não permitirá que vocês sejam tentados além do que podem suportar. Mas, quando forem tentados, ele lhes providenciará um escape, para que o possam suportar.
1 CORÍNTIOS 10:13

•7•

Com esse "agora ou nunca", ele começou a brincar com um medo que a Dama aparentemente compartilhava com as mulheres da terra — o medo de que a vida pudesse ser desperdiçada, que se deixasse escapar alguma grande oportunidade.
CAPÍTULO 10

Uma antiga campanha publicitária para o Exército, que desafiava os recrutas a "ser tudo o que você pode ser", pode ajudar a compreender a luta da Dama Verde — uma luta que as mulheres, ao longo do tempo, podem relatar. A tentação do Não homem a levou a imaginar a grande realização que ela podia estar perdendo. De repente, seu destino na vida não está à altura do que poderia ser.

Os aspectos mundanos de nossas vidas podem nos levar a acreditar nisso também. Quando realizamos nossa tarefa menos favorita no trabalho ou limpamos a décima sexta sujeira do dia, podemos nos perguntar: *isso* é tudo o que existe? Estou realmente sendo tudo o que posso ser? Começamos a fantasiar as consequências das alternativas às decisões que nos trouxeram até onde estamos — mesmo sabendo que nossas decisões tiveram a aprovação de Deus. E ver que outros parecem mais "bem-sucedidos" piora o nosso descontentamento.

Ser "tudo o que você pode ser" significa fazer tudo o que lhe é prescrito "como se estivesse trabalhando para o Senhor", como Paulo admoestou os colossenses. Significa ir alegremente para o escritório ou limpar a sujeira, se esse for o trabalho que Deus tem para você. Significa também orar para que Deus aponte as oportunidades que ele quer abrir para você. E também tirar os olhos daqueles que parecem "ter tudo" ou daqueles que lançam suspeitas sobre a qualidade de sua vida de acordo com os padrões deles mesmos. Acima de tudo, significa ficar contente com onde Deus colocou você agora.

O contentamento vem pelo fato de estarmos satisfeitos com o que nos foi dado. Muitas vezes as coisas pelas quais ansiamos não podem nos satisfazer por muito tempo; são aquelas coisas que as traças e a ferrugem destroem ou os ladrões roubam (ver Mateus 6:19–20). Deus é o único bem que não nos pode ser tomado. Para quem está contente com ele, ficar contente com sua situação atual é uma possibilidade real. Seja tudo o que você pode ser, exatamente onde você está.

Tudo o que fizerem, façam de todo o coração, como para o Senhor, e não para os homens.
COLOSSENSES 3:23

· 8 ·

Ele não conseguia entender por que Maleldil permanecia ausente, enquanto o Inimigo em pessoa estava lá.
CAPÍTULO 11

Quando foi a última vez que você se encontrou à beira da exaustão? Em sua constante vigilância sobre a Dama Verde, Ransom finalmente atinge um estado de completo cansaço. Os argumentos implacáveis do Não homem e seu uso mesquinho e compulsivo do nome de Ransom fizeram com que este se sentisse abandonado por Maleldil.

Como Lewis revelou em *Perelandra*, os planos do inimigo nem sempre são grandiosos — a ameaça de aniquilação total de uma civilização por meio de uma bomba nuclear, por exemplo. Em vez disso, muitas vezes seus planos têm envolvido detalhes mesquinhos que resultaram em confusão, desânimo e fadiga.

Em nosso mundo, a presença de Satanás — o inimigo dos crentes em Cristo — tem sido sentida intensamente. Observa-se um aumento nos atentados em escolas e outros crimes envolvendo vítimas inocentes, conteúdo de mídia que vai muito além dos limites do bom gosto e outros fortes sinais. Talvez você, como Ransom, se pergunte onde está Deus, enquanto a presença do mal parece tão difundida. Como Davi — e Jesus, que na cruz repetiu seu clamor —, talvez você esteja a ponto de exclamar: "Meu Deus! Meu Deus! Por que me abandonaste? Por que estás tão longe de salvar-me, tão longe dos meus gritos de angústia?" (Salmos 22:1).

A exaustão pode causar estragos em nossa fé e colorir tudo de um cinza sombrio. Em nosso sofrimento, sentimo-nos como Jó. Mas é nesses momentos de exaustão que o inimigo escolhe atacar. "Como um leão que ruge" (1 Pedro 5:8), ele nos procura quando estamos mais fracos e mais propensos a ser vitimizados por seus ataques implacáveis. Mas podemos lembrar o que Davi e Jesus sabiam — que

Deus ainda está presente. No duro limiar de nossa exaustão, ele está esperando para nos segurar, antes de cairmos. O escritor de Hebreus nos lembra que Deus jamais abandonaria seu povo. Às vezes ele parece distante, para que nos levantemos e caminhemos em direção a ele.

Nunca o deixarei, nunca o abandonarei.
HEBREUS 13:5

9

Os eldila de todos os mundos, os organismos sem pecado da luz eterna, ficaram em silêncio no Céu Profundo, para ver o que Elwin Ransom, de Cambridge, faria.
CAPÍTULO 11

Você provavelmente ficaria surpreso se um pianista virtuoso se afastasse e deixasse uma criança de 11 anos tocar piano em seu lugar. Mas, se tocar piano naquele momento fosse um passo importante no progresso da criança, talvez você não ficasse tão chocado.

Ransom percebe que todo o céu espera que ele faça algo para livrar Perelandra do mal que ameaça destruir o planeta. Imagine uma colônia de artistas virtuosos esperando a apresentação de um novato como Ransom. Embora não saiba exatamente o que fazer, ele sabe que em algum momento terá de agir. Passam por sua mente momentos-chave de decisão — o imperador romano Constantino, ao considerar o cristianismo; Horácio, o lendário soldado romano, enquanto defendia uma ponte contra os invasores etruscos... e Eva, enquanto contemplava o fruto proibido. Em cada um desses momentos, Ransom imagina, todo o céu se calou, esperando a decisão que seria tomada.

Às vezes, todos nos sentimos inexperientes. Temos medo de fazer um gesto, temendo falhar. Mal sabemos que nossos passos vacilantes e incertos — como os de um bebê dando seus primeiros passos — são infinitamente preciosos para o Pai. Ele nos anima quando damos os primeiros passos necessários de fé e supre o que precisamos, como o apóstolo Paulo lembrou aos crentes filipenses. Tudo faz parte da jornada de fé — temos de dar passos.

Quando você sabe que pode executar uma tarefa satisfatoriamente, não hesita em fazê-la, não é? As palavras de Paulo nos lembram que somos capazes de qualquer coisa que Deus nos chame para fazer, graças ao supremo virtuoso que vive dentro de nós: o Espírito Santo.

Como você agirá para a glória de Deus nesta semana? Talvez você seja levado a sair de sua zona de conforto e falar sobre Cristo a um colega de trabalho ou ajudar alguém que normalmente não notaria. Lembre-se: você é capaz — *por meio de Cristo*.

Tudo posso naquele que me fortalece.
FILIPENSES 4:13

·10·

Quando Eva caiu, Deus não era Homem. Ele ainda não havia tornado os homens membros de Seu corpo: mas depois, ele o fez, e doravante seria através desses homens que ele salvaria e sofreria.
CAPÍTULO 11

"Nós somos as mãos dele", assim diz a canção. Por meio de nós — o corpo de Cristo —, Deus realiza mudanças no mundo. Essa é a lição que Ransom descobre enquanto pensa no que fazer com Weston, o Não homem. Ransom é, em certo sentido, as "mãos" de Maleldil. É por isso que Ransom não pode descansar completamente antes de agir para combater a influência de Weston e ajudar a Dama Verde.

Em um corpo humano, todas as partes trabalham juntas para desempenhar funções individuais. O coração bombeia sangue; impulsos elétricos chiam pelas sinapses. O corpo está em movimento porque diferentes partes trabalham juntas. E, quando uma parte falha ou quebra, outras partes também não funcionam.

Da mesma forma, o corpo de Cristo é projetado para trabalhar em conjunto. Cada cristão é uma parte vital do corpo. Os dons e habilidades de cada um (pregação, ensino, administração, cura e assim por diante) ajudam o corpo a operar. E, como observou o apóstolo Paulo, sofremos quando outros membros do corpo sofrem, embora às vezes pensemos que podemos funcionar mesmo quando os outros vacilam. Fomos feitos para estar em comunidade — para estarmos envolvidos na vida uns dos outros. No entanto, tememos nos envolver, sujar as mãos, ser incomodados ou incomodar os outros. Ou ficamos sentados, esperando que outra pessoa assuma a missão. Mas o incrível é que o Deus todo-poderoso age, voluntariamente, por meio de seu povo imperfeito. O prejuízo será nosso, se optarmos por ignorar essa verdade e deixarmos de fazer nossa parte para ajudar o corpo. Estamos verdadeiramente no mesmo barco.

Mas Deus estruturou o corpo dando maior honra aos membros que dela tinham falta, a fim de que não haja divisão no corpo, mas sim que todos os membros tenham igual cuidado uns pelos outros. Quando um membro sofre, todos os outros sofrem com ele; quando um membro é honrado, todos os outros se alegram com ele.

1 CORÍNTIOS 12:24-26

CAPÍTULO 8
Um prefácio a Paraíso perdido

Lewis escreveu *Um prefácio a Paraíso perdido* como uma introdução ao grande poema de John Milton. Como evidenciado em um debate que ele teve com o colega acadêmico E. M. W. Tillyard (recentemente republicado como *The Personal Heresy* [*A heresia pessoal*]), Lewis se condoía de que alguns críticos de Milton nunca analisassem o texto, optando por se envolver em uma discussão sobre a personalidade do poeta na época em que ele escreveu o livro. Lewis foi claro em sua condenação desse tipo de abordagem à crítica literária porque, segundo ele, o crítico nunca chega ao texto; portanto, a chamada análise da personalidade do autor é pouco mais que uma projeção feita pelo crítico. Lewis achou necessário escrever sobre o texto do *Paraíso perdido* de Milton para os interessados no conteúdo real do poema. Seu objetivo era combater as críticas ineptas a Milton.

Foi a atenção de Lewis ao conteúdo do poema, bem como sua exposição do pano de fundo e sua análise, que tornaram *Um prefácio a* Paraíso perdido relevante para essas reflexões sobre a tentação e o triunfo. Lewis começou seu trabalho com uma discussão sobre os tipos de poesia épica, reconhecendo que Milton, como outrora Virgílio, escolheu a forma de poesia que mais se adequava ao tipo de história que procurava contar. Para entender a poesia épica, bem como o emprego dessa forma literária por Milton, foi necessário interpretar a própria história. O épico de Milton é sobre a Criação e a Queda; é a história de Adão e Eva, sua opção pela desobediência no Jardim do Éden e as infelizes consequências que se seguiram. Lewis explicou que o estilo em que Milton escreveu permite ao leitor fazer uma experiência da história da Queda — de certa forma, sentir o peso e a gravidade dela. O estilo, não muito diferente de um ritual, foca ou concentra a atenção do leitor naquilo que é descrito. O relato de Milton sobre a Queda revela o que estava em jogo no Éden e retoma a devastação que aconteceu ali. Talvez a avaliação fiel de Lewis sobre Milton e sua disposição de levar a sério os temas de *Paraíso perdido* permitam que seus leitores vejam por que é tão importante a luta pela vitória contra a tentação.

◆ I ◆

Nossa vida, assim como tem extensão, tem curvas: momentos em que nos damos conta de termos virado uma grande curva e que tudo, para melhor ou para pior, de agora em diante será sempre diferente.
CAPÍTULO VI

Você já se sentiu nostálgico pelo modo como as coisas costumavam ser? No verão, alguns de nós anseiam pelos dias preguiçosos de férias que tivemos como estudantes. Outros pensam em como a vida parecia ser "despreocupada" antes do casamento e dos filhos. O fato é que a vida às vezes envolve transformação — uma curva no rio. O poeta grego Virgílio tratou dessas transformações da ordem mundial em seu épico *Eneida*. E Lewis nos lembrou que o épico *Paraíso perdido*, de Milton, descreve exatamente essa transição irreversível. Considere a queda de Pompeia ou o exemplo que Lewis deu neste contexto: a descrição de Virgílio da chegada dos troianos a Ácio.

Outras curvas do rio podem ser doenças crônicas repentinas, a perda de um membro da família e outras crises ou mudanças permanentes em nossas vidas. Nesses casos, podemos nos sentir como se estivéssemos lutando contra a correnteza, em vez de sermos arrastados suavemente por um riacho. É então que ansiamos pela vida como ela costumava ser. É por isso que o apóstolo Paulo aconselhou os fiéis romanos e outros a evitar duplicarem as reações do mundo. As reações do mundo incluem amargura, ressentimento, desejos de vingança e assim por diante. Nada disso reflete uma vida transformada por Deus. Em vez disso, refletem um desejo de resistir ou se apegar ao *status quo*.

Devemos escolher ser transformados — para sermos conduzidos ao longo do rio. Caso contrário, podemos nos ver jogados contra as rochas da amargura, do medo ou do ressentimento. A escolha pela transformação começa com nossa mentalidade — nossa disposição de sermos guiados por Deus, aceitando qualquer mudança que ele traga. Você está disposto(a)?

Não se amoldem ao padrão deste mundo, mas se transformem pela renovação da sua mente, para que sejam capazes de experimentar e comprovar a boa, agradável e perfeita vontade de Deus.
ROMANOS 12:2

· 2 ·

Este é o próprio retrato de uma vocação: uma coisa que chama ou acena, que chama irresistivelmente; mas você deve forçar seus ouvidos para captar a voz, que insiste em ser procurada, mas se recusa a ser encontrada.
CAPÍTULO VI

Como Lewis lembrou a seus leitores, alguns personagens da poesia épica sentem um chamado à ação ou um chamado para viajar para um lugar específico que pode ou não existir, ou que existiu no passado. Ao longo do épico, há vislumbres dessa terra que agradam as sensibilidades do herói ou heroína. Há também uma sensação de nostalgia pelo modo como as coisas eram (por exemplo, a inocência do Jardim do Éden).

Se você é um crente, não pode deixar de pensar no céu — o lugar para o qual estamos destinados, um lugar que existe, mas existe fora de nosso alcance neste lado da vida. É a Cidade Celestial em *O peregrino* de Bunyan e o Jardim do Éden antes do pecado no *Paraíso perdido* de Milton. Você sente o chamado ou a atração para esse lugar, que agora é seu lar por direito. Ele acena para você enquanto você realiza suas tarefas diárias. Esse destino até motiva algumas de suas decisões. Embora a atração às vezes possa parecer fraca, especialmente em tempos de dúvida, ela está sempre presente. Ela contorna em ouro até mesmo as tarefas que consideramos mundanas, especialmente se forem feitas em nome de Jesus.

Como Paulo explicou, ele seguia sempre em frente porque tinha um propósito: cumprir seu chamado para uma jornada em direção ao céu. Esse propósito o manteve firme durante muitos momentos difíceis como missionário e em seu martírio. Ele sabia que um dia alcançaria aquela "perfeição" que vislumbrou no caminho de Damasco.

Não precisamos mais lamentar a perda do "paraíso". Agora mesmo, estamos em marcha para lá. Como Paulo, nós apenas temos de seguir sempre em frente.

Não que eu já tenha obtido tudo isso ou tenha sido aperfeiçoado, mas prossigo para alcançá-lo, pois para isso também fui alcançado por Cristo Jesus. Irmãos, não penso que eu mesmo já o tenha alcançado, mas uma coisa faço: esquecendo-me das coisas que ficaram para trás e avançando
para as que estão adiante, prossigo para o alvo, a fim de ganhar o prêmio do chamado celestial de Deus em Cristo Jesus.
FILIPENSES 3:12–14

·3·

Essas referências ao óbvio e ao imemorial não aparecem para nos dar novas noções sobre o jardim perdido, mas para nos fazer saber que o jardim foi encontrado.
CAPÍTULO VII

Se você já se sentiu agitado por uma música e não soube exatamente por quê, a citação acima sugere verdades atemporais por trás da agitação. A música pode ser uma referência ao "óbvio e ao imemorial" — algo que aponta para um arquétipo, como o heroísmo ou o paraíso. Reconhecemos os acordes metálicos como o chamado do herói à ação ou as suaves peças de violino que lembram o amor, porque esses sons geralmente são usados como indicações dessas virtudes. Mas, se os sons fossem invertidos — o metal para o amor e o violino suave para um herói em ação frenética —, ficaríamos muito chocados.

Como Lewis descreveu no *Um prefácio a* Paraíso perdido, as imagens familiares do Jardim do Éden em Paraíso perdido nos ajudam a saber não apenas o que estamos buscando e o que foi perdido, mas também o que podemos esperar. Sabemos pelo relato da Criação, em Gênesis 2, que o jardim perdido era o paraíso antes da influência corruptora de Lúcifer. É de se esperar que o esplendor da natureza fosse deslumbrante — algo superior ao mais belo jardim da Terra. Não podemos deixar de lamentar a perda, por causa do pecado, de um lugar tão idílico.

Muitas vezes, tentamos recuperar o que perdemos, na esperança de mantê-lo agora. Com o Éden, não há como voltar atrás. Mas podemos esperar pelo céu. Lá teremos um paraíso plenamente realizado e sem fim.

É por isso que não podemos deixar de nos emocionar com a descrição do céu e da nova cidade de Jerusalém feita pelo apóstolo João. Os elementos puros, naturais e não amaldiçoados descritos na passagem a seguir estão de acordo com nossa visão do paraíso que perdemos. Reconhecemos o lugar, embora nunca o tenhamos visto. No entanto, esse "paraíso" será encontrado por todos os que confiam em Jesus. Você confia nele? Se assim for, algum dia ele vai recebê-lo em casa em tal cenário. Esse não será mais um ideal apenas almejado, mas uma realidade.

Então o anjo me mostrou o rio da água da vida que, claro como cristal, fluía do trono de Deus e do Cordeiro, no meio da rua principal da cidade. De cada lado do rio estava a árvore da vida, que dá doze colheitas, dando fruto todos os meses. As folhas da árvore servem para a cura das nações. Já não haverá maldição nenhuma. O trono de Deus e do Cordeiro estará na cidade, e os seus servos o servirão.
APOCALIPSE 22:1-3

· 4 ·

Aqueles que não desejam ser filhos de Deus tornam-se Seus instrumentos.
CAPÍTULO X

"Por que Deus permite tanto mal no mundo?"

Talvez você tenha, recentemente, ouvido alguém fazer essa pergunta, ao contemplar a última atrocidade nos jornais; talvez você mesmo tenha dito isso, depois de sentir a dor do mal feito por alguém. Ao ler, em *Um prefácio a* Paraíso perdido, a análise de Lewis sobre os planos de Satanás para o mal e o bem que Deus tirou desses planos, o conceito da soberania de Deus vem à mente.

Aqui Lewis recorda uma mistura entre a doutrina de Milton e a de Agostinho, o grande bispo de Hipona. Mesmo o maior mal pode se tornar uma ferramenta para o bem nas mãos de Deus, que tem o controle final sobre tudo. É impossível para a mente humana compreender completamente essa ideia de que Deus mantém o controle sobre tudo. Pode ser difícil acreditar que Deus ainda estava no controle durante o Holocausto ou hoje, quando crianças são assassinadas. No entanto, sob a soberania de Deus, mesmo as ações mais perversas podem ser transformadas em benéficas.

Muitas pessoas na Bíblia entenderam essa questão. José, contemplando sua posição no Egito — uma posição provocada pelas ações de seus irmãos invejosos —, confrontou-os com a verdade. Eles foram os instrumentos que Deus usou para trazer José ao Egito e assim salvar a família durante um período de grande fome. Jó entendeu essa questão muito bem, quando Deus permitiu que Satanás fizesse com ele o que queria; Satanás foi o instrumento involuntário que Deus usou para aperfeiçoar ainda mais seu servo Jó. E os profetas do Antigo Testamento, como Jeremias e Ezequiel, foram os primeiros a saber que Deus permitiu às nações inimigas que conquistassem Israel para ensinar uma lição ao seu povo rebelde.

Ao contemplarmos os males que os outros nos fizeram ou os obstáculos em nossas vidas, Deus oferece outra perspectiva: eles podem ser ferramentas que Deus usa para nos moldar.

Vocês planejaram o mal contra mim, mas Deus o tornou em bem, para que hoje fosse preservada a vida de muitos.
GÊNESIS 50:20

♦5♦

*A Queda é simples e unicamente Desobediência — é alguém fazer
o que lhe foi mandado não fazer: e resulta do Orgulho, de se dar demasiada
importância, esquecer o seu lugar, pensar que se é Deus.*
CAPÍTULO X

Podemos acusar alguém que está se concentrando nos detalhes sem importância de uma situação de *fugir do assunto*. Em certo sentido, esse foi o argumento de Lewis ao discutir a natureza exata do fruto comido por Adão e Eva no Livro IX do *Paraíso perdido*. O fruto em si não importa, afirmou Lewis. O que importa é que Adão e Eva desobedeceram a Deus — pura e simplesmente.

Às vezes somos tentados a fugir do assunto. Tentando minimizar a magnitude de nossos pecados, podemos alegar que não conseguimos evitar ou que não somos tão ruins quanto as outras pessoas hoje em dia. Preferimos não falar sobre orgulho — ou, como Lewis colocou, "esquecer [nosso] lugar" —, mesmo que essa seja nossa agenda oculta. Se nos concentrarmos nesses outros detalhes, podemos nos sentir incapazes de mudar. E se *nós* não podemos mudar a nós mesmos, alguém pode?

O que esquecemos é que o orgulho é um veneno, e o antídoto que ele exige é a graça e a humildade. A graça de Deus nos permite abandonar qualquer pretensão de integridade e admitir o pecado — e essa humildade sempre diminui um pouco o orgulho. A fragrância da humildade é doce para Deus. Na parábola de Jesus sobre o fariseu e o publicano, a humilde oração do publicano o "justificou" diante de Deus, enquanto a oração do fariseu simplesmente reforçou seu próprio orgulho.

Se realmente queremos ser justificados, podemos admitir quando erramos e buscar a misericórdia de Deus. Essa estratégia funcionou para o cobrador de impostos e nos ajudará a manter nosso foco fora de detalhes menores.

"Mas o publicano ficou a distância. Ele nem ousava olhar para o céu, mas batendo no peito, dizia: 'Deus, tem misericórdia de mim, que sou pecador.' Eu lhes digo que este homem, e não o outro, foi para casa justificado diante de Deus. Pois quem se exalta será humilhado, e quem se humilha será exaltado."
LUCAS 18:13–14

•6•

É como o perfume de uma flor tentando destruir a flor. Como consequência, a mesma rebelião que nos sentimentos se chama tristeza e na vontade corrupção, no intelecto se chama nonsense.
CAPÍTULO XIII

A trama para derrubar a hierarquia do céu (Livro V de *Paraíso perdido*) parece tão ridícula, como Lewis a descreve, que parece um desses programas de "piores criminosos do mundo" que divertem ao detalhar os erros ridículos dos criminosos — erros que levaram à sua captura, como o ladrão de banco que, durante um assalto, usou uma camisa de seu uniforme de trabalho com seu nome escrito nela ou os ladrões que postaram fotos de suas façanhas na internet. A expressão "tiro no pé" vem à mente quando ouvimos falar desses casos, como quando lemos Milton descrever como anjos, criados por Deus, agora tentavam derrubar seu governo.

Esse tipo de cegueira se encaixa na descrição do profeta Isaías da desobediência cega de Judá. Os líderes de Judá buscaram alianças com nações como o Egito, acreditando que poderiam sobreviver sem Deus. O mesmo acontece hoje. Você, sem dúvida, já ouviu alguém proclamar dúvidas sobre a existência de Deus, esperando que Deus comprove a si mesmo, ou então o incrédulo não querer saber de nada que tenha a ver com a ideia de Deus. Ou você já ouviu outros se deliciarem com os erros que cometeram, acreditando que Deus — supondo que ele exista — era incapaz de detê-los. Mas como aconteceu com a rebelião no céu e com Judá, Deus permite a rebelião apenas por um tempo. Ele apenas espera um momento oportuno antes de julgar. E isso é misericórdia.

Uma das tarefas do Espírito Santo é convencer-nos do erro. No entanto, como o escritor de Hebreus adverte: "Hoje, se vocês ouvirem a sua voz, não endureçam o coração, como na rebelião, durante o tempo de provação no deserto." (Hebreus 3:7–8) Você ouve a voz dele? Não endureça seu coração.

Vocês viram as coisas de cabeça para baixo! Como se fosse possível imaginar que o oleiro é igual ao barro! Acaso o objeto formado pode dizer àquele que o formou: "Ele não me fez"? E o vaso poderá dizer do oleiro: "Ele nada sabe"?
ISAÍAS 29:16

·7·

O céu entende o inferno e o inferno não entende o céu.
CAPÍTULO XIII

No último filme ou programa de televisão que você viu, quem era mais memorável: o herói ou o vilão? Muitos atores expressam sua preferência por interpretar os vilões nos filmes; para eles, ser Macbeth seria preferível a ser Macduff. Esses papéis costumam ser mais matizados e muito mais memoráveis para os espectadores.

É de se admirar que Satanás pareça o personagem mais complexo de *Paraíso perdido*? Ele é mais vívido e, portanto, mais fácil de entender. Como Lewis explicou, para um autor, os vilões parecem mais fáceis de descrever do que os heróis. Tudo isso se deve à nossa natureza pecaminosa. Depois da Queda, podemos nos identificar com as motivações de alguns vilões da história, que muitas vezes não se consideravam vilões.

Por causa dessa nossa tendência, podemos ver por que Deus declara, através do profeta Isaías, que seus pensamentos não são como os nossos. Nascendo com uma natureza pecaminosa, não podemos compreender o que é nunca pecar, nem mesmo cometer um erro. Infelizmente, essa mesma natureza nos leva a subestimar Deus. Se não podemos imaginar o amor ou a compaixão infinitos, duvidamos que possamos experimentá-los — e não os reconhecemos quando de fato os experimentamos.

Essa descrição dos pensamentos de Deus não foi feita para causar embaraço ou desprezo, mas para nos encorajar. No versículo imediatamente anterior, Isaías descreve a misericórdia de Deus. Embora não entendamos sua superioridade, nosso Deus, que tudo sabe e tudo vê, entende nossas fraquezas e dúvidas.

Reconhecendo sua onisciência, podemos descansar confiantemente.

Tentar aplicar nossas mentes em torno do infinito só leva à dor de cabeça. Às vezes, em vez de tentar "captá-lo" em nossas mentes, precisamos simplesmente aceitar a verdade em nossos corações.

"Pois os meus pensamentos não são os pensamentos de vocês, nem os seus caminhos são os meus caminhos", declara o Senhor.
"Assim como os céus são mais altos do que a terra, também os meus caminhos são mais altos do que os seus caminhos e os meus pensamentos mais altos do que os seus pensamentos."
ISAÍAS 55:8–9

· 8 ·

Eles sabem que não vão se arrepender. A porta de saída do Inferno está firmemente trancada por dentro, pelos próprios demônios; não é necessário, portanto, considerar se ela está ou não fechada por fora também.
CAPÍTULO XIV

Todos nós já vimos pessoas insistindo obstinadamente em um assunto específico. Seja uma posição, um ideal político ou alguma outra linha intransponível o que traz à tona a teimosia, seus rostos são como uma porta trancada, cuja chave foi jogada fora.

Em *Paraíso perdido*, Satanás e seus asseclas trancaram a porta do arrependimento e jogaram a chave fora. Lewis escreveu sobre o caminho da humilhação e o arrependimento como a saída do inferno para os humanos; os demônios de Satanás nunca seguirão esse caminho. Eles nunca se renderão, nunca voltarão a uma vida de serviço ao Todo-Poderoso. Sua obstinação é um poderoso lembrete do faraó do Egito durante o tempo de Moisés. Ao longo de Êxodo 7 a 10, lemos um refrão constante: "Mesmo assim, o coração de Faraó continuou obstinado e ele não deixou o povo ir" (Êxodo 9:7). No capítulo 11, o refrão muda: "O Senhor endureceu o coração de Faraó, e ele não permitiu que os israelitas saíssem do país" (Êxodo 11:10). A porta foi, então, finalmente trancada.

Todos nós temos momentos de teimosia — nossos momentos de "porta trancada". Mas Davi, o rei-salmista, ofereceu um remédio: o bom e velho arrependimento, que consiste em uma renúncia voluntária ao orgulho e uma vontade de mudar. Conquanto não fosse isento de teimosia (ver 2 Samuel 11), Davi pelo menos sabia quando confessar seus erros. Seu salmo de contrição é um exemplo clássico de arrependimento. Em vez de apenas entupir seu armário espiritual e tentar fechar à força a porta, ele pede a Deus que limpe tudo.

O que há no seu armário? Precisa de Deus para limpá-lo? Você precisa destrancar e abrir a porta antes.

Cria em mim um coração puro, ó Deus, e renova dentro de mim um espírito estável.
SALMOS 51:10

·9·

Para tudo o que foi perdido, pode-se encontrar um substituto.
CAPÍTULO XIV

O que daria a uma boca de fumo aquele toque "caseiro"? Cortinas novas? Bibelôs e móveis mais bonitos? Talvez uma campainha com um toque agradável? A ideia é absurda, não é? Você pode redecorar e pintar uma boca de fumo, mas ela ainda será uma boca de fumo — um lugar de vício e morte.

No Livro II do *Paraíso perdido*, de Milton, Satanás está discutindo com seus asseclas a possibilidade de outra guerra contra o exército do céu quando Mamon, um dos anjos caídos, traz à tona a ideia de que o local em que residiriam poderia ser tão bom quanto a casa celestial, agora perdida para sempre. Ele argumenta que eles poderiam encontrar, para a luz do céu, uma substituta tão boa quanto a original.

Improvável! No entanto, quantas vezes tivemos pensamentos semelhantes? No seu *Prefácio*, Lewis escreveu sobre substituições semelhantes, realizadas na esperança de recuperar algo perdido — amor, honra ou algum outro bem. Pensamos coisas como: *posso dormir com ele e receber um simulacro de amor, mesmo que não sejamos casados*. Ou: *posso compensar o dinheiro que roubei doando parte dele para caridade*.

O apóstolo Paulo apontou essa propensão a substituições em sua carta aos fiéis romanos. A ira de Deus havia se acendido contra aqueles que adoram pessoas ou desejos pecaminosos no lugar de Deus. Não querendo alcançar o céu pela via do arrependimento e da obediência a Deus, eles escolheram uma existência na *boca de fumo decorada*. Seu mantra era: "Prefiro governar no inferno do que servir no céu" ou "Pecar ousadamente". O cerne da questão é o controle — preferir as coisas próprias em vez das de Deus. Mas *controle* é apenas uma ilusão — como o efeito de uma droga, que sempre termina em acidente.

Nós nos enganamos quando acreditamos que qualquer outro caminho que não seja o de Deus é um caminho para a satisfação duradoura. Podemos ter uma satisfação aparente e temporária. Mas "trocar a verdade sobre Deus por uma mentira" acaba levando à dor.

Trocaram a verdade de Deus pela mentira, e adoraram e serviram a coisas e seres criados, em lugar do Criador, que é bendito para sempre. Amém.
ROMANOS 1:25

◆10◆

Talvez nenhum homem já tenha descrito para si mesmo o ato que estava prestes a cometer como Assassinato, Adultério, Fraude, Traição ou Perversão desde os primeiros momentos em que pensou em cometê-los.
CAPÍTULO XVIII

Mesmo depois de serem pegos com a boca na famosa botija, muitas pessoas recorrem a um eufemismo ou alguma outra racionalização. Assim, podemos ouvir falar de um "caso" ou uma "negociação agressiva", em vez de adultério ou extorsão. Como o ex-presidente

Nixon durante o escândalo Watergate de 1973, o réu declara: "Eu não sou um vigarista."

Após ser enganada por Satanás, que se disfarçara de serpente especialmente para essa missão, Eva colheu e comeu o fruto da árvore do conhecimento (Livro IX do *Paraíso perdido*). E, em vez de ver Adão casado com outra mulher, se Deus decidisse puni-la por desobediência, ela decidiu persuadir Adão a comer o fruto também. Lewis descreveu as motivações de ambos. Eva não pensava em si mesma como culpada de tentar assassinar Adão. No entanto, sua persuasão contribuiu para sua morte espiritual e, mais tarde, física. E Adão, com medo de perder Eva, aceitou comer o fruto. Naquele momento ele preferiu a criação, em vez do Criador.

Em vez de racionalizar como Adão e Eva, o apóstolo Paulo corajosamente declarou-se culpado e incapaz de agir bem com suas próprias forças. Falando de seus pecados, ele não disse que "havia cometido erros" ou algum outro eufemismo. Em vez disso, tirou o orgulho da equação e assumiu o malfeito.

Quem entre nós não se identifica com a frustração de Paulo por não ter agido bem? Pense na última vez em que você tentou evitar uma tentação, mas caiu de cabeça nela. A própria transparência de Paulo nos encoraja a ser transparentes diante do Deus que vê tudo de qualquer maneira — mesmo quando tentamos encobrir. Somente Deus pode nos ajudar a triunfar sobre nossos desejos maus.

Não entendo o que faço. Pois não faço o que desejo, mas o que odeio.
ROMANOS 7:15

CAPÍTULO 9
Cartas de um diabo a seu aprendiz

Cartas de um diabo a seu aprendiz (*The Screwtape Letters*) é um dos livros mais populares e criativos de C. S. Lewis. O fictício Screwtape é um demônio experiente, que escreve cartas instrutivas para seu sobrinho, Wormwood, sobre como tentar um "paciente" humano desavisado. As cartas, inicialmente, foram publicadas em série, uma por semana, no jornal londrino *The Guardian*. Quando concluídas, elas foram agrupadas e lançadas em forma de livro em 1942, passando por várias reimpressões naquele mesmo ano.

Tudo o que se diz no livro está ao contrário. Screwtape se modela a partir do que é certo: ele se refere a Satanás como "Nosso Pai Abaixo" e a Deus como "o Inimigo". Todos os seus conselhos são nefastos. Lewis deixa prontamente à mostra sua habilidade, e o leitor não consegue deixar de se surpreender com sua penetração nas reviravoltas do pensamento diabólico. Lewis admitia que todos nós estamos, de fato, muito mais próximos do diabólico do que do angélico. Lewis simplesmente escreveu sobre a condição humana com honestidade, não ignorando nenhuma das artimanhas da depravação humana. Consequentemente, o livro não é apenas de grande discernimento espiritual, mas também de profundo discernimento psicológico.

Os grandes pecados não são necessariamente os da carne. Na verdade, o maior pecador de todos os tempos, o próprio diabo, é um ser sem corpo: ele não tem carne. Seus pecados — como inveja, ciúme, orgulho, raiva, ressentimento — são todos pecados do espírito. Mas com isso não se pretende encorajar aqueles que estão envolvidos nos pecados da carne; pelo contrário, os pecados carnais podem ser racionalizados e justificados, e então também se transformam em pecados do espírito. Não importa como os categorizemos, todos os pecados envolvem a vontade; todos são prejudiciais; todos são contrários ao desígnio e caráter de Deus. Lewis não poupou ninguém: o frequentador de uma igreja, assim como o secularista, pode encontrar nessas cartas indícios dissecados e repudiados de suas próprias lutas. As cartas servem como um espelho da alma. Elas não foram escritas para os fracos de coração. Mas, para quem se atrever a lê-las, é possível obter uma avaliação honesta de si mesmo e um auxílio ao arrependimento.

Lewis afirmou que teve a ideia para essas cartas enquanto participava de um culto de domingo de manhã em sua igreja paroquial Holy Trinity, em Headington Quarry, nos arredores de Oxford. Não se pode deixar de imaginar o que Lewis deve ter pensado do sermão naquela manhã! Qualquer que seja sua inspiração, uma coisa é certa: aqueles que lerem *Cartas de um diabo a seu aprendiz* serão constantemente lembrados das artimanhas do demônio e de quão desesperadamente necessitamos de Deus e sua graça.

◆ I ◆

Desviar o olhar Dele e olhar para si mesmos é a coisa mais simples.
CAPÍTULO 4

Nessa linha de Screwtape, Lewis aludiu a uma verdade fundamental da existência humana: todos nós começamos absortos em nós mesmos. Cada um de nós nasce dobrado para dentro, como uma rosa em botão. Como criaturas caídas, ao nascer somos focados em nós mesmos. Mas, gradualmente, se nos desenvolvermos adequadamente, começamos a nos desdobrar, pétala por pétala, tornando-nos cada vez mais conscientes dos outros. Também começamos a reconhecer a presença divina do supremo *outro*: Deus. Aprender que o universo não está centrado em nós mesmos é o primeiro passo para aprender que ele está centrado em Deus. Screwtape aconselha Wormwood a reverter essa verdade fundamental: desviar o foco em Deus e nos outros, direcionando-o para o eu.

Tanto o crescimento psicológico quanto o crescimento espiritual são para fora e para cima, em direção a Deus e aos outros. Se pararmos de nos desdobrar e nos voltarmos para dentro novamente, nos isolamos e atrofiamos nosso crescimento. E, como Screwtape observa, essa é a maneira mais simples de impedir severamente o crescimento espiritual. Deus é autoexistente, o Criador, Sustentador e Centro de toda a realidade. Ele é como o sol, a chuva e o solo para uma planta. Recusá-lo é recusar a vida. Mas, se continuarmos a nos desenvolver, veremos a nós mesmos crescendo à imagem de Cristo, tornando-nos mais amorosos, mais receptivos, mais compreensivos com os outros e mais sintonizados com a vontade de Deus. Esse princípio é ilustrado por aqueles que mais admiramos — pessoas como Madre Teresa e Henri Nouwen, que, pelo amor de Deus e em gratidão a Jesus, deram suas vidas pelos outros.

Considere os anos mais recentes de sua vida. Que padrão você observa? Você está se aproximando de Deus e dos outros, ou está se retraindo em direção a si mesmo? Está se voltando para dentro ou se revelando cada vez mais à imagem de Cristo?

Sabemos que já passamos da morte para a vida porque amamos nossos irmãos. Quem não ama permanece na morte. Quem odeia seu irmão é assassino, e vocês sabem que nenhum assassino tem vida eterna em si mesmo. Nisto conhecemos o que é o amor: Jesus Cristo deu a sua vida por nós, e devemos dar a nossa vida por nossos irmãos.
1 JOÃO 3:14-16

·2·

Não o deixe suspeitar da lei da ondulação.
CAPÍTULO 9

Como Screwtape e Wormwood são espíritos (caídos, claro), o inexperiente Wormwood precisa ser lembrado de que as oscilações emocionais, mentais e físicas de seu "paciente" humano não são necessariamente o resultado de seu próprio trabalho diabólico como tentador. Pelo contrário, elas são parte do ser humano e perfeitamente parte do desígnio de Deus: tanto que sua existência pode ser chamada de "lei".

Vivemos no tempo e em processo; mudamos constantemente, à medida que os corpos envelheçem, as emoções oscilam, os intelectos se nublam. A vida tem suas estações, os corpos têm seus ciclos, as horas e os dias têm seus humores. Não, adverte Screwtape, tais ondulações não são uma vantagem para o inferno, a menos que se tornem ocasião para as más escolhas. Altos e baixos não são intrinsecamente pecaminosos. Até nossa espiritualidade é um pouco como as fases da lua ou as estações. Nosso fervor pode aumentar e diminuir; podemos passar por uma época de inverno, quando tudo parece vazio e morto, para um dia ver o lugar estéril dar lugar ao delicado brotar da primavera. Essa "ondulação" é certa, natural e boa; Deus usa as diferentes fases e estações para seus propósitos. O que ele faz no verão de nossa espiritualidade pode ser muito diferente do que ele faz no inverno.

O perigo vem, como Screwtape sabe, de nossa incapacidade de ver e abraçar as estações, de acreditar que todos os momentos de nossas vidas devem ser iguais. Não podemos gemer e lutar para voltar ao verão ou sair rapidamente de um inverno rigoroso. E, como acontece com as fases da lua e as estações, devemos abraçar o lugar para onde Deus nos trouxe, encontrar o significado e as lições a serem aprendidas nesse lugar, e então ficar dispostos a seguir em frente, quando essa estação tiver passado.

Podemos aproveitar o verão e lembrar que o inverno, um dia, dará lugar à primavera. Se nos lembrarmos da lei da ondulação, encontraremos graça e paz na jornada.

Para tudo há uma ocasião, e um tempo para cada propósito debaixo do céu.
ECLESIASTES 3:1

·3·

É durante esses períodos difíceis, muito mais do que durante os favoráveis, que ela está se tornando o tipo de criatura que Deus quer que ela seja.
CAPÍTULO 8

Altos e baixos emocionais — picos e vales — vêm para todos. Como o demônio Screwtape sabe, as funduras são tempos de vulnerabilidade a tentações, que vão da sensualidade à autopiedade.

Mas as funduras geralmente também são onde se forma o caráter piedoso, quando se escolhe Deus e se obedece a ele em meio aos tempos difíceis.

A piedade é uma questão de vontade: fazer o que é bom quando tudo parece dar errado. Screwtape sabe que muitas vezes avaliamos nossa vida espiritual com base em quão bem nos sentimos. Se nos sentimos próximos de Deus, felizes, contentes e geralmente alegres, acreditamos que isso deve significar que estamos no melhor estado espiritual. Quando estamos deprimidos, necessitados, tumultuados ou solitários, acreditamos que, de alguma forma, caímos do "barco de Deus" e nos perdemos.

Embora os picos emocionais sejam brilhantes e encantadores, e certamente mais agradáveis, isso não significa que o vale seja um lugar errado para nós. A verdade é que Deus costuma trabalhar mais nas profundezas — nos lugares difíceis onde nos sentimos mais desolados e sozinhos. Às vezes, quando estamos tentando escalar de volta ao pico, Deus pode estar nos chamando para ficar um pouco no vale.

Nesses momentos, muitas vezes nos sentimos cheios de confusão, medo e tristeza, porque não podemos ver a mão de Deus trabalhando, moldando-nos precisamente através das coisas das quais desejamos escapar. Muitas vezes é só depois, quando ele nos conduz a um lugar diferente, que podemos olhar para trás e ver como ele estava trabalhando em meio aos momentos difíceis. Se você está num lugar profundo, busque a Deus aí. Pergunte-lhe o que ele está tentando fazer. Não presuma que é errado você estar lá, mas ouça a voz dele na escuridão. Ele pode estar operando algo bom em você.

[...] pois os nossos sofrimentos leves e momentâneos estão produzindo para nós uma glória eterna que pesa mais do que todos eles.
2 CORÍNTIOS 4:17

· 4 ·

Um desejo cada vez maior por um prazer cada vez menor é a fórmula.
CAPÍTULO 9

Lewis dá uma excelente descrição aqui da adição como um ciclo vicioso de desejar, cada vez mais, coisas que satisfazem cada vez menos. Pensamos imediatamente em "grandes" pecados comportamentais — como pornografia, abuso de drogas e alcoolismo — que certamente se encaixam nesse padrão. Mas não costumamos pensar na adição (vício) em relação aos pecados mais invisíveis, como o desejo de poder nos relacionamentos ou de reconhecimento, coisas que podem parecer, em um nível superficial, mera motivação e até ambições saudáveis.

Muitas vezes, a adição vem disfarçada como um mecanismo de enfrentamento. Desejo de comida que não se baseia na fome, uma necessidade constante de entretenimento e diversão, uma preocupação com a aparência física e manutenção da juventude e beleza, um desejo irresistível de romance — tudo isso são indicadores de adição, de um desejo crescente por coisas que satisfazem cada vez menos.

A razão desses ciclos? Alguma necessidade profunda em nós não está sendo atendida. De alguma forma, não estamos satisfeitos e tentamos preencher essa necessidade por conta própria — mas com coisas que não nos satisfazem. Pode ter algo a ver com traumas do passado ou alguma decepção no presente, com solidão profunda ou insegurança. Qualquer que seja a causa ou a raiz, tentar suprir essas necessidades com nossos próprios "ciclos de luxúria" é como tentar salvar um barco do naufrágio fazendo mais buracos no fundo: apenas aceleramos o afundamento.

Pare por um momento e peça a Deus que revele esses ciclos em sua vida. Existe algo que precisa ser entregue a ele? Somente Deus pode descobrir, curar e preencher os lugares que tentamos preencher. Não podemos fazer isso sozinhos.

De fato, vocês ouviram falar dele, e nele foram ensinados de acordo com a verdade que está em Jesus. Quanto à antiga maneira de viver, vocês foram ensinados a despir-se do velho homem, que se corrompe por desejos enganosos, a serem renovados no modo de pensar [...].
EFÉSIOS 4:21-23

5

Não importa o tamanho dos pecados, quando o efeito cumulativo deles afasta o homem da Luz e o leva ao Nada.
CAPÍTULO 12

Como Lewis explicou através de Screwtape, pequenos pecados podem resultar em uma carga de culpa cada vez mais insuportável para o paciente. Esse é o "efeito cumulativo" do pecado. É a alavanca que afasta um cristão de Deus.

Deus deu a cada um de nós uma consciência — um pequeno empurrãozinho ou voz em nossos corações que indica quando estamos nos desviando. Ela certamente não é a única maneira pela qual Deus nos indica o certo e o errado, mas pode ser um excelente guia para manter nossos corações retos diante dele.

Podemos escolher obedecer à nossa consciência ou ignorá-la; podemos simplesmente abafar sua voz suave e ignorar a inquietação em nossos corações. No entanto, ignorar nossa consciência, até mesmo no menor assunto, é pecado e, como Lewis expressou, nos afasta da Luz e nos leva ao Nada. A consciência é um guia para manter nossos corações e ações retos diante de Deus. Toda vez que a ignoramos, endurecemos nossos corações contra Deus um pouco mais, e nos voltamos para o *eu*. Sem arrependimento, continuaremos longe de um relacionamento íntimo com Deus e nos desviaremos cada vez mais.

Pare um momento e considere: há algo que o impeça de permanecer com a consciência limpa diante de Deus? Corrija isso, ou você continuará se afastando mais "da Luz e para o Nada".

[...] mantendo a fé e a boa consciência que alguns rejeitaram e, por isso, naufragaram na fé.
1 TIMÓTEO 1:19

·6·

De fato, o caminho mais seguro para o Inferno é o gradual — a ladeira suave, suave sob os pés, sem curvas bruscas, sem marcos, sem placas de sinalização.
CAPÍTULO 12

Muitas vezes ouvimos falar de um escândalo envolvendo um líder cristão pego em pecado grave, e nos perguntamos como isso pôde acontecer. Geralmente, as pessoas que terminam em ruína espiritual não se atiraram de precipício moral, sabendo que estavam caminhando para o desastre. Só um tolo faria uma coisa dessas. Não, a ruína vem de formas muito mais insidiosas, por caminhos que Lewis descreveu como suaves e gentis e tão leves que parecem quase perfeitamente seguros. E isso pode acontecer com qualquer um de nós.

Podemos ser embalados pela complacência ou atraídos pelo que parece ser a menor indulgência. Justificamos pensando: *Ok, isso não é bom, mas não tira pedaço.* Esse é o começo de uma escorregadia ladeira espiritual que nos afasta de Deus. Não queremos olhar para trás um dia e imaginar como nos afastamos tanto de Deus ou descobrir, como tantos líderes cristãos caídos, que nossa série de escolhas levou à nossa queda. Então, como podemos reconhecer os sinais que levam a esse caminho?

Uma prática útil é fazer exames espirituais regulares. Assim como fazemos exames físicos regulares, também devemos ter momentos em que revisamos nosso progresso espiritual, avaliando se estamos nos aproximando de Deus ou nos afastando dele.

Você pode manter um diário para registrar pensamentos, sentimentos e ações. Olhar para trás pode ser muito encorajador, além de oferecer uma boa visão geral dos pontos em que você pode estar escorregando. Ter um bom amigo que possa oferecer uma opinião externa também pode ser útil. Pergunte a ele ou ela como você se desenvolveu no ano passado. Faça a si mesmo perguntas como: "Estou mais perto de Deus do que no ano passado?", "Eu retrocedi em alguma área?", "Existem áreas da minha vida que não estou entregando a Deus?".

Exames espirituais regulares nos ajudarão a evitar que um dia olhemos para cima e percebamos que estamos muito no fundo da ladeira e longe de Deus.

"Vigiem e orem para que não caiam em tentação.
O espírito está pronto, mas a carne é fraca."
MATEUS 26:41

·7·

Queremos uma raça inteira perpetuamente em busca da ponta do arco-íris, nunca sincera, nem gentil, nem feliz com o agora.
CAPÍTULO 15

As pessoas em geral são tão felizes quanto decidem ser. Certamente, as circunstâncias podem influenciar nisso. Elas não seriam mais felizes saudáveis do que doentes? Elas não sentiriam uma elevação em seus espíritos se seus relacionamentos estivessem indo bem, seus lares fossem pacíficos e elas se destacassem em seus trabalhos? Mas cometemos um erro quando permitimos que as circunstâncias determinem nosso nível de felicidade.

Lewis nos lembrou que uma das maiores armadilhas do diabo é nos tornar descontentes com nossas circunstâncias atuais e nos fazer ansiar por circunstâncias que possam ser mais propícias à felicidade. Pensamos: *Se...; E se...; E se... Se isso ou aquilo acontecesse, eu seria feliz.* Mas, como Lewis observou, enquanto buscamos o fim do arco-íris, negamos a nós mesmos a felicidade e o contentamento no momento presente.

Mesmo em situações menos do que ideais, podemos escolher ser felizes. A bela verdade sobre ser cristão é que, mais do que a felicidade, podemos escolher a alegria. Alguns dos cristãos mais alegres também estão em algumas das circunstâncias mais duras. Em meio a doenças que aleijam seus corpos, a dificuldades financeiras, perdas e tristezas, eles aprenderam que a felicidade não é encontrada em suas circunstâncias, mas em suas disposições e na alegria encontrada na presença do Senhor.

Você está esperando que os *ses* se tornem realidade antes de se permitir ser feliz? Você já encontrou a alegria que vem através da presença do Espírito Santo mesmo em meio às provações? Se não, por quanto tempo você vai tentar chegar à ponta do arco-íris?

[Somos] como desconhecidos, apesar de bem conhecidos; como morrendo, mas eis que vivemos; espancados, mas não mortos; entristecidos, mas sempre alegres; pobres, mas enriquecendo a muitos; nada tendo, mas possuindo tudo.
2 CORÍNTIOS 6:9–10

•8•

Nada o descontrola tão facilmente quanto ser inesperadamente privado de um tempo que ele esperava ter à sua disposição.
CAPÍTULO 21

A próxima sugestão do diabo para a corrupção do paciente do aprendiz é lançar mão de interrupções inesperadas no dia do paciente. Todos nós já passamos por isso. Tendo feito planos para um período de tempo específico, somos jogados em um turbilhão quando nosso tempo é roubado por colegas de trabalho tagarelas ou crianças cujas brigas exigem um árbitro.

Como Wormwood sabia, muitos de nós tendemos a querer ser donos do nosso tempo. Recentemente, um seminário sobre gestão do tempo deu dicas de como gerenciar pessoas para que elas não roubem o "seu" tempo. As dicas incluíam parar na porta de seu escritório, para que ninguém pudesse entrar em seu espaço, além de agendar seu dia em etapas de quinze minutos para que nunca alguém ultrapasse sua cota. Embora essas sejam, sem dúvida, técnicas eficientes, se vivêssemos de acordo com elas, estaríamos nos prejudicando como discípulos eficazes de Cristo. Tudo o que existe em nossa vida espiritual acontece como um relacionamento, seja com Deus, seja com outras pessoas. Se guardarmos e administrarmos nosso tempo com tanto afinco, correremos o risco de deixar pouco espaço para o Espírito Santo nos usar de maneiras não planejadas.

Davi, o escritor do Salmo 31, via o tempo de uma maneira diferente: tudo está sob o controle de Deus. Tendo passado muitos anos imaginando quando chegaria a sua hora de ser rei de Israel, Davi tinha confiança de que o tempo era, de fato, a província de Deus.

No mundo de hoje, muitas pessoas têm sido feridas pela dor e pelo sofrimento. Elas estão em busca de respostas e esperança. Quão trágico seria se alguém se aproximasse de nós, buscando genuinamente a Cristo, e não tivéssemos tempo para ajudar. Estamos reservando tempo para fazer nosso trabalho, se Deus nos trouxer alguém em necessidade? Ou estamos guardando nosso tempo com tanto cuidado que acabaremos dispensando as oportunidades que Deus pode trazer hoje?

O meu futuro está nas tuas mãos.
SALMOS 31:15

✦9✦

E o tempo todo, a piada é o fato de que a palavra "meu", em seu sentido totalmente possessivo, não pode ser pronunciada por nenhum ser humano referindo-se a nada.
CAPÍTULO 21

Uma das primeiras palavras que aprendemos, quando crianças, é *meu*. No jardim de infância aprendemos gradualmente a compartilhar, mas o "meu" permanece. Precisamos apenas que alguém infrinja nosso espaço pessoal ou posses para ver quão profundamente enraizado esse conceito está em nós. Os missionários falam de suas visitas a certas outras culturas, nas quais as tribos compartilham pertences, e citam sua dificuldade em se acostumar com as pessoas entrando em suas casas e pegando coisas emprestadas sem pedir. Quase desde o berço, um sentimento de posse pessoal é muito forte na cultura ocidental.

Isso se aplica não apenas aos pertences, mas também a nós mesmos. Nossa linguagem está cheia de exemplos: "um homem feito por si mesmo", ter "autocontrole", um forte "senso de si". Tudo isso implica que fundamentalmente somos donos de nós mesmos, que a unidade básica de posse pessoal é o eu. Como Lewis apontou nesta carta de Screwtape, tal pensamento é fundamentalmente absurdo, porque Deus é o autor e criador de todas as coisas. Tudo o que temos, até nós mesmos, vem de suas mãos. É verdade que podemos escolher dar as costas a Deus porque, em sua bondade, ele nos deu o livre-arbítrio — a capacidade de escolher nosso próprio caminho; podemos tomar decisões por nós mesmos. Mas mesmo o livre-arbítrio é um presente dele.

Como cristãos, escolhemos nos entregar livremente a Deus. Infelizmente, nem sempre vivemos assim. Como uma criança que tenta pegar de volta um presente dado, queremos recuperar nossas vidas depois de entregá-las a Deus. Mas elas não são mais nossas: pertencem a Cristo.

Estamos incluindo limites em nosso dar? Estamos tentando recuperar o controle, sem ter certeza de que estamos prontos para nos entregar realmente? Só Deus é capaz de proferir a palavra *meu* sem mentir.

Você tem deixado Deus proferir essa palavra a respeito de sua alma?

Fiz um juramento e estabeleci uma aliança com você, palavra do Soberano Senhor, e você se tornou minha.
EZEQUIEL 16:8

·10·

Ponha, no lugar da fé real, alguma moda com tons cristãos. Aproveite o horror deles ao Mais do Mesmo.
CAPÍTULO 25

No cristianismo não há limite para as obras e causas boas que podemos abraçar. Podemos nos concentrar na justiça social ou no ativismo político em relação a questões como aborto, acolhimento de refugiados, cuidados com o meio ambiente e assim por diante. Podemos ler o último *blockbuster* cristão, participar do coral ou preparar petiscos para o grupo de jovens vender. Podemos escolher entre inúmeras coisas para fazer por Deus. Algumas são coisas que nossos pais e avós já faziam; outras são apenas uma fuga do que vemos como a "velha" maneira de pensar, tendo um "horror ao Mais do Mesmo". Há tantas opções que poderíamos passar cada momento envolvidos em alguma atividade cristã, para Deus, se assim o quiséssemos. E todas essas atividades têm mérito. Eles constroem a comunidade cristã, aumentam a consciência sobre a injustiça no mundo, ajudam os pobres. São boas obras.

Mas, em meio a esse turbilhão de atividades, precisamos nos controlar. As coisas que estamos fazendo, como a citação de Lewis sugere, são apenas substitutos para a fé? A fé não é medida por quão ocupados estamos ou por quantas boas obras são anotadas em nossos calendários. A fé é a intimidade de coração a coração entre Deus e nós. As boas obras brotarão naturalmente da fé, mas não são fé em si mesmas.

Nossas boas obras brotam de nossa fé ou a substituem? As obras podem fortalecer nossa fé, mas a fé deve ser o principal. Se nossas obras brotarem da fé, elas honrarão a Deus e serão corretas. Se elas são um substituto para a fé, servem apenas para nos distrair do estado de nossas almas.

Reserve um momento para refletir sobre suas atividades. De que fonte elas brotam?

Conscientes disso, oramos constantemente por vocês, para que o nosso Deus os faça dignos da vocação e, com poder, cumpra todo bom propósito e toda obra que procede da fé.
2 TESSALONICENSES 1:11

CAPÍTULO 10
Cartas a Malcolm: sobretudo a respeito da oração

Depois de escrever *As cartas do diabo a seu aprendiz*, C. S. Lewis pensou em escrever uma continuação. O primeiro livro continha cartas de um demônio experiente para um demônio novato, aconselhando-o sobre como ele deveria conduzir sua atividade de tentação. O plano para o segundo livro era apresentar a correspondência de um anjo mais experiente aconselhando um anjo novato sobre como nutrir um mortal para a santidade. O segundo livro nunca foi escrito (embora haja um ensaio separado chamado "Screwtape Proposes a Toast"), pois Lewis percebeu que não tinha capacidade para escrevê-lo. Quem teria? Cada um de nós está muito mais próximo do diabólico do que do angélico; é apenas uma pretensão ou um engano sugerir que há em nós qualquer inclinação natural para uma expressão consistente do bem divino.

No final de sua vida, no entanto, Lewis escreveu uma sequência muito modesta e totalmente despretensiosa para as cartas de Screwtape. Esse livro, que espelha o das cartas do diabo ao aprendiz, chama-se *Cartas a Malcolm: sobretudo a respeito da oração* (*Letters to Malcolm: Chiefly on Prayer*). Nele, Lewis escreve para Malcolm, um personagem fictício. Apenas o lado da correspondência de Lewis é encontrado no livro; o que vem do correspondente é apenas inferido. Ainda assim, *Malcolm* é um livro sobre dois homens que procuram dialogar e encorajar um ao outro a seguir Cristo mais de perto. Embora aborde muitos temas, a oração é o assunto dominante. O livro levanta questões e expressa dúvidas — que não são discutidas com rancor ou cinismo, mas sim como o tipo de pergunta que abre a porta para a curiosidade, o espanto, a admiração e, eventualmente, a adoração.

Depois de *A anatomia de uma dor* (*A Grief Observed*), em que Lewis narrou sua própria peregrinação sinuosa pelas regiões da dor e da tristeza, alguns pensaram que ele nunca se recuperou, mas viveu seus últimos dias com meros vestígios de fé, mancando em direção à eternidade. Ninguém que lê *Malcolm* poderia pensar isso por muito tempo. Algumas das perguntas em *Anatomia de uma dor*, tendo surgido da mágoa e luta, são revisitadas em *Malcolm* como estímulos para a adoração. A melhor maneira de triunfar sobre a tentação é cultivar uma confiança honesta em Deus que vence qualquer tipo de afastamento dele. *Malcolm* é um recurso valioso para qualquer pessoa que anseie pelo triunfo, pois é um livro cheio de humildade, esperança e profundo amor por Deus.

·I·

Devemos colocar diante Dele o que está em nós, não o que deveria estar em nós.
CAPÍTULO IV

Cada um de nós tem uma visão do que ainda não nos tornamos, do que poderíamos ser, do que fomos criados para ser. O único problema é que não estamos nem perto de chegar a essa visão. Ainda temos muitas partes grosseiras que exigem melhoria. Estamos internamente em conflito porque sabemos que fomos feitos para ser melhores do que somos agora. Se não costumássemos ficar impacientes no trânsito ou alimentar discussões familiares, se fôssemos mais generosos, ou se pudéssemos fazer uma pequena auréola dourada pairar sobre nossas cabeças, então poderíamos, aparentemente, estar mais próximos dessa visão.

Às vezes, diante de Deus, tentamos transformar a visão em realidade à força. Assumimos nossa melhor atitude dominical para orar, desejando ser piedosos e compassivos, ficar calmos e parar de demonstrar inquietação. Deus nos enxerga através do fingimento e vê exatamente quem somos: manchas, feridas e tudo mais. E ele nos ama completamente do modo como somos agora.

Mas para que cresçamos em seu amor abrangente, devemos fazer o que C. S. Lewis observou: devemos apresentar a Deus quem *somos*, não quem pensamos que deveríamos ser. Se escondemos o que está em nós, apresentamos a Deus uma falsificação, dificultando que nos aproximemos dele. Se tivermos a coragem de ir a Deus em nossa raiva e desespero, em nossa mesquinhez e carência, sendo sinceros sobre o que realmente está em nossos corações, Deus pode trabalhar em nós. Nós não temos que forçar nossa natureza a uma falsa santidade, tentando cobrir nossas manchas e lágrimas e agir como se estivéssemos bem. Em vez disso, se colocarmos diante dele honesta e abertamente tudo o que há em nossos corações, ele dará sequência à obra milagrosa de nos transformar nas pessoas que fomos criados para ser.

Sonda-me, ó Deus, e conhece o meu coração; prova-me, e conhece as minhas inquietações. Vê se há em minha conduta algo que te ofende, e dirige-me pelo caminho eterno.

SALMOS 139:23-24

◆ 2 ◆

Parece-me que muitas vezes nós, quase grosseiramente, rejeitamos o bem que Deus nos oferece porque, nesses momentos, esperamos algum outro bem.
CAPÍTULO V

As crianças geralmente se baseiam no tamanho para determinar o valor de um presente embrulhado: quanto maior o pacote, melhor o presente. Os adultos são mais influenciados pela aparência geral: o embrulho tem uma etiqueta de uma loja cara? Papel dourado e um laço lindamente amarrado? Então deve conter algo especial. Mas a existência de presentes que são elefantes brancos acaba com esses critérios. Esse grande pacote pode conter apenas toalhas de papel de tamanho econômico. A caixa de chocolates Godiva, de aparência cara, pode conter um fixador de dentadura. E o pacote de formato estranho e mal embrulhado poderia esconder um tesouro.

A bondade de Deus muitas vezes vem embrulhada em embalagens estranhas. Desejamos a caixa de chocolate Godiva, convictos de que ela contém algo maravilhoso, e Deus nos entrega uma coisinha embrulhada num jornal da semana passada e amarrada com barbante. "Aqui," ele diz, "eu escolhi isso só para você". E observamos a caixa de chocolate, sequiosos, desejando-a no lugar do que recebemos.

Como Lewis observou, muitas vezes as bênçãos de Deus vêm em formas que não teríamos escolhido, mas nos são entregues mesmo assim. Às vezes, elas até vêm envoltas em dificuldades e tristezas — o cuidado com um parente idoso, uma mudança para um local de onde não gostamos, uma mudança inesperada nas circunstâncias da vida. Pode levar anos para vermos o lado bom dessas coisas. Elas podem não ter nada de bom; então nossos corações anseiam pela caixa de chocolate Godiva, certos de que ela teria sido melhor do que o que recebemos. A verdade é que não podemos ver dentro das embalagens de muitas circunstâncias da vida. Mas Deus vê, e ele escolhe nos dar as coisas melhores para nós. O que queremos nem sempre é o que precisamos.

As obras das suas mãos são fiéis e justas; todos os seus preceitos merecem confiança.
SALMOS 111:7

3

Se Deus tivesse atendido todos os pedidos que fiz em todas as orações tolas que proferi em minha vida, onde eu estaria agora?
CAPÍTULO V

Consideremos a pergunta de Lewis: "Se Deus tivesse atendido todos os pedidos que fiz em todas as orações tolas que proferi em minha vida, onde eu estaria agora?" Para a maior parte de nós, a resposta provavelmente seria: "Não onde estou agora!" Em nossas vidas, fazemos milhares de pedidos não concedidos. Quando crianças, talvez orássemos por cabelos cacheados ou lisos ou por um cavalo. No ensino médio, poderíamos orar todas as noites para nos casarmos com nosso primeiro amor, um pedido em que a maioria de nós não foi atendida. Como adultos, pedimos emprego, educação e finanças, coisas que melhorariam nossas carreiras ou nossa vida familiar.

Quando fazemos essas orações, desejamos desesperadamente que elas sejam atendidas, mas, nos anos posteriores, muitas vezes podemos olhar para trás com alívio para essas orações não concedidas. "Graças a Deus não me casei com meu namorado do ensino médio" ou "Graças a Deus não me mudei para a França por causa daquele trabalho" ou "Graças a Deus não consegui aquela bolsa de estudos para a universidade". Na clareza dada pela retrospectiva, podemos ver que, se atendidos, esses pedidos nos levariam a caminhos de menor valor, impossibilitando as coisas maravilhosas que vieram depois.

Esse processo dura uma vida inteira. Estamos constantemente pedindo coisas a Deus em oração — o que é certo. Alguns pedidos são atendidos; muitos não são. Pode levar anos até que compreendamos como o que queríamos teria afetado negativamente nossas vidas, se o tivéssemos recebido. Com algumas situações especialmente difíceis ou confusas, talvez tenhamos de esperar até estarmos face a face com Jesus para ter esse entendimento.

É claro que não podemos saber de antemão quais pedidos afastariam o melhor de Deus para nós. Com isso em mente, enquanto continuamos caminhando com Deus, tentemos manter nossas orações livres de pressão, lembrando que pedimos com compreensão limitada e que, em sua sabedoria e misericórdia, Deus pode ver o que não podemos.

Deus é que tem sabedoria e poder; a ele pertencem o conselho e o entendimento.
JÓ 12:13

· 4 ·

Não existem atividades irreligiosas; apenas religiosas e antirreligiosas.
CAPÍTULO VI

Geralmente não consideramos a vida, como um todo, religiosa. A tendência de separar do resto de nossos dias o que acontece em nossas vidas devocionais e na igreja é, como Lewis aponta, uma falsa dicotomia. Não temos nenhuma atividade que não seja de natureza religiosa. Ou seja, toda atividade ou glorifica a Deus ou não glorifica a Deus.

Mas e quanto a abastecer o carro, capinar o jardim ou comprar um par de sapatos? É claro que algumas coisas são neutras! Mas, embora possam parecer, na realidade não são. Estamos tão acostumados com a falsa dicotomia que não vemos que todos os nossos atos implicam colocar nossas energias na construção do Reino de Deus ou não.

O frei Lourenço, um irmão leigo em um mosteiro carmelita durante os anos 1600, compreendia muito bem esse princípio. Ele passou muitos anos de sua vida nas cozinhas do mosteiro. Lá ele desenvolveu uma notável vida de oração e intimidade com Deus. Ele escolheu lavar a louça para a glória de Deus, e, em meio a essas tarefas mundanas, dia após dia, procurou se aproximar de Deus. A intimidade de Lourenço com Deus era consequência de ele encarar seu alegre serviço aos outros como um ato de adoração e diálogo com Deus nos momentos tranquilos e sem distrações proporcionados pela rotina.

Um dos segredos do irmão Lourenço foi perceber o que Lewis um dia também descobriria: que toda atividade pode ser religiosa ou antirreligiosa. A diferença está em nossas mentes e nossos corações. Que atitude temos quando abastecemos nossos carros ou compramos sapatos? Esses atos simples podem ter significados muito diferentes, se os fizermos com ação de graças e louvor, e não com frustração e ganância.

É difícil se ajustar à ideia de que cada uma de nossas ações tem consequências espirituais, que a maneira como escolhemos pensar e abordar as atividades da vida diária produz frutos em nossa vida espiritual. Estamos, como o frei Lourenço, aproveitando todas as oportunidades para nos aproximarmos de Deus, seja com as mãos mergulhadas em espuma de sabão, seja enquanto cantamos hinos no domingo de manhã? Que as nossas atitudes durante as ações de nossas vidas cotidianas nos levem para mais perto de nosso Senhor.

Lembramos continuamente, diante de nosso Deus e Pai, o que vocês têm demonstrado: o trabalho que resulta da fé, o esforço motivado pelo amor e a perseverança proveniente da esperança em nosso Senhor Jesus Cristo.
1 TESSALONICENSES 1:3

·5·

A pintura inacabada adoraria saltar do cavalete e dar uma olhada em si mesma!
CAPÍTULO VI

Como uma bela pintura, nossas vidas e nossos personagens são formados traço a traço pelo Artista magistral, com uma ampla paleta de cores. Há tons escuros e sombrios e raios de tonalidades iluminadas pelo sol, todos iluminando e acrescentando profundidade a quem estamos nos tornando.

Mas podemos ficar muito impacientes, querendo ver exatamente como a imagem está tomando forma. Como Lewis disse com bom humor, queremos descer do cavalete onde Deus está trabalhando e examinar o progresso. E, de acordo com a natureza humana, o progresso não nos deixa satisfeitos. Também queremos ver o resultado final.

É natural que desejemos ver como terminaremos. Queremos alguma garantia de que vamos tomar a forma que achamos melhor. Também queremos fazer sugestões, oferecer uma pequena crítica, talvez pegar o pincel e ajustar os pontos que mais não estão ao nosso gosto. "Não use essa cor. Não torne esse ponto tão escuro e difícil. Por que não podemos colocar a luz do sol por toda parte — facilitar a vida?"

Como somos lembrados em Filipenses 1:6, Deus está realizando uma boa obra em nós e a completará. Na pintura de nossas vidas, ele adiciona traços de que talvez não gostemos. Podemos não entender para que servem esse respingo escuro ou aquele ponto verde sombrio. Mas ele é o único que pode ver a pintura inteira, e é ele quem trabalha para, pouco a pouco, trazê-la à tona. Não podemos ver como nossa pintura ficará, por mais que examinemos a tela inacabada. Devemos confiar na mão do Artista e permitir, em obediência, que Deus continue sua obra em nós, acreditando que passo a passo ele nos completará perfeitamente.

Estou convencido de que aquele que começou boa obra em vocês vai completá-la até o dia de Cristo Jesus.
FILIPENSES 1:6

·6·

Muitas vezes, acredito, eu oro pelos outros, quando deveria estar fazendo alguma coisa por eles.
CAPÍTULO XII

Nossas orações têm mãos? A observação de Lewis acima atinge o cerne de um problema que atormenta os cristãos desde os primeiros dias do cristianismo: a dicotomia entre palavra e ação. Quantas vezes oramos pelos outros com preocupação e compaixão, mas depois nos negamos a fazer qualquer outra coisa por eles, usando apenas nossas bocas e não dando nenhum passo para ajudá-los fisicamente? Tiago 2:14–19 deixa bem claro que a fé deve ser acompanhada de ação; a ação deve brotar da fé verdadeira. O mesmo vale para a oração. É uma coisa boa elevar os outros em oração, mas, se não fizermos mais nada, talvez estejamos fazendo pouco. Na oração, devemos perguntar a Deus se ele gostaria de nos usar na situação trazida à nossa atenção. Muitas vezes ele pode querer que façamos parte da solução. A oração deve ser nosso primeiro passo; a ação, o segundo.

Alguém está doente? Talvez pudéssemos fazer uma panela de sopa ou ligar para ver se a pessoa precisa que algo seja feito. Alguém está com problemas financeiros ou emocionais? Um bilhete, uma visita ou um presente monetário anônimo podem ajudar a aliviar sua condição. Pense por um momento. Há quanto tempo você não dota as suas orações de mãos e pés?

Muitas vezes a oração é afastada das ações cotidianas de nossas vidas. Reservamos para as nossas orações um canto do nosso dia e depois vivemos o resto da vida arrumada, com a oração no lugar. Mas, quando agimos dessa maneira, criamos essa falsa dicotomia. Em vez disso, devemos procurar ser orações ambulantes, vivendo o que Deus nos orientou a fazer naquele dia. Estamos ouvindo as instruções ou apenas lançando orações preocupadas a Deus e deixando todos os resultados por conta dele? Ao orarmos pelos outros, vamos parar um momento e perguntar a Deus se há alguma maneira de ajudá-los. Assim, oraremos de forma integral — com bocas e mãos, palavras e ações.

De que adianta, meus irmãos, alguém dizer que tem fé,
se não tem obras? Acaso a fé pode salvá-lo?
TIAGO 2:14

·7·

Portanto, de cada criatura podemos dizer: "Este também é Tu:
mas também este não é Tu."
CAPÍTULO XIV

Toda a Criação reflete seu Criador. Embora marcada pelos efeitos da Queda, a natureza pode falar muito sobre quem Deus é. As montanhas atestam sua força e seu poder, os oceanos a riqueza e complexidade de sua criatividade. Mesmo uma pequena flor silvestre, com seu delicado caule e suas pétalas translúcidas, revela sua meticulosa atenção aos detalhes. Cada criatura reflete aspectos da pessoa de Deus.

Isso é ainda mais verdadeiro quanto às pessoas, pois fomos feitos à imagem de Deus. Nossos relacionamentos interpessoais, profundidade emocional, capacidade de pensar racionalmente e individualidade iluminam maravilhosamente a natureza de nosso Criador. Isso é verdade sobre todas as pessoas maravilhosas com as quais entramos em contato todos os dias — nosso cônjuge, família, amigos, colegas de trabalho. Embora eles certamente não sejam Deus, pois nenhum humano poderia conter tudo o que Deus é, podemos reconhecer neles as impressões digitais de Deus e o reflexo dele em suas vidas. Como Lewis observa, de cada um podemos dizer: "Este também é Tu: mas também este não é Tu."

No entanto, a parte complicada é que isso se aplica tanto a pessoas de quem não gostamos quanto àquelas de quem gostamos. É fácil reconhecer que as pessoas de quem gostamos são reflexos de Deus, mas nos perguntamos por que não pode haver uma categoria especial para pessoas que geralmente são irritantes, rudes ou más. Podemos pensar que não precisamos ecoar o sentimento de Lewis, ao olhar para eles. Mas a verdade é que precisamos. O comportamento deles — como o nosso — pode não refletir Deus o tempo todo, mas eles, como humanos, refletem intrinsecamente seu Criador.

A próxima vez que você interagir com a pessoa que mais deixa seus nervos à flor da pele, pare e considere que ela, como você, é um reflexo de Deus. Você está tratando ele ou ela com a devida honra? Pode ser difícil, mas uma criatura feita à imagem de Deus não merece menos.

Criou Deus o homem à sua imagem, à imagem de Deus o criou; homem e mulher os criou.
GÊNESIS 1:27

· 8 ·

A oração que precede todas as orações é: "Que seja o verdadeiro eu quem fala. Que seja o verdadeiro Tu com quem eu falo."
CAPÍTULO XV

De certa forma, o mundo é como a casa dos espelhos em um parque de diversões, refletindo versões distorcidas da realidade. Quando olhamos nos espelhos em um parque, a pessoa que nos encara tem uma cabeça pequena e um corpo enorme, ou então tem apenas um metro e meio de altura e quase a mesma largura. É um reflexo de nós, mas não um reflexo verdadeiro. Não estamos nos vendo como realmente somos.

Como isso é verdade em relação aos nossos eus espirituais. Nosso passado dói, nossas lutas recorrentes com o pecado, nossos relacionamentos quebrados distorcem nosso verdadeiro eu. Nós "olhamos no espelho" e vemos apenas feiura e dor: uma imagem deformada do que deveria ser bonito.

Fazemos o mesmo com a imagem de Deus. As coisas que distorcem nossa imagem aos nossos próprios olhos distorcem também a imagem de quem Deus é. Uma experiência dolorosa na igreja, discórdia familiar, vergonha pelo pecado do passado, uma sensação de fracasso — tudo isso contribui para uma percepção distorcida de Deus. Assim como a distorção que vimos no espelho do parque de diversões, enxergamos um Deus de julgamento frio e estéril, um Deus que ama impessoalmente e apenas um pouco, um Deus que está registrando pontuações. Mas não podemos confiar em nossos olhos. Eles foram enganados por um milhão de pequenas distorções em nossas vidas. A citação de Lewis ataca as distorções, reconhecendo-as como falsas e pedindo a Deus a verdade.

É somente através de Deus que as imagens se tornam verdadeiras novamente. À medida que nos aproximamos dele, abrimos nossos corações ao realinhamento. Começamos a ter vislumbres do nosso verdadeiro eu e do verdadeiro Deus. Nossos corações começam a se alinhar com a verdade. Comecemos cada oração ecoando a oração de Lewis, reconhecendo que vivemos em uma casa de espelhos e pedindo a Deus que diariamente nos aproxime da verdade de quem ele é e quem somos.

E conhecerão a verdade, e a verdade os libertará.
JOÃO 8:32

· 9 ·

*Esses prazeres puros e espontâneos são "raios da luz de Deus"
nos bosques de nossa experiência.*
CAPÍTULO XVII

Quando foi a última vez que você se lembra de ter separado um momento para olhar pela janela e respirar fundo, saindo propositadamente da rotina da vida e se permitindo ficar quieto? Não paramos para respirar e olhar ao redor com muita frequência. Sempre pressionados pelo tempo, vivemos olhando diretamente à nossa frente, atentos à próxima tarefa. Vivemos de listas, verificando item após item, sempre com pressa. Com uma visão tão estreita, o que perdemos? Se não olharmos para cima, não poderemos admirar as cerejeiras e magnólias em flor ao nosso redor. Se não olharmos para baixo, não veremos um esquilo no quintal e aquela pequena fileira de formigas cruzando a calçada em fila indiana.

De vez em quando algo quebra nossa rotina. Pode ser um raio de sol, os primeiros vaga-lumes do ano, o cheiro de grama cortada no verão. Estes, como observou Lewis, são "raios da luz de Deus" — momentos em que o transcendente nos toca e simplesmente contemplamos uma coisa pura e simples com espanto e admiração. Eles nos lembram que nossas vidas são tocadas pelo divino. Convidando-nos a desviar os olhos dos minutos e segundos e das tarefas, eles nos convidam a parar e simplesmente ser, a habitar plenamente um tempo e um lugar e apreciá-lo.

Esses momentos também nos dão uma prévia do que está por vir após esta vida. Contemplaremos algo mais claro, amável e brilhante do que qualquer coisa na terra. O céu será radiante e cheio da mesma beleza que vislumbramos nesses momentos transcendentes, mas imaculado e infinito.

A terra é uma sombra pálida e desgastada, em comparação com o céu. O mundo, com seus cuidados, pode nos aprisionar em ciclos insalubres e na miopia. Mas, se estivermos atentos aos raios da luz de Deus, encontraremos um antegozo do céu em meio à labuta e ao cuidado da terra. Hoje, fique de olho nos momentos em que você pode vislumbrar o céu.

Vi a cidade santa, a nova Jerusalém, que descia do céu, da parte de Deus, preparada como uma noiva adornada para o seu marido.
APOCALIPSE 21:2

·10·

No céu, a alegria é um assunto sério.
CAPÍTULO XVII

Levamos a alegria a sério? Quantos de nós estivemos na colônia de férias da escola bíblica na juventude, batendo palmas e cantando "A alegria do Senhor é minha força", sentindo qualquer coisa menos alegria e apenas querendo chegar à parte boa — o lanche? Muitos de nós não foram ensinados a levar a alegria a sério quando crianças, e, quando chegamos à fase adulta, não melhoramos nisso.

Um problema é que não temos uma boa ideia do que a alegria realmente significa. Achamos que a alegria é algo que devemos ter quando não estamos felizes, mas se espera que mantenhamos uma atitude positiva de qualquer maneira. Para a maior parte de nós, a alegria parece mais um complexo de mártir do que as festas frenéticas descritas na Bíblia. As pessoas dançavam incontrolavelmente de alegria, choravam de alegria, faziam música e festas. A alegria não deve ser uma ocasião do tipo aceita que dói menos. Ela é exuberante e livre, é mais do que ser feliz — não menos. E alegria, diz Lewis, é um assunto sério no céu.

Que pensamento louco! O assunto sério do céu não é... sério? Como cantar em latim ou tocar harpa serenamente — todos calmos, ninguém realmente *feliz*. Se é isso que pensamos, quanto perdemos! Muitas vezes imaginamos o céu como um exercício de disciplina espiritual, mas esquecemos que uma das disciplinas espirituais mais negligenciadas é a celebração, que está diretamente ligada à alegria. Se o negócio sério do céu é a alegria, imagine a leveza e o riso que podemos esperar: cabeças jogadas para trás e dança com uma alegria empolgante. Talvez possamos aprender com Davi (e outros na Bíblia), bem como com Lewis, e começar a treinar agora para esse assunto sério do céu. Por que não ousar e começar hoje? Com risos, celebração, ação de graças e louvor, podemos nos juntar às hostes do céu na deliciosa prática da alegria.

Alegrem-se, porém, todos os que se refugiam em ti; cantem sempre de alegria! Estende sobre eles a tua proteção. Em ti exultem os que amam o teu nome.
SALMOS 5:11

CAPÍTULO 11
A abolição do homem

Lewis acreditava que seus três melhores livros eram *Perelandra*, *Até que tenhamos rostos* e *A abolição do homem* (*The Abolition of Man*). O filósofo Mortimer Adler também pensou muito em *A abolição do homem*, incluindo-o em sua lista de Grandes Livros da Civilização Ocidental, em 1968. Mesmo o behaviorista B. F. Skinner investiu uma parte significativa de seu *Além da liberdade e da dignidade* (*Beyond Freedom and Dignity*) reagindo a esse livro de Lewis em particular. O que tornou *A abolição do homem* interessante para esses pensadores?

Nele Lewis argumentou que existe valor objetivo; que vivemos em um universo no qual existem conhecedores, bem como coisas a serem conhecidas; que a realidade é composta por objetos *pensantes*, não apenas materiais; que a verdade não é igual à realidade: a verdade é o que uma pessoa pensa *sobre a* realidade, apenas quando pensa sobre a realidade com exatidão.

Lewis estava dizendo que o que pensamos pode de fato ser comparado a alguma realidade objetiva. Isso significa que os pensamentos que não se conformam com o mundo objetivo são falsos; eles não têm suporte no mundo real. Além disso, Lewis acreditava que nossas emoções também deveriam estar de acordo com a realidade — aqui ele se refere às emoções apropriadas como "sentimentos *justos*", como se diz das escolhas da vontade. Assim, a mente, as emoções e a vontade também podem ser avaliadas de acordo com sua conformidade a um padrão objetivo, e esse padrão transcende tanto os governantes quanto os governados. E, por brevidade, ele se referiu a toda essa doutrina de valor objetivo como o *Tao*, aproveitando o conceito chinês de "a coisa maior".

Certamente ninguém jamais chegará ao fundo de toda a verdade. Mas é tolice pensar, contrariamente, que a verdade não pode ser conhecida em nenhuma medida. Em *A abolição do homem*, Lewis proclamou a ideia de que abandonar a realidade objetiva é, na verdade, desvalorizar todas as coisas que o valor objetivo dignifica. A maturidade vem quando a pessoa responde ao mundo real de maneiras congruentes com ele — emocional, racional e volitivamente. E o fracasso nesse ponto realmente diminui uma pessoa e uma cultura. Leva à "abolição do homem", à perda da dignidade humana. A resposta correta à realidade, por sua vez, permite o desenvolvimento adequado do caráter de uma maneira congruente com a honestidade e a humildade.

Ao escrever *A abolição do homem*, Lewis pretendia contrariar a tendência ao subjetivismo que isola os indivíduos não apenas da realidade objetiva, mas também uns dos outros. Ele havia observado a perda da dignidade humana decorrente disso. O triunfo sobre a tentação requer uma avaliação precisa de si mesmo, bem como uma compreensão adequada do mundo real.

◆ I ◆

A tarefa do educador moderno não é derrubar selvas, mas irrigar desertos.
A defesa correta contra sentimentos falsos é inculcar sentimentos justos.
CAPÍTULO 1

É errado sentir e expressar emoções? Algumas pessoas acreditam que todas as emoções humanas comuns são contrárias à razão e, portanto, devem ser desprezadas. Como as emoções são subjetivas, acredita-se também que elas sejam triviais e devam ser erradicadas. Os jovens, especialmente, são encorajados a rejeitar o apelo dos sentimentos. Em um mundo tecnológico engolido pela propaganda emocional, nossa juventude ocidental e sentimental não deveria ter suas mentes fortalecidas para resistir à emoção manipuladora?

Uma resposta a tal afirmação pode ser encontrada em *A abolição do homem*. Nesse livro, Lewis se baseou em sua experiência como professor para ensinar que, embora algumas pessoas talvez precisem ser protegidas de tais excessos de sentimentalismo, a maior parte dos alunos precisa mais acordar de seu sono de frieza. Os educadores precisam regar os terrenos áridos das mentes jovens, carentes de certas experiências que desenvolvem seres humanos generosos e fecundos. Lewis viu esse desprezo ao sistema tradicional de valores e a possibilidade de um reinício a partir de um novo conjunto como uma tentativa de cortar a própria alma da humanidade.

Desvalorizar os sentimentos é sugerir às pessoas um ponto de partida insidioso, que as imuniza contra os prazeres da vida com sua ternura, amor e afeto. Como Lewis propôs, o resultado de tal negligência é uma pessoa pragmática, com uma opinião inflada quanto ao seu próprio conhecimento e um coração endurecido em relação à humanidade e a Deus. E essa negação dos valores, emoções e experiências torna as pessoas alvos mais fáceis da propaganda.

Jesus não hesitou em mostrar "sentimentos justos". Em certa ocasião, ao ver do alto a cidade de Jerusalém, ele começou a ficar triste e expressou seus sentimentos a respeito de um povo que havia endurecido suas afeições para com um Deus amoroso e seus servos. Como Jesus, nós também precisamos expressar nossos sentimentos e emoções em relação às experiências que tocam nossas vidas e, dessa forma, manter nossas almas suaves e ternas para com Deus e a humanidade.

Jerusalém, Jerusalém, você, que mata os profetas e apedreja os que lhe são enviados! Quantas vezes eu quis reunir os seus filhos, como a galinha reúne os seus pintinhos debaixo das suas asas, mas vocês não quiseram!
LUCAS 13:34

•2•

É a doutrina do valor objetivo, a crença de que certas atitudes são realmente verdadeiras e outras realmente falsas, diante do que o universo é e do que nós somos.
CAPÍTULO 1

Certos aspectos da natureza devem merecer reações emocionais de aprovação ou desaprovação, reverência ou desprezo. Ou seja, certas respostas humanas à natureza são mais apropriadas do que outras. Os objetos belos de nosso mundo devem promover expressões de ação de graças extática, conforme apreciamos a grandeza diante de nós e a nutrição que nossas almas recebem da experiência, enquanto os objetos feios devem dar origem a desgosto, culpa ou até ódio. O mesmo deve se aplicar aos atos humanos malfeitos ou perversos.

Em *A abolição do homem*, C. S. Lewis considerou que esse conceito — presente em todas as suas variações nos escritos de Platão, Aristóteles e Agostinho; nas filosofias chinesa e indiana; e nas religiões hebraica e cristã — deveria ser chamado de "o *Tao*". Ele é o modo de operação do universo e o padrão ao qual todas as atividades humanas devem se conformar. Essa é a doutrina do valor objetivo. Na prática, isso significa que certos pontos de vista são verdadeiros enquanto outros são falsos — que o conhecimento específico é objetivamente verdadeiro. Certas coisas são cognoscíveis para nós como seres humanos, e, lidando com elas, entendemos o que é ser humano.

Além disso, a sensibilidade humana tem uma extensão de sensibilidade emocional e deve ser usada de acordo com o que é digno de estima e valor, pois cada objeto tem um valor próprio. Lewis sugere que os educadores devem treinar os alunos a tomar decisões corretas sobre o que é valioso ou não, sobre que coisas no mundo devem ser apreciadas ou não. É preciso um treinamento em como sentir prazer, aversão ou asco pelas coisas que são agradáveis, desagradáveis ou repugnantes.

O autor de Hebreus tinha um conceito semelhante em mente quando encorajou seus leitores a se treinarem para distinguir o bem do mal. Vivendo uma vida piedosa, eles deveriam continuar avançando na compreensão madura da fé e não apenas se debruçar sobre os fundamentos do cristianismo. Deus deseja que nós, também, andemos diariamente em sua sabedoria para saber o que é do Senhor, da humanidade ou de Satanás, para que possamos abraçar as crenças divinas sobre o universo de Deus.

Mas o alimento sólido é para os adultos, os quais, pelo exercício constante, tornaram-se aptos para discernir tanto o bem quanto o mal.
HEBREUS 5:14

❖ 3 ❖

Os estados emocionais podem estar em harmonia com a razão (quando sentimos prazer no que deve ser aprovado) ou em desarmonia com a razão (quando percebemos que o prazer é devido, mas não conseguimos senti-lo).
CAPÍTULO 1

A doutrina do valor objetivo é a convicção de que certas atitudes são verdadeiras enquanto outras são falsas. Por exemplo, como Lewis argumentou, a noção de que as crianças são amáveis não é meramente um reconhecimento psicológico momentâneo das emoções dos pais; é um valor objetivo que existe além de nós mesmos, quer o saibamos ou não. Como cada apreciação individual é uma resposta ao valor objetivo, é possível ter sentimentos emocionais corretos que se alinham com a razão, bem como emoções desalinhadas. Em contrapartida, as emoções podem ser desarmônicas se não se conformarem à lógica. Em *A abolição do homem*, Lewis afirmou que existe a possibilidade de uma emoção razoável — mas esta depende da sua conformidade com algo além da sensação em si mesma.

Lewis sugeriu que os estados emocionais são *alógicos*, além do escopo da lógica — isto é, não se pode provar nada por eles —, embora algumas emoções possam estar em harmonia com a razão e outras não. As emoções podem ser consideradas em harmonia com a razão quando a realidade objetiva fundamenta o estado emocional: lágrimas em um funeral, risadas em uma festa. Dessa forma, pode-se dizer com verdade que existem estados emocionais certos e errados; o contexto de apoio valida a emoção adequada. As emoções podem ser índices valiosos para a leitura da realidade. Lewis apreciava as emoções e, em *A abolição do homem*, criticou uma teoria educacional que buscava eliminar os sentimentos em vez de entender seu verdadeiro valor. Os estados emocionais podem estar em harmonia com a razão, e a vida é mais rica quando isso ocorre. Lewis acreditava em sentimentos justos; isto é, emoções que acrescentam às circunstâncias o que lhes cabe.

Jesus estava diante do túmulo de seu amigo Lázaro e chorou. Em sua humanidade, o Senhor expressou emoção, mesmo sabendo que tiraria Lázaro do sepulcro. Aqueles que viram suas lágrimas falaram sobre o quanto Jesus amava seu amigo. Então Jesus falou palavras inexplicáveis, e fez com que a alma de seu amigo se reunisse com seu corpo decomposto — palavras de ressurreição que trouxeram o irmão de Maria e Marta de volta à sua família enlutada. Na tristeza e na alegria, Jesus demonstrou a emoção correta e consoante à razão.

Jesus chorou.
JOÃO 11:35

4

Rimos da honra e ficamos chocados ao encontrar traidores entre nós. Castramos, e ordenamos aos castrados que sejam fecundos.
CAPÍTULO 1

A educação moderna foi alvo das críticas de Lewis por meio de três palestras proferidas na Universidade de Durham e posteriormente publicadas sob o título *A abolição do homem*. Em paralelo a essa condenação, o autor publicou sua obra ficcional *Aquela fortaleza medonha (That Hideous Strength)*, uma sátira sobre os resultados da educação moderna. Na opinião de Lewis, o cientificismo praticado nas escolas públicas, nas quais o mundo ocidental depositava tanta esperança, era anti-humano e acabaria por levar à erradicação dos seres humanos. Lewis se opôs vigorosamente ao ensino que encorajava os alunos a ter medo de emoções ou sentimentos.

Na verdade, Lewis afirmou que as pessoas precisam ter suas emoções treinadas, já que o intelecto é impotente contra a natureza física da humanidade. Para moldar nossas emoções em sentimentos estáveis, devemos submetê-las à razão, que é guiada pelo Espírito e nutrida pela Palavra de Deus. A comunicação entre o intelecto e os instintos de uma pessoa, então, é alcançada através dos sentimentos. Em outras palavras, a mente governa os instintos naturais através das emoções.

Enquanto isso, a sociedade está constantemente exigindo traços de caráter em cuja existência ela mesma não acredita: bondade, retidão, integridade e honestidade. No entanto, ocorreu nas almas dos humanos uma espécie de operação que removeu os meios de alcançar essas virtudes. Tornamos as pessoas desapaixonadas, mas esperamos que elas sejam do mais alto caráter e que se esforcem para ser boas.

Jesus falou sobre essa questão ao responder à pergunta capciosa de um fariseu sobre o maior mandamento. Citando Deuteronômio 6:5, Jesus insistiu que amemos a Deus com todo o nosso ser: nosso *coração*, que é outra expressão para nossas emoções; nossa *alma*, que inclui nossa volição, intuição e consciência; e, como ele diz em Mateus 22, nossas *mentes* ou razão.

Nesta vida, devemos obedecer a Deus em amor, com a totalidade de quem somos como seres humanos, não nos deixando condicionar pela polícia do pensamento que rejeita os padrões ordenados por Deus. Precisamos da sabedoria e da força de Deus para trilhar o caminho estreito entre a razão inflexível, que se inclina para o legalismo frio, e a sensualidade impulsiva. À medida que amamos a Deus com toda a plenitude de nossa humanidade, subsequentemente amaremos nosso próximo como a nós mesmos (ver Mateus 22:39) e exibiremos as virtudes de que a sociedade tanto precisa.

Respondeu Jesus: "'Ame o Senhor, o seu Deus de todo o seu coração, de toda a sua alma e de todo o seu entendimento.' Este é o primeiro e maior mandamento."
MATEUS 22:37–38

⋅5⋅

Seu ceticismo sobre os valores é superficial: serve para os valores das outras pessoas. Eles não são tão céticos em relação aos valores deles mesmos.
CAPÍTULO 2

O contexto de Lewis era todo o sistema de valores que muitas pessoas educadas e profissionais aceitavam acriticamente durante o período entre a Primeira e a Segunda Guerra Mundial, quando as condições de conforto, democracia, segurança, tolerância e paz eram mais valorizadas do que honra, bravura e lealdade. As pessoas estavam mais preocupadas com o bem-estar material do que com as virtudes que contribuíam para o bem comum da humanidade — queriam paz a qualquer preço, incluindo o desprezo pela autoridade e a crença em tudo o que os meios de comunicação de massa apresentavam.

Qualquer espiritualização dos sentimentos era ridicularizada.

Foi nesse meio que C. S. Lewis confrontou o dogmatismo crédulo de seu tempo, expondo um duplo padrão de ceticismo na sociedade predominante: um cinismo em relação aos valores tradicionais, sem o benefício da dúvida a respeito dos seus próprios valores. Muitos dos que atacavam os princípios convencionais mantinham padrões que supunham estar fora do alcance da crítica. Enquanto rejeitavam o sentimento patriótico e estético, a autoridade religiosa e o tabu cultural — supostamente para permitir que os valores reais ou básicos emergissem —, eles presumiam a imunidade de seus próprios princípios à crítica.

Em *Aquela fortaleza medonha*, de Lewis, Jane Studdock é uma dessas pessoas. Para se distanciar das mulheres que usam roupas da moda, cuja preocupação é a atração física, Jane se orgulha de se vestir como uma intelectual — ironicamente, apenas mais um modo de conformidade. Cegada por seu preconceito, Jane não percebe que gosta tanto de comprar roupas (apenas de um tipo diferente) quanto as mulheres que despreza.

Jesus falou com Jane Studdock em todos nós, quando declarou que, antes de julgarmos os outros, devemos ter o cuidado de verificar se temos um problema semelhante sob uma forma diferente. Na psicologia, isso se chama "projeção": criticamos rapidamente aqueles que nos lembram das falhas que preferimos negar em nós mesmos. Para não condenar a nós mesmos, condenamos os outros, baseando-nos em diferenças superficiais ou em nossa própria adesão a normas culturalmente aceitáveis. Deus quer que primeiro nos livremos da poeira alojada em nossos próprios olhos que nos cega para nossas próprias falhas — individual e coletivamente.

"Por que você repara no cisco que está no olho do seu irmão, e não se dá conta da viga que está em seu próprio olho? Como você pode dizer ao seu irmão 'Deixe-me tirar o cisco do seu olho', quando há uma viga no seu? Hipócrita, tire primeiro a viga do seu olho, e então você verá claramente para tirar o cisco do olho do seu irmão."
MATEUS 7:3–5

·6·

Dizer-nos para obedecer ao Instinto é como nos dizer para obedecermos às "pessoas". As pessoas dizem coisas diferentes: os instintos também. Nossos instintos estão em guerra.
CAPÍTULO 2

O que acontece com uma sociedade que rejeita todas as emoções, valores e crenças tradicionais de seu sistema, para tentar obter um conjunto nuclear de valores racionais? Apelos ao amor, honra e vergonha seriam agora excluídos do processo. Não podemos voltar ao sentimento, porque ele foi afastado; só resta a razão. No entanto, o conceito de razão pura falha ao tentar explicar tais valores como a preservação da sociedade. A escolha de se sacrificar pelo bem da comunidade não é racional nem irracional: é apenas por desejo ou dever que tal escolha é feita.

Muitos argumentariam que o instinto (impulso humano espontâneo e superficial) substitui a razão e que os humanos não têm escolha a não ser obedecer ao instinto. Temos um impulso instintivo para preservar nossa própria espécie, por isso nos esforçamos para proteger a sociedade. Mas também temos um instinto de autopreservação. Por que devemos obedecer a um instinto e não ao outro? Na verdade, nossos instintos nos dizem todo tipo de coisa, e cada um fala como se fosse o mais importante de todos e devesse ser obedecido. Não há razão para preferir um instinto a outro; com nossos instintos em guerra, nossa única opção acaba sendo fazer um julgamento de valor.

Tendo sido um membro zeloso dos fariseus, que exigiam a mais estrita obediência à lei judaica, o apóstolo Paulo sabia dessa guerra interna. Em Romanos 7, ele escreveu que nossa própria natureza está em guerra contra si mesma e contra Deus. Como podemos superar as tensões internas que lutam dentro de nós e nos tornam escravos do pecado? A resposta para o dilema é que Deus nos criou à sua imagem e escreveu sua lei em nossos corações (ver Romanos 2:15). Sabemos a quais impulsos obedecer porque temos a Palavra de Deus. Pelo Espírito que habita em nós, temos o desejo e o poder de obedecer. Por esses meios ordenados por Deus, a consciência que ele colocou dentro de nós pode ser treinada e fortalecida, e os conflitos internos e sociais resolvidos.

Assim, encontro esta lei que atua em mim: quando quero fazer o bem, o mal está junto a mim.
Pois, no íntimo do meu ser tenho prazer na lei de Deus;
mas vejo outra lei atuando nos membros do meu corpo, guerreando contra a lei da minha mente, tornando-me prisioneiro da lei do pecado que atua em meus membros.
ROMANOS 7:21–23

·7·

Todo valor, no fim, é sentimental; e você deve confessar
(sob pena de abandonar todos os valores) que todo sentimento
não é "meramente" subjetivo.
CAPÍTULO 2

Muito pouca gente pensa no bem-estar futuro da sociedade, e ainda menos tem inclinações para proteger a espécie. Se é assim, como poderíamos atribuir uma atitude tão negligente ao instinto? Em *A abolição do homem*, Lewis alegou que a maior parte das pessoas tem um impulso mais forte para preservar sua família imediata. Se o instinto é a fonte de valor, então o cuidado com o futuro é menos urgente e obrigatório do que, digamos, a preocupação de um pai com um filho. Lewis delineou a impossibilidade de justificar o cuidado com a posteridade como um instinto superior; assim, os fundamentos da sociedade nunca poderão ser estabelecidos apenas pelo instinto.

Mas a preservação da sociedade está, de fato, entre as crenças viáveis que compõem o *Tao*, a doutrina dos valores objetivos. São premissas (dadas) — não conclusões — para a raça humana, e devemos abraçá-las pelo que são. Como a existência de Deus, razão e moralidade, a preservação da sociedade é tão fundamental que está além da possibilidade ou necessidade de prova.

Em seu prefácio ao romance *Aquela fortaleza medonha*, Lewis disse que ele tinha o mesmo propósito solene que anteriormente afirmara em *A abolição do homem*. Em sua obra ficcional, Jane e Mark Studdock são produtos típicos da educação moderna: têm uma abordagem subjetivista e relativista dos valores. No entanto, como o desenvolvimento de valores é inevitável, o instinto de preservação da espécie torna-se a base para a nova moral. Mas, na verdade, esse tipo de educação preparava as pessoas para aceitar o condicionamento e o controle da maioria pelos poucos poderosos: humanos controlando humanos. *Aquela fortaleza medonha* mostra os resultados desumanizantes e socialmente desastrosos.

Em contraste, o Senhor Jesus Cristo invadiu nosso mundo e demonstrou o valor supremo do amor, ao servir os impotentes na Palestina do primeiro século: crianças, pobres, samaritanos, pastores e viúvas — todos os socialmente desprivilegiados. Em vez de dominar as pessoas — o objetivo dos "manipuladores", tanto em

A abolição do homem quanto em *Aquela fortaleza medonha* —, o Messias mostrou cuidado com eles, ao renunciar ao seu direito divino e assumir uma posição de servo humilde.

Em vez de manipular injustamente os outros para obter vantagens egoístas e "brincar de Deus" — que é tudo menos isso —, podemos seguir a Cristo como nosso exemplo e levar a graça e a misericórdia de Deus aos marginalizados da sociedade, e assim preservar a sociedade para as gerações futuras.

Seja a atitude de vocês a mesma de Cristo Jesus [...].
FILIPENSES 2:5

·8·

Se nada é autoevidente, nada pode ser provado. Da mesma forma, se nada é intrinsecamente obrigatório, nada pode ser obrigatório.
CAPÍTULO 2

De muitas maneiras, a parte mais valiosa de *A abolição do homem* é seu apêndice. Nessa parte, Lewis ilustrou a universalidade da lei moral (*Tao*), baseando-se em exemplos oriundos de várias épocas, lugares e culturas — incluindo egípcia, babilônica, chinesa, judaica, hindu, cristã, indiana, nórdica, grega, romana e outras. Todas têm restrições morais em temas como homicídio, casamento, deveres para com os pais, justiça e caridade. Como esses exemplos demonstram, a moralidade não é um acidente da biologia, nem é socialmente construída. Se não fossem objetivamente verdadeiras, a moralidade e a ética seriam uma questão de preferência ou determinismo biológico, e a própria racionalidade, sob tais pressupostos, não faria sentido.

O lugar onde todo raciocínio moral começa é o *Tao* — a realidade dos valores objetivos —, que é autoevidente e obrigatório;

devemos aceitá-lo como uma essencialidade do mundo que conhecemos. Esses valores regem a educação moral, o casamento, as relações entre as pessoas e a relação entre emoção e razão. Não aceitar isso é não ter uma moralidade sensata. O argumento de Lewis não era que todas as religiões são iguais nem que todos os códigos éticos são iguais — longe disso; mas antes, que existe uma lei natural que faz exigências a todas as pessoas em todos os momentos. A natureza humana é constante, e, embora tenha havido muitas culturas, na verdade sempre houve apenas uma civilização. Todos nós somos criados à imagem de Deus e compartilhamos crenças morais fundamentais que fluem de seu caráter. Não há nada de arbitrário na lei moral.

Em contraste, o ensino subjetivista e relativista sobre os valores esvazia a humanidade de qualquer consciência espiritual de Deus. Lewis procurou reafirmar essa consciência. O propósito de Cristo era revelar o Pai, para que as pessoas vissem o Deus vivo e pessoal e o conhecessem. Muitas vezes, o primeiro passo em direção a Deus é a consciência de que a lei moral existe e que nenhum de nós a cumpriu. Essa verdade é atestada por nada menos que o Espírito Santo de Deus.

O próprio Espírito testemunha ao nosso espírito que somos filhos de Deus.
ROMANOS 8:16

·9·

Quando se rejeita tudo o que diz "é bom que", permanece o que diz "eu quero", que não se pode explodir ou "compreender a fundo", porque sempre foi descarado.
CAPÍTULO 3

O cientificismo do sistema educacional ocidental foi construído com base na suposição de que a existência é sua própria justificação e que a variação no desenvolvimento — a evolução — pode ser defendida como uma característica da ordem natural do mundo. Lewis argumentou que a educação moderna, longe de orientar a mente para a ordem natural, estava recondicionando-a de forma a se libertar de tudo o que era natural — procriação, nascimento, morte, relacionamentos com outros humanos —, com o objetivo de assumir o controle do destino da humanidade.

Uma abordagem totalmente instintiva dos valores explica por que as pessoas fazem coisas como mentir, estuprar e matar: obedecendo apenas a seus instintos, elas não têm motivação inata para dizer a verdade, respeitar a pessoa de um indivíduo ou respeitar a sacralidade da vida. Se a preservação da espécie é o fim último da humanidade, qualquer coisa que entre em conflito com ela pode ser posta de lado. Isso explica ainda mais a imoralidade sexual contemporânea da sociedade ocidental, por exemplo, que descarta os valores tradicionais e promove os apetites sexuais como naturais e — aqui está a chave —, portanto, dignos de serem gratificados, desde que não interfiram na preservação da espécie.

A igreja do século XXI é incrédula em relação aos descarados apetites de poder e ganância dos cristãos do século XVIII que toleravam e praticavam a escravidão humana. No entanto, daqui a cem anos, como a igreja verá os crentes ocidentais contemporâneos? Ficará surpresa com nossa indiferença, ganância e falta de compaixão para com aquela maior parte da população do mundo acorrentada à pobreza, fome e exploração industrial? Agir com base apenas nos instintos não leva à preocupação com essas chagas no cenário global.

Em um exemplo tangível de servidão, o Senhor Jesus tirou sua roupa exterior e lavou os pés de seus seguidores. Embora os discípulos conhecessem o costume de lavar os pés antes de uma refeição, e embora a bacia de água e a toalha estivessem na sala, nenhum deles se dispôs a cumprir aquela tarefa. E, enquanto nos sentamos em nossos assentos confortáveis e acolchoados e esperamos que Deus se ajuste ao nosso estilo de vida, Deus ainda procura uma multidão de seguidores que desistam de suas vidas mimadas e se ajustem ao seu modo de servir.

Pois bem, se eu, sendo Senhor e Mestre de vocês, lavei-lhes os pés, vocês também devem lavar os pés uns dos outros.
Eu lhes dei o exemplo, para que vocês façam como lhes fiz.
JOÃO 13:14–15

·10·

Uma crença dogmática nos valores objetivos é necessária à própria ideia de uma regra que não seja tirania ou uma obediência que não seja escravidão.
CAPÍTULO 3

Em *A abolição do homem*, Lewis declarou que um sistema educacional que produza alunos com emoções destreinadas e, portanto, sem apreciar os valores, levaria à queda da civilização que o aceitasse. Quando seu romance *Aquela fortaleza medonha* foi publicado, em 1945, ficou claro que ele havia escrito um romance paralelo às ideias de *A abolição do homem*. Ele deve ter contemplado os tipos de tiranias presentes nos Estados fascistas e socialistas ao dar forma à sua narrativa sobre a maldade.

Um dos problemas potenciais do romance de Lewis é o modo como ele coloca a ciência, a sociologia e a tecnologia ao lado do demoníaco, em oposição às tradições espirituais e clássicas escravizadas — o que o levou a ser acusado de adotar uma abordagem simplista e sugerir que essas tradições sociais e dimensões culturais, no fim, eram muito suscetíveis diante do ataque satânico. Lewis procurou negar essa mesma objeção no prefácio do romance, explicando que escreveu sobre a profissão que conhecia melhor — a sua. Mas ele também acreditava que havia uma infecção perigosa assolando a sociedade e que as instituições educacionais estavam no centro da batalha pelas vidas daqueles inoculados pelo pecado do orgulho. Profissionais supostamente civilizados e educados estavam sendo manipulados por forças desumanizadoras, até mesmo demoníacas. A batalha era por cada mente individual, mas era de proporções nacionais.

Lewis proclamou que a sociedade precisava acordar do encantamento maléfico do mundanismo — um forte feitiço já pairava sobre o mundo ocidental havia vários séculos. Toda a educação ocidental estava sob esse encanto mágico, que visava a silenciar a voz mansa e delicada de Deus e convencer as pessoas de que a humanidade era essencialmente boa.

Uma razão pela qual Jesus veio do céu para a terra foi para tornar impotentes as obras de Satanás e resgatar as pessoas da escravidão da doença espiritual e física. Grande parte de seu ministério na Palestina do primeiro século consistiu em encontros com forças demoníacas, que reconheceram seu chamado eterno muito antes de seus seguidores. A obra de Cristo na cruz já deu à Igreja a vitória sobre Satanás, embora a consumação completa ainda esteja por vir, quando Cristo vier novamente. Como seguidores de Jesus, devemos resistir às ciladas do inimigo e declarar o senhorio dele sobre as nações deste mundo, que pertencem a Deus por meio da obra salvadora do Messias.

[...] pois a nossa luta não é contra pessoas, mas contra os poderes e autoridades, contra os dominadores deste mundo de trevas, contra as forças espirituais do mal nas regiões celestiais.
EFÉSIOS 6:12

CAPÍTULO 12
Aquela fortaleza medonha

O próprio Lewis foi o primeiro a conectar *Aquela fortaleza medonha* e *A abolição do homem*. Ele muitas vezes se propôs a afirmar coisas semelhantes tanto em uma obra de ficção quanto em uma obra de não ficção. Seu interesse em fazer isso era retórico; quanto mais complexa a questão, mais necessário seria abordá-la a partir de uma variedade de ângulos literários. Assim, ele fazia, em linguagem proposicional, uma afirmação que mais tarde descreveria em linguagem figurada. Em *Aquela fortaleza medonha* (ficção) Lewis defendeu uma ideia que ele havia estabelecido em *A abolição do homem* (ensaio): aqueles que se esquivam aos ditames da realidade terão, literalmente, que pagar no inferno por sua rebelião contra a ordem moral.

Nesse livro, Lewis contrastou dois grupos. Um grupo é centrado em Elwin Ransom, o personagem principal da trilogia de ficção científica de Lewis. O grupo de Ransom está sediado em uma mansão chamada St. Anne's e inclui gente de todos os tipos. Há homens e mulheres, ricos e pobres, instruídos e incultos, classes alta e baixa. Há espaço para um cético e até para animais: um urso chamado Mr. Bultitude e um pássaro comum, uma gralha. As pessoas na mansão são doadoras de vida e extraem energia umas das outras. Em contraste, o outro é um nefasto grupo chamado NICE ("o Instituto Nacional de Experimentos Coordenados"). É uma reunião de pessoas más que desenvolveram um círculo interno, uma camarilha exclusiva e acostumada a usar os outros para seus próprios interesses. O NICE não tem qualquer vontade de ajustar seus projetos e planos para ajudar os de fora. Além disso, eles negaram as exigências da realidade e perderam sua própria humanidade no processo.

O contraste entre os dois grupos é ainda mais acentuado pelo caso de um marido e uma mulher que são atraídos para cada um deles: Mark Studdock para o NICE, e sua esposa, Jane, para o grupo de Ransom. Lewis apresentou o matrimônio dos Studdocks como um produto da educação moderna. Eles temem a emoção, carecem de integridade e estão focados em suas próprias necessidades pessoais. O orgulho de Mark, demonstrado em seu desejo de ser um *insider*, e o medo de Jane de ser vulnerável e aberta tornam impossível uma união conjugal amorosa. Os Studdocks servem como os guias de Lewis nos mundos bom e mau de St. Anne's e Belbury (Jane e Mark, respectivamente). E a eventual mudança redentora do casal, passando a aceitar o bem (ou "o Normal"), serve como exemplo das escolhas que podemos fazer.

O que Lewis permite que seus leitores vejam em *Aquela fortaleza medonha* é o contraste entre um grupo que dá vida e um grupo que a rouba. Todos nós estamos a caminho de uma dessas duas subculturas: a daqueles que dão ou a dos que apenas recebem. Aqui, talvez mais do que em qualquer um dos outros romances de Lewis, aparece esse contraste: a tentação de tomar o que não é nosso é destrutiva; a prática de dar leva ao triunfo e à vida.

· I ·

O comprador [do Bosque de Bragdon] foi o NICE, o Instituto Nacional de Experimentos Coordenados.
CAPÍTULO 1, IV

O NICE é um instituto científico em Belbury. Mark Studdock, um sociólogo do Bracton College — uma pequena universidade britânica em Edgestow —, junta-se à equipe e começa a escrever propaganda para jornais. Studdock assume essa posição depois de lutar com a incerteza de suas responsabilidades e as perguntas que ele se faz sobre as pessoas em Belbury e certas circunstâncias: o assassinato de um colega e a estratégia agressiva do NICE ao assumir Edgestow. Essas circunstâncias servem como advertências, prenunciando a conspiração diabólica do NICE contra a humanidade. Posteriormente, Studdock é informado sobre seu chefe e seus objetivos totalitários e é convidado a atrair para Belbury sua esposa, Jane, na tentativa de controlar seu dom de prever as ações do inimigo.

Um ponto a ser considerado desde o início do livro é que as aparências externas nem sempre representam a realidade com precisão. Muitas vezes descobrimos que as instituições e os indivíduos fingem ser o que não são. O fingimento pode começar lenta e inocentemente em nós, mas, se continuarmos a nutrir a falsidade, ela se transformará rapidamente em justificação e racionalização de nossas lutas pecaminosas. Como os líderes religiosos da Palestina do primeiro século, podemos apresentar uma fachada esplêndida, enquanto abrigamos todos os tipos de impurezas e o fedor do pecado.

No entanto, como seguidores de Jesus, não temos de sucumbir ao fingimento e à hipocrisia. Nosso Salvador prometeu que o Espírito Santo viria ao nosso encontro e nos conduziria à verdade. Em união dinâmica e funcional com ele, os fiéis podem ser advertidos (em suas consciências) sobre as correntes fugitivas de pensamento, que nos levariam a encalhar nos bancos de areia do pecado. Se ouvirmos e obedecermos continuamente às advertências de nosso Mestre-Piloto, o Espírito de Deus nos capacitará a vencer a tentação e nos guiará a portos seguros.

Se deixarmos Deus suavizar nossos corações, seremos capazes de ouvi-lo, nos afastando dos becos sem saída da consciência e de um ciclo interminável de hipocrisia. Hoje, precisamos ser novamente preenchidos com seu Espírito, para que possamos ser para ele filhos obedientes, que andam num caminho reto, em plenitude de coração e mente.

Ai de vocês, mestres da lei e fariseus, hipócritas! Vocês são como sepulcros caiados: bonitos por fora, mas por dentro estão cheios de ossos e de todo tipo de imundície.
MATEUS 23:27

◆ 2 ◆

Se ele intuía muito pouco do desajuste entre eles, isso se devia, em parte, ao incurável hábito de "projeção" que nossa raça tem.
CAPÍTULO 2, III

Em uma interação matinal entre os recém-casados Studdocks, Jane está irritada por seu cabelo não ficar como ela desejava, zangada por sua falta de força emocional em relação a seus sonhos, e, acima de tudo, desapontada com a falta de empatia e apoio de seu marido. Mas Mark fica praticamente alheio a todas essas correntes atravessando sua esposa, porque está sexualmente atraído por ela e supõe, falsamente, que Jane se sente do mesmo modo que ele. Sua projeção imaginária mascara a desarmonia entre o casal, impedindo qualquer resolução. O problema entre ambos é, essencialmente, uma falha da imaginação.

Lewis compreendia a importância e o poder da imaginação humana. Em *Aquela fortaleza medonha*, ele empregou frequentes fantasias satíricas, para acender na imaginação dos leitores a possibilidade de um mundo cristão sobrenatural. Ele acreditava que o mito poderia ser a verdade divina tocando a imaginação humana com o que é real, evocando um anseio por outro mundo real de possibilidades. Ele usou várias imagens míticas das lendas arturianas tradicionais, como os antigos Logres, Pendragon e Merlinus Ambrosius, bem como um mito original sobre as viagens de Elwin Ransom nos céus e sua interação com os Oyéresu — os poderes governantes do céu. O propósito de Lewis era direcionar a imaginação moderna para a realidade do sobrenatural como um prelúdio para o evangelho.

Nos evangelhos, a imaginação humana muitas vezes é contrária à vontade divina. Em vez de uma imaginação convertida aos desejos de Deus, o mito messiânico tradicional previa um rei conquistador, que exigia atividade militante. Mas Jesus rejeitou essa imagem equivocada, rejeitando o *status* de celebridade e o poder político para ficar a sós com Deus (ver João 6). Precisamos que Deus batize nossa imaginação, como Lewis expressou, para que possamos ver Deus como ele é, em seu esplendor glorioso, mas afastado dos mitos humanos de egocentrismo manipulador.

E ver Deus como ele realmente é, de acordo com seu relato de si mesmo na Bíblia, torna-se o primeiro passo para vermos a nós mesmos e nossos semelhantes como realmente somos.

Sabendo Jesus que pretendiam proclamá-lo rei à força, retirou-se novamente sozinho para o monte.
JOÃO 6:15

·3·

Há uma dúzia de pontos de vista sobre tudo, até que você saiba a resposta. Então nunca há mais de um.
CAPÍTULO 3, IV

Mark Studdock, tentando sanar suas dúvidas e entender qual seria seu papel no NICE, conversa com seu colega Bill Hingest em um jantar. Bill, também conhecido como Bill the Blizzard, lhe diz que o objetivo da organização não é a ciência, mas a conspiração política. Mas, através de suas lentes sociológicas, Mark interpreta o objetivo do NICE como planejamento social e presume, por causa de sua disciplina acadêmica, que Bill está apenas sendo preconceituoso. Bill adverte o jovem sociólogo a não se envolver com o NICE, um aviso que Mark descarta dizendo que há duas visões a respeito de tudo. Acima citamos parte da resposta de Bill.

Mark não quer ouvir a verdade. Ele tem dúvidas em relação ao povo do NICE e sua visão manipuladora, mas seu orgulho egocêntrico, que o leva a desejar pertencer ao círculo interno, abafa cautelas como as de Bill, ao mesmo tempo que justifica sua própria interpretação por causa de sua experiência educacional. Lewis sustentou que a educação de Studdock — não sendo nem científica nem clássica e sem honra, nobreza e profundidade — permite que ele seja enredado pelo mundo maligno do NICE, com seu pretendido recondicionamento da humanidade e controle do destino.

É verdade que há sempre uma dúzia de maneiras de ver qualquer realidade; nossas opiniões são frequentemente coloridas pelas lentes de experiências pessoais, educação, tradições e contextos situacionais. Os realistas críticos acreditam possuir alguma verdade e procuram obter mais, os realistas ingênuos pensam que sabem todas as coisas, e os realistas subjetivos postulam que não há verdade exceto em si mesmos. No entanto, existe uma verdade absoluta. Mas Studdock não está preparado para receber informações contrárias aos seus preconceitos ou para se aprofundar na verdade sobre o NICE.

Em nosso mundo ocidental pós-moderno, muitas pessoas têm a mesma atitude em relação à verdade sobre Cristo. Ironicamente, elas restringem suas opiniões numa reação à estreiteza do cristianismo, sem qualquer investigação séria da verdade bíblica. Até mesmo Jesus é visto como intolerante ao declarar que ele é o único caminho para Deus Pai. No entanto, existe uma única verdade espiritual, e esse caminho é estreito pela própria natureza da realidade. Precisamos convidar o Espírito de Deus para vir e nos guiar a essa certeza e nos mostrar a verdade em Cristo.

Eu sou o caminho, a verdade e a vida. Ninguém vem ao Pai, a não ser por mim.
JOÃO 14:6

•4•

— *E o que você vai fazer?* — *perguntou Jane.*
— *Só Deus sabe!* — *disse a Sra. Dimble.*
CAPÍTULO 4, I

A resposta de Margaret Dimble a Jane Studdock, sobre seu repentino despejo pelo NICE em Belbury, é seguida por uma descrição dos inquéritos legais referentes a Cecil, seu marido. A expressão "Só Deus sabe" é frequentemente dita em situações desesperadas, sem que se pense tanto em como é verdadeira. O céu é onde Deus habita, e Deus conhece toda a verdade. Ele é verdade. Ele sabe tudo porque é eterno — vivendo no passado, presente e futuro.

À medida que um(a) romancista molda uma história, ele ou ela vive simultaneamente em cada episódio da história. Assim, Deus, o autor da vida, compreende o quadro completo de nossa existência — o começo, o meio e o fim. Não há nada que ele não saiba sobre o universo, nosso planeta, a história e o futuro da humanidade e as nações. Tudo é revelado àquele que tudo conhece e tudo vê.

Essa consciência da onisciência (saber tudo) de Deus deve proporcionar conforto e encorajamento a todos os que o amam. Qualquer que seja o problema que enfrentamos, seja financeiro, relacional ou vocacional — até mesmo se formos expulsos de nossas casas, como um pardal que caiu do ninho —, nosso Pai celestial sabe o que estamos passando. Seu conhecimento de nossas vidas é tão detalhado que ele sabe até o número de cabelos em nossas cabeças. Jesus ensinou que não devemos ter medo em tais circunstâncias, mas perceber que nosso Pai nos ama e nos valoriza profundamente. Ele cuida de nós, não importa o que possamos sentir sobre nossas circunstâncias.

O Deus onisciente está no controle. Nada lhe escapa ou acontece sem o seu conhecimento. Ele governa o universo e a vida dos pequenos pardais. E cada vez mais ele nos estima e cuida de nós! Se sabe quando um passarinho cai de uma árvore, nosso Pai celestial pode nos consolar em nossa angústia para que não tenhamos medo.

Não se vendem dois pardais por uma moedinha? Contudo, nenhum deles cai no chão sem o consentimento do Pai de vocês.
Até os cabelos da cabeça de vocês estão todos contados.
Portanto, não tenham medo; vocês valem mais do que muitos pardais!
MATEUS 10:29–31

·5·

Os maridos foram feitos para ouvirem a gente falar. Isso os ajuda a concentrar suas mentes no que estão lendo — como o som da água corrente.
CAPÍTULO 4, I

Lewis pintou Margaret Dimble (também conhecida como Mother Dimble) humoristicamente, como uma mulher hesitante e facilmente perturbada, que envergonha Jane ao se ajoelhar ao lado da cama para fazer suas orações. Ela evoca a imagem proverbial da mulher cuja tagarelice incessante entorpece a mente do marido. Um retrato tão estereotipado, no entanto, oferece um intenso contraste com o egoísmo de Jane Studdock. Jane vive uma vida cuidadosamente calculada, dosando a emoção para evitar envolvimento com as pessoas. Acima de tudo, ela deseja viver sua própria vida e não gosta que as pessoas — incluindo seu marido, Mark — invadam seu espaço e tentem assumir o controle; ela leva essa atitude ao ponto de implicar com o próprio amor.

Depois de se convidar para passar a noite na casa de Jane, Margaret despeja sobre ela seus problemas imediatos, revelando sua preocupação com os outros em sofrimentos semelhantes e seus anseios melancólicos pelos filhos que ela nunca teve. A reação de Jane a tantas confidências? Ela boceja três vezes e começa a cair no sono. Para poupar Jane dessa gafe, a Sra. Dimble alivia a rudeza da mulher mais jovem, fazendo uma piada sobre si mesma. Ela se desculpa por, depois de trinta anos de casamento, ter desenvolvido o hábito de falar continuamente com o marido, como o som da água corrente. Mas Jane boceja novamente.

Jane está tão endurecida por seu egocentrismo que não demonstra nenhuma preocupação genuína com a senhora mais velha. Suas ações egoístas são prejudiciais.

Gente importa. Deus traz todos os tipos de pessoas ao nosso encontro para nos usar como canal para sua graça e seu amor. Eles podem não partilhar do nosso grupo social ou grau de instrução. Podem nem ser da mesma classe socioeconômica ou grupo étnico. Ainda assim, Deus deseja que nós, seu povo, ofereçamos empatia autêntica a todos que chegam a nós, por meio de um sorriso acolhedor, ouvido atento, um toque de mão, um pouco de cuidado ou tempo despendido. Precisamos receber a misericórdia de Deus para enxergar atentamente a Sra. Dimble que ele traz ao nosso encontro. E, enxergando-a, que não lhe neguemos um copo de nós mesmos, para saciar sua sede da sabedoria e força do Senhor.

"[...] E se alguém der mesmo que seja apenas um copo de água fria a um destes pequeninos, porque ele é meu discípulo, eu lhes asseguro que não perderá a sua recompensa."
MATEUS 10:42

⋅6⋅

Esta foi a primeira coisa que pediram a Mark que ele sabia ser um crime, antes mesmo de começar a tarefa.
CAPÍTULO 6, III

Mark Studdock percebe que está próximo de ser aceito no círculo interno do NICE quando é chamado à biblioteca. É aí que ocorrem conversas confidenciais entre os principais membros da organização: Lord Feverstone, Miss Fairy Hardcastle (chefe da força policial do NICE — também conhecida como *a Fada*), o fisiologista professor Filostrato, o reverendo Straik e o professor Frost (um dos dois vice-diretores). Os nomes dessas pessoas revelam o objetivo satírico de Lewis: sugerir aflição e distorção. Por exemplo, a Fada e o Filostrato ilustram uma perversão da sexualidade normal. Diante de tais personagens, percebemos que este é, em certo sentido, um conto de fadas contemporâneo para adultos e que essas pessoas encarnavam as fadas más que se esforçavam para controlar os Studdocks.

Mark ignorou suas dúvidas sobre o NICE em favor do puro prazer de ser apreciado por uma panelinha. Agora ele se vê ainda mais enredado, no dia seguinte ao funeral de Bill Hingest. Quando Hardcastle lhe pede para escrever dois artigos jornalísticos para as primeiras páginas, sobre os distúrbios que se planeja que ocorram em Edgestow (para produzir um estado de emergência sancionado pelo governo), antes mesmo do fato, Mark a princípio fica chocado com a revelação, mas ele rapidamente imita o tom do grupo e abraça a causa, sem discutir. Após um prolongado assédio à consciência, o pecado sedutor sorri para Studdock, que balança a cabeça em uma risada acadêmica e ignora seus princípios. Naquela noite, quanto mais duramente trabalha nas pré-fabricações, mais Mark justifica suas ações e reconcilia sua razão recuada.

Como Studdock, no tempo de Jesus o povo judeu foi seduzido por uma falsa segurança em relação à sua salvação oriunda de uma mentalidade de grupo. Jesus ensinou seus discípulos a obedecer a seus ensinamentos e que a verdade os libertaria. Em reação, o público judeu mais amplo declarou que, como descendentes de Abraão, eles nunca haviam sido escravos e não precisavam de sua liberdade. No entanto, todas as pessoas estão enredadas no pecado e precisam da libertação do Senhor. Jesus quer nos libertar do emaranhado de nossos erros por meio de nossa obediência à verdade de seus ensinamentos, para que não sejamos mais escravos do pecado, mas membros permanentes da família de Deus.

Jesus respondeu: "Digo-lhes a verdade: Todo aquele que vive pecando é escravo do pecado. O escravo não tem lugar permanente na família, mas o filho pertence a ela para sempre."
JOÃO 8:34–35

·7·

Você não falha na obediência por falta de amor, mas perdeu o amor porque nunca tentou obedecer.
CAPÍTULO 7, II

O estranho grupo de pessoas na colina, em St. Anne's, é liderado por seu misterioso diretor, um filólogo de Cambridge chamado Elwin Ransom, que recentemente adotou o nome de Sr. Rei Pescador. O diretor viajou para outros planetas (Malacandra, ou Marte, em *Além do planeta silencioso* e Perelandra, ou Vênus, em *Perelandra*) e conversou com os *eldila* incorpóreos — os Oyéresu do Céu Profundo, os espíritos guardiões desses planetas. Por causa da conspiração contra a raça humana pelo NICE em Belbury, Ransom é escolhido pelos líderes planetários para combater esse inimigo na Terra, o "planeta silencioso". Ele também é o Pendragon semidivino da lendária Logres (atual Edgestow) — que era a autêntica Grã-Bretanha nos dias do Rei Arthur —, cuja essência sobrevive na relíquia de St. Anne's.

O mundo bom, simples e significativamente *normal* de St. Anne's vira de cabeça para baixo o mundo distópico projetado pelos Macróbios — as forças demoníacas desumanizadoras por trás do NICE e sua "cabeça". Jane Studdock está ligada a esses acontecimentos porque seus sonhos predisseram as ações do inimigo em Belbury.

Logo ao conhecer o professor e viajante espacial, a Sra. Studdock é convidada a se juntar ao grupo em St. Anne's, e é lá que ela descobre que seu marido está trabalhando para o inimigo. A conversa então se concentra no casamento e seu amor perdido por Mark. Jane pensava no amor como igualdade e companheirismo livre, enquanto o diretor o redefine como obediência — submissão em humildade. Jane havia perdido seu amor por Mark porque ela não tentou servi-lo em obediência, fazendo-se humilde.

A explicação do Rei Pescador sobre o amor ecoa os ensinamentos de Cristo. De fato, no meio do diálogo, Lewis mostra o diretor comendo uma refeição — uma pequena garrafa de vinho tinto e um pãozinho — que lembra a Comunhão. Jesus ensinou que, para amá-lo, seus seguidores precisariam obedecer aos seus mandamentos. E porque eles o amam, submetendo-se às suas diretrizes, o Pai e ele os amariam e se revelariam. Se seus seguidores não fazem o que Jesus disse — obedeçam à mensagem do Pai —, eles não o amam.

Amamos Jesus, entregando nossas vidas aos seus ensinamentos? Deleitemo-nos em obedecer aos ensinamentos de Cristo e amar a Deus com todo o nosso ser.

"Quem tem os meus mandamentos e lhes obedece, esse é o que me ama. Aquele que me ama será amado por meu Pai, e eu também o amarei e me revelarei a ele."
JOÃO 14:21

· 8 ·

A ansiedade dela [de Margaret Dimble] atingiu aquele ponto em que quase tudo que acontece, por insignificante que seja, ameaça se tornar uma irritação.
CAPÍTULO 12, V

A batalha começa. Elwin Ransom envia Cecil Dimble e Arthur Denniston, com Jane Studdock como guia, para encontrar Merlin antes do inimigo. A expedição está repleta de perigos, não apenas vindos do NICE, mas também dos poderes *eldílicos* ocultos do mago. Agora Margaret Dimble, deixada para trás na casa de Logres, à espera de notícias com Ransom e os outros, se deixa ficar na cozinha, isolada, incapaz de dormir e cerzindo febrilmente para se distrair de sua ansiedade, e lutando o tempo todo para controlar sua irritação com o falatório frívolo de Ivy Maggs.

Talvez não estejamos enfrentando as mesmas circunstâncias angustiantes que a Sra. Dimble, mas todos nós experimentamos estresse e ansiedade. Jesus ensinou seus seguidores a não se preocuparem com as apreensões da vida cotidiana porque a existência humana consiste em muito mais do que roupas e comida. Deus cuida da flora e da fauna de seu mundo, e nós somos muito mais valiosos para ele do que qualquer uma das plantas e animais. Além disso, preocupar-se não muda em nada a nossa situação (ver Lucas 12:22–26).

Então deixemos de nos preocupar. Tenhamos fé em Deus. Confiemos nele: ele cuida de nós. Deus já conhece nossas necessidades. Ao fazermos do Reino de Deus o centro de nossas vidas, Deus nos dará tudo o que precisamos. O Pai tem grande prazer em nos dar diariamente o sustento espiritual do seu Reino. Essa é a essência do que Ransom diz a Margaret Dimble na véspera da missão perigosa e possivelmente fatal de seu marido.

Ao longo deste dia, depositemos nossas ansiedades e preocupações sobre os ombros largos de nosso Pai celestial. Em troca, Deus nos dará, para desembrulharmos, pacotes de alegria e volumes de paz, que vêm de seu profundo amor por nós.

Se Deus veste assim a erva do campo, que hoje existe e amanhã é lançada ao fogo, quanto mais vestirá vocês, homens de pequena fé!
LUCAS 12:28

·9·

A vida real é o encontro.
CAPÍTULO 14, I

Não conseguindo capturar Jane, os membros do NICE pressionam Mark a atrair sua esposa para sua sede. Ele não consegue, e, depois de ser falsamente acusado de assassinato e preso, fazem-no passar por uma prática desumanizante, para torná-lo apto para a sociedade dos Macróbios. Mas uma transformação acontece nele, quando pela primeira vez escolhe "o Normal" em vez da visão cientificista, e encontra um velho vagabundo que o inimigo acredita ser Merlin.

No mesmo capítulo, Jane tem uma experiência espiritual com a fúria terrena de Vênus e depois, por causa disso, muda sua afeição pelo marido. Nesse retrato místico, o conto de fadas para adultos está promovendo indiretamente o sobrenatural — uma apologética do sobrenaturalismo cristão. Lewis desejava que seu trabalho se elevasse de uma alegoria a um mito e afetasse o leitor, chocando-o em novos e inexplorados reinos de experiência e pensamento — uma iluminação da alma humana pela realidade mística divina. E, bem no final do capítulo, Jane tem um encontro com Deus — indicado por um estilo paradoxal de escrita — no jardim, que lembra o Jardim do Éden, e passa por uma outra mudança, em sua fidelidade ao cristianismo. Parafraseando as palavras de William Hingest, o inflexível colega de Mark em Bracton, sua faculdade anterior: não se pode estudar Deus; pode-se apenas conhecê-lo, o que é uma coisa bem diferente.

Nossas vidas são moldadas por relacionamentos. Quando conhecemos pessoas, experimentamos vários *continua** de conexão: do primeiro contato ao contato frequente, do casual ao íntimo. Muitos são importantes no desenvolvimento de quem somos como seres humanos. Como Jane descobre, nenhuma relação é maior do que a que se tem com Deus. Como Jane, a mulher samaritana no poço conheceu o Deus vivo e foi transformada. Ela então correu para o seu povo e disse a todos que viessem conhecer Jesus, o Messias. Eles vieram, reconhecendo que Jesus era o Salvador do mundo. Animosidades étnicas passadas se dissolveram quando os aldeões ficaram cara a cara com o Deus santo.

Jane representa a única mudança possível dentro da narrativa. Ela escolhe a beleza boa e natural de St. Anne's e encontra a vida real em Deus. O que aconteceu com Jane também pode acontecer conosco. Precisamos que o Salvador do mundo venha e nos encontre. Através da nossa fé, ele nos dá o dom da vida verdadeira.

"Agora cremos não somente por causa do que você disse, pois nós mesmos o ouvimos e sabemos que este é realmente o Salvador do mundo."
JOÃO 4:42

---

*| N.T.: Aqui, plural de *continuum*: processo sem etapas discerníveis e sem transições internas.

·10·

Ao lutar contra aqueles que servem aos demônios, temos uma vantagem permanente: seus mestres os odeiam tanto quanto nos odeiam.
CAPÍTULO 14, V

É o diretor — Sr. Rei Pescador, ou Dr. Elwin Ransom — da mansão em St. Anne's que pronuncia as palavras na epígrafe acima. Pouco antes de Jane, Cecil e Arthur saírem em busca de Merlin, o grande mago da antiga Logres, o Diretor explica a Jane sobre seu encontro com a fúria terrestre de Vênus. Ele desdobra as proporções de uma batalha cósmica que ocorre entre o céu e o inferno (entre Maleldil e o Eldil Encurvado) desde que o bloqueio do Planeta Silencioso foi quebrado. Na mesma noite em que se dirige ao grupo, Ransom traria o recém-encontrado Merlin diante de seus mestres, os poderes profundos do céu: Viritrilbia, Perelandra, Malacandra, Glund e Lurga — Mercúrio, Vênus, Marte, Júpiter e Saturno. O mago receberia em si os poderes dos espíritos planetários, e depois iria para Belbury como intérprete do homem detido no NICE e que se acreditava ser Merlin.

A profecia de Ransom acontece quando Merlin segue as ordens do diretor e vai para a sede do NICE — o centro da Fortaleza Medonha que deseja sufocar a Terra em suas garras. Durante um discurso pós-jantar de Horace Jules, o principal diretor de Belbury, o poder dado a Merlin transforma as palavras das pessoas do NICE em um falatório sem sentido reminiscente da Babel bíblica. Aí, então, se inicia um frenesi de destruição em tal escala que soa o clarim da profecia de Ransom. Assim começa a jornada para salvar o mundo, Logres e St. Anne's, bem como para trazer Jane e Mark novamente.

Na jornada de Jesus para salvar nosso mundo, ele confrontou as forças do maligno. Para trazer o Reino dos Céus à terra, Deus em forma humana invadiu nosso planeta e atacou o inimigo espiritual, que dominava o mundo. Ao fazer isso, Jesus desorganizou o mundo demoníaco, como vemos em seus encontros com os demônios no homem gadareno. Gritando em seu tormento, esses demônios imploraram para serem enviados a uma manada de porcos que se alimentavam a distância. Jesus atendeu ao pedido deles e, em uma debandada frenética, os porcos mergulharam no lago da Galileia e se afogaram. O homem estava livre. Mas as pessoas da cidade reagiram com medo, implorando a Jesus para ir embora.

Nosso Deus todo-poderoso é maior do que aquele que está no mundo. Por meio de Cristo, nosso Deus nos livrou do maligno.

Saindo do homem, os demônios entraram nos porcos, e toda a manada atirou-se precipício abaixo em direção ao lago e se afogou.
LUCAS 8:33

Aprofundamento

PARTE
III

A BIBLIOTECA BODLEIANA DA Universidade de Oxford tem quase duzentos quilômetros de estantes — quem já leu tudo isso? Mesmo os maiores estudiosos do mundo estão apenas arranhando a superfície quando se trata de saber o que pode ser conhecido. O Barão von Hügel era um filósofo da religião e autor que Lewis gostava de ler. Em uma carta para sua sobrinha, Gwendolyn Greene, Von Hügel a lembrou de tomar cuidado com a primeira clareza e de prosseguir para a segunda clareza, e novamente para a terceira e a quarta clarezas. Como Von Hügel, Lewis entendeu que sempre há profundidades a serem exploradas. Talvez uma das maiores coisas que Lewis fez por seus leitores foi torná-los conscientes do fato de que a vida é muito mais complexa do que se pode imaginar.

Devemos ser constantemente lembrados de que qualquer verdade conhecida pode ser investigada mais profundamente e aplicada mais amplamente, e pode ser entendida em uma relação coerente com as outras verdades. Lewis estava sempre dizendo a seus leitores que o entendimento atual de cada um deve ser dinâmico e crescente, ou se transformará em mal-entendido. Sobre tudo o que sabemos agora, ainda há muito mais para conhecer e entender. É claro que isso pode ser, para alguns, uma causa de profunda frustração. Para outros, é a porta de entrada para a curiosidade, admiração, espanto e, eventualmente, adoração. Assim foi para Lewis. Ele não tinha medo de perguntas honestas ou dúvidas honestas.

Aqueles que não têm dúvidas ou perguntas devem estar em uma situação terrível, pois se iludem pensando que são oniscientes; isto é, que estão no mesmo nível da onisciência divina. Lewis queria que seus leitores fossem mais fundo, descobrissem o que ainda está escondido de seus olhos não por ser incognoscível, mas porque ainda não chegaram ao ponto de ver e compreender tudo o que pode ser visto e compreendido por eles.

Essa ideia de avançar ainda mais em nossa compreensão de Deus, de nós mesmos e do mundo onde Deus nos colocou não é exclusiva de Lewis. Os poetas sempre convidaram seus leitores para prestar atenção a essas coisas. Eurípides, o dramaturgo grego que Lewis estava lendo antes de sua conversão, falava sobre esses assuntos. Ele pôs em *Alceste* a mesma conclusão posta em muitas de suas outras peças: "Muitas são as formas que a fortuna toma, e muitas vezes os deuses fazem as coisas acontecerem além de nossas expectativas. Aquilo que julgávamos tão certo não se cumpre, enquanto para aquilo que considerávamos impossível Deus encontra um caminho."

Robert Browning, um dos poetas favoritos de Lewis, exortou os leitores de seu "Rabbi ben Ezra" a "abraçar a vinda de cada desprazer / que torna áspero o dulçor da terra". Não importa quão suave nosso mundo possa parecer às vezes, ou quão bem achamos que o entendemos, ele tem picos e vales e é cheio de textura e complexidade. Devemos acolher até mesmo as coisas perturbadoras que nos ajudam a ver o mundo em seus contornos, como ele é, em vez de como gostaríamos que fosse. Tennyson descreveu essa perspectiva em seu poema *In Memoriam A. H. H.*: "Nossos pequenos sistemas têm seu prazo / e após o prazo, deixam de existir; / eles são apenas luzes quebradas de Ti / E Tu, ó Senhor, és mais do que eles." Ninguém mergulhou nas profundezas de Deus, ou de si mesmo, ou deste mundo; ninguém pode dizer "eu entendo tudo".

Além disso, todo o processo de amadurecimento nos revela que há muito mais a entender do que está ao nosso alcance em qualquer momento. Sabemos hoje coisas que não sabíamos dez anos atrás. Isso significa que ignoramos coisas que provavelmente saberemos daqui a dez anos. Nosso próprio desenvolvimento nos diz que também estamos apenas arranhando a superfície da compreensão. Certamente, há muitos mistérios da fé; mas tome cuidado para não usar a carta do mistério cedo demais. Algumas coisas que agora consideramos mistérios podem ainda vir a revelar seus segredos, em futuro próximo.

A busca por conhecimento e compreensão pode levar a um desvio ocasional, mas o temor ao saber pode nos causar a perda de muito conhecimento disponível após um pouco de reflexão. Lewis encorajou seus leitores a se aprofundarem, e, nesse espírito, as reflexões a seguir exploram algumas das profundezas que se encontram em algumas de suas obras mais conhecidas, sob a superfície.

CAPÍTULO 13
Príncipe Caspian

Lucy, Edmund, Susan e Peter Pevensie estão esperando um trem que os levará à escola quando são transportados de volta a Nárnia. Apenas um ano do tempo terrestre se passou desde suas aventuras no guarda-roupa, mas em Nárnia já se passaram mil anos de história. O mal parece ter triunfado: Miraz usurpou o trono enquanto o rei legítimo, seu sobrinho Caspian, é mantido numa ignorância juvenil. Faz tanto tempo desde a visita de Aslan e "os bons velhos tempos" que a maioria dos habitantes duvida das velhas histórias e não vê relevância ou esperança na história de Nárnia ou na profecia a respeito de seus próprios dias. A opinião dominante em Nárnia é que as histórias de Aslan e os Pevensies são apenas lendas. A promessa do retorno de Aslan, tão atrasada, deve ser outra parte do mito.

É um problema antigo para nós aqui na terra, que data da promessa a Adão e Eva de um libertador vindouro (ver Gênesis 3:15). Pelo menos dois mil anos se passaram após a primeira promessa. E agora mais dois mil anos se passaram desde a promessa de Jesus de voltar. O primeiro Natal e a primeira Páscoa foram uma surpresa para quase todos, e a volta de Jesus no final da história da terra também será.

A tarefa para todos nós é manter a saudável tensão entre a realidade invisível (passado, presente e futuro) enquanto damos sentido ao que vemos. Caspian, embora virtualmente aprisionado por Miraz, acredita nas velhas histórias e age de acordo com elas. O resultado imediato é sua fuga e o toque da buzina de Susan, que é o que milagrosamente atrai os Pevensies de volta a Nárnia, para ajudá-lo. Gradualmente, muitos dos personagens ajustam seu pensamento sobre o passado e o futuro de Nárnia e sobre o poder e a promessa de Aslan. Mesmo Lucy, que acredita mais do que os outros, deve evoluir seu pensamento sobre Aslan à medida que experimenta mais coisas sobre ele. Lucy começara a conhecer Aslan muito bem em *O Leão, a Feiticeira e o Guarda-Roupa*. Mas, quando ela o encontra novamente em *Príncipe Caspian*, ele parece maior. Aslan diz a Lucy que todo ano será assim: embora ele nunca mude, ele sempre parecerá maior.

Da mesma forma, o escritor de Hebreus nos encorajou a deixar o leite da crença básica pela carne de nutrição espiritual mais profunda (ver Hebreus 5:12). Deus e seus caminhos, embora imutáveis em caráter, a cada dia são mais brandos e profundos para nós, se nossa fé está crescendo.

⋅ I ⋅

Eles se sentem mais seguros se ninguém em Nárnia se atreve a
descer até a costa e olhar para o mar — para a terra de Aslan, e a manhã,
e o extremo leste do mundo.
CAPÍTULO 4

Em seus escritos, Lewis usou a palavra alemã *sehnsucht*, ou "saudade", para transmitir o mais poderoso sentido de nossa necessidade mais profunda. Ele via esse anseio como um instrumento para nos aproximar de algo mais — um caminho que por fim leva a Deus. A antecipação de maravilhas maiores, mais elevadas e mais profundas além das experiências comuns em nossa existência cotidiana nos faz abrir nossos olhos, desligar nossos ouvidos e buscar com nosso intelecto a verdade que parece um pouco além do nosso alcance.

Estimulado pelas histórias da Velha Nárnia, que sua ama lhe conta, Caspian anseia por ver a terra como ela era. Infelizmente, ele descobre a terrível verdade: seus próprios ancestrais, os Telmarinos, expulsaram ou mataram os animais falantes, anões e os outros moradores de Nárnia. Pior ainda: seu tio, Miraz, não queria que ele soubesse a verdade.

O professor de Caspian, doutor Cornelius, o semianão, também anseia por vislumbres de sátiros ou faunos dançarinos, ou por um eco de tambores anões. Mas vislumbre nenhum aparece.

Como o Dr. Cornelius explica a Caspian na citação acima, os Telmarinos querem suprimir a verdade da Velha Nárnia e da Idade de Ouro dos reis e rainhas e Aslan. Falar dessas histórias é perigoso. Mas Cornelius não pode deixar de compartilhá-las.

O Espírito Santo nos atrai e nos dá dicas. Sentimos, nas profundezas de nossas almas, o vazio que Agostinho descreveu como um "buraco com a forma de Deus", provando o erro de nossa ilusão de integridade e autossuficiência afastadas da origem de todas as coisas boas.

O mundo não pode tolerar isso. Ouvimos: "Seja prático"; "Não seja tão sonhador — apenas faça o seu trabalho." Até que tenhamos um gostinho da glória vindoura, a insossa gororoba da vida cotidiana da qual Deus está ausente continuará nos levando a vascular o armário de temperos da vida, imaginando o que podemos acrescentar em nosso prato. Graças a Deus por ele ter infundido em nós esse anseio. Ele não o teria dado a menos que estivesse disposto a satisfazê-lo.

E não só isso, mas nós mesmos, que temos os primeiros frutos do Espírito, gememos interiormente, esperando ansiosamente nossa adoção como filhos, a redenção do nosso corpo.
Pois nessa esperança fomos salvos [...].
ROMANOS 8:23-24

•2•

Não seria terrível se em nosso mundo, algum dia... os homens começassem a se tornar bestiais por dentro, como os animais aqui, mas ainda parecessem homens, tornando impossível saber quem é o quê?
CAPÍTULO 9

No clássico livro infantil *A princesa e o Goblin* (*The Princess and the Curdie*), de George MacDonald, o jovem personagem principal, Curdie, é enviado em uma perigosa missão para ajudar a salvar o reino da influência de homens malvados. Para ajudá-lo em sua tarefa, ele recebe um dom: ele sabe, pelo toque, se uma pessoa está ou não se tornando bestial por dentro, mesmo que mantenha a forma de homem ou mulher.

Fã de MacDonald, Lewis conhecia a história de Curdie. Em *Príncipe Caspian*, depois que Lucy sobrevive a um ataque de um urso que não fala, ela expressa seu medo de homens transformados em feras. Nessa Nárnia pós-Idade Dourada, os Pevensies ainda não encontraram nenhuma das feras falantes gentis com as quais estavam acostumados. Encontrar esse urso selvagem foi bastante assustador; encontrar pessoas com um tipo semelhante de selvageria era um horror até de se imaginar.

E, no entanto, esse pesadelo não se mostra na realidade? Assista à maior parte dos *talk shows* ou programas jornalísticos, ou clique em seu site de notícias da internet e você poderá ver histórias de abuso e atos tão hediondos que quase duvidará de sua veracidade. Você também ouvirá pessoas se gabando de seus numerosos adultérios; cumprimentando-se por terem perdido a inocência tão cedo na vida; e justificando-se porque, pelo menos, são *sinceros*. Infelizmente, quando ficamos emaranhados aos nossos atos, corremos o risco de nos tornarmos bestiais sem nem sequer saber.

O apóstolo Paulo advertiu sobre a destruição a que esse caminho conduz. Como "esta vida aqui na terra" não é a única vida que teremos, nossas ações terão consequências. Não temos de seguir o caminho bestial, no entanto. Podemos escolher ser guiados pelo Espírito (ver Gálatas 5:16–26).

Quanto a estes, o seu destino é a perdição, o seu deus é o estômago e têm orgulho do que é vergonhoso; eles só pensam nas coisas terrenas.
FILIPENSES 3:19

·3·

— Onde você acha que o viu? — perguntou Susan.
— Não fale como um adulto — disse Lucy, batendo o pé. — Eu não acho que o vi. Eu o vi.
CAPÍTULO 9

As crianças às vezes exageram. Basta ouvir uma delas contando uma história para saber isso. Bem-intencionados, os adultos muitas vezes lhes lembram esse fato, para lhes ensinar uma lição importante. Mas imagine a frustração que uma criança sente quando não está exagerando, mas, em vez disso, contando uma história verdadeira, na qual ela quer desesperadamente que acreditem.

Enquanto se dirigem à colina de Aslan — o quartel-general do exército de Nárnia — para se juntar ao rei Caspian e seu exército, Peter, Susan, Edmund, Lucy e Trumpkin, o anão, gastam um tempo frustrante vagando pela floresta, tentando chegar ao rio que os levará ao seu destino. Eles estão completamente perdidos. Mas então algo incrível acontece: Lucy vê o longamente ausente Aslan! E ela tem certeza de que Aslan está tentando levá-los na direção certa. Os problemas deles acabaram, certo? Errado. Apenas Edmund decide acreditar em Lucy. Mas Lucy e Edmund são derrotados pelos outros. Ao seguirem o conselho errôneo de Trumpkin, eles acabam indo pelo caminho errado e têm de voltar atrás, porque ignoraram o que Lucy sabia ser verdade. Não tendo visto Aslan, os outros decidiram acreditar no que não era verdade.

Lucy foi a primeira a trazê-los para Nárnia, ao entrar no guarda-roupa em *O Leão, a Feiticeira e o Guarda-Roupa*. Edmund lembrou isso a Peter e Susan, sem sucesso.

Não é interessante que Jesus disse a seus discípulos que deviam receber o Reino de Deus "como uma criança"? A pureza da fé de uma criança é bastante notável. Quando as crianças oram para que algo aconteça, elas acreditam que acontecerá. Elas não racionalizam; simplesmente acreditam.

Digo-lhes a verdade: "Quem não receber o Reino de Deus como uma criança, nunca entrará nele."
MARCOS 10:15

4

Lucy acordou do sono mais profundo que se possa imaginar, com a sensação de ouvir seu nome sendo chamado pela voz de que ela mais gostava no mundo.
CAPÍTULO 10

Em nossos dias, como nos dias do profeta Samuel do Antigo Testamento, sentimos que uma palavra do Senhor é uma raridade. Desejamos conexões mais profundas com Deus, mas nos sentimos sozinhos e separados dele — especialmente quando nossa cultura nos encoraja a compartimentar nossas vidas, desconsiderando a voz de Deus quando a ouvimos. O próprio Samuel precisava que lhe ensinassem a abandonar sua suposição naturalista inicial. Três vezes Deus chamou Samuel (ver 1 Samuel 3); e em cada vez Samuel se perguntava se Eli, o sumo sacerdote, o havia chamado.

Depois da frustração de não acreditarem em sua alegação de ter visto Aslan, Lucy ouve Aslan chamando-a, numa noite. Por que Aslan chama Lucy, a mais jovem dos Pevensies, em vez de Peter, o Grande Rei? Porque Lucy, entre os quatro, sempre foi a mais sensível a Aslan. Basta ler como ela saúda Aslan com alegre abandono para ver quanto ela o ama. Mas, mais do que isso, Lucy dedica tempo para ouvir a voz de Aslan, para ouvi-lo e procurá-lo.

Eli ensinou a Samuel como responder à voz de Deus. Seu conselho foi que Samuel fosse um ouvinte receptivo e reverente. Ouvir a Deus é importante, sim. Mas ouvir com o coração pronto para obedecer é ainda mais importante.

Aquele que nos ama mais do que qualquer outra pessoa e de quem flui nossa capacidade de amar — aquele que nos fará mais felizes e contentes se nos abrirmos totalmente a ele — se comunica constantemente conosco. Você está ouvindo?

O Senhor chamou Samuel pela terceira vez. Ele se levantou, foi até Eli e disse: "Estou aqui; o senhor me chamou?" Então Eli percebeu que o Senhor estava chamando o menino e lhe disse: Vá e deite-se; se ele chamá-lo, diga: 'Fala, Senhor, pois o teu servo está ouvindo'." Então Samuel foi se deitar.
1 SAMUEL 3:8–9

·5·

— Aslan… você está maior.
— Isso é porque você está mais velha, pequenina — respondeu ele.
— Não é porque você está maior?
— Eu não estou maior; mas a cada ano que você crescer, você vai me achar maior.
CAPÍTULO 10

Se você já visitou sua antiga escola primária quando adulto, percebe como tudo parece menor. Os bebedouros são muito mais baixos do que você lembra, embora parecessem perfeitos quando você era criança.

Bons relacionamentos seguem o caminho oposto — eles ficam "maiores", o que significa que ganham mais profundidade. Quanto mais tempo passamos em um relacionamento com alguém — aprendendo as nuances de sua personalidade, as profundezas de seu conhecimento e compreensão, até que ponto ele ou ela chegaria para nos ajudar —, mais profundo o relacionamento se torna. Quanto mais há para aprender sobre um ser infinito — o Deus onisciente, interminável, todo-poderoso e onipresente que nos ama apaixonadamente e nunca nos abandona? Isso é o que Aslan ensina em suas palavras para Lucy. Quanto mais aprendemos sobre Deus, maior ele fica.

Nossa perspectiva mutável de Deus é um tema ao qual Lewis voltou repetidas vezes em seus escritos. Muitas vezes, nossa visão de Deus está diretamente ligada ao desenvolvimento em nossas vidas espirituais, ou à falta disso. Às vezes, somos *bonsais* espirituais — treinados, aparados e assustados, vivendo em um pequeno pote de terra, com medo do temível translado para o grande e amplo espaço ao ar livre. Nesses momentos, Deus parece muito pequeno.

O profeta Isaías, do Antigo Testamento, experimentou a presença incompreensível e avassaladora de Deus, que encheu seus sentidos, encheu o Templo e pôde ser ouvido ao seu redor. Qualquer que fosse a visão de Deus de Isaías, ela certamente cresceu com aquela visão do Deus majestoso.

Observe que o próprio Deus nunca muda *realmente*. Nós simplesmente nos tornamos mais conscientes de quão grande ele é. Nunca esgotaremos nosso conhecimento dele. Como Lucy, à medida que envelhecemos, temos o privilégio de achá-lo maior.

No ano em que o rei Uzias morreu, eu vi o Senhor assentado num trono alto e exaltado, e a aba de sua veste enchia o templo.
ISAÍAS 6:1

◆ 6 ◆

[Lucy disse:] — Como eu poderia... eu não poderia deixar os outros e vir sozinha ao seu encontro, como eu poderia? Não me olhe assim... bem, acho que poderia, sim.
CAPÍTULO 10

Às vezes, as desculpas nos vêm com facilidade. Não queremos aceitar nossa culpa pelo problema quando ele acontece. E é muito mais fácil culpar outra pessoa.

Lucy estava prestes a culpar seus irmãos e Trumpkin, o anão, por não acreditarem nela, o que resultou em sua jornada infrutífera em busca do Grande Rio. Mas um olhar nos olhos pacientes de Aslan e ela sabe que não tem desculpa. Ela poderia ter escolhido obedecer a Aslan e partir na direção que ele apontava, mesmo que ela tivesse de viajar sozinha.

Aslan se recusa a debater o que poderia ter sido ou qual poderia ser o resultado dessa obediência. Em vez disso, ele novamente pede a ela que lhe obedeça. Agora virá a parte mais difícil da jornada de Lucy. Ela precisa acordar todo mundo no meio da noite e lhes dizer para seguirem Aslan, sabendo que eles vão ridicularizá-la. E é isso que eles fazem.

Talvez você tenha enfrentado uma situação semelhante depois de assumir uma posição de fé. Ou talvez tenha deixado de assumir uma posição, temendo os mesmos resultados que Lucy enfrentou. Mesmo agora, você pode estar pesando os prós e os contras de tomar uma posição. O que pode acontecer se você fizer isso? E se não o fizer? A única opção realista, em vez de se preocupar com o resultado, é fazer o que está ao alcance de todos: todos podem, como Aslan apontou, descobrir o resultado da obediência simplesmente obedecendo. O compromisso decisivo, a decisão consciente de fazer o certo apesar do medo de que outros possam julgar nossa sanidade, é a única maneira de saber como Deus pretende lidar com uma situação, quer ele pretenda ou não nos defender imediatamente.

Nunca é tarde demais para fazer a coisa certa, mas a coisa certa pode mudar quando deixamos de obedecer rapidamente.

[...] Se, porém, não lhes agrada servir ao Senhor, escolham hoje a quem irão servir [...] Mas eu e a minha família serviremos ao Senhor.
JOSUÉ 24:15

· 7 ·

Lucy foi a primeira, mordendo o lábio e se esforçando para não dizer todas as coisas que pensava em dizer a Susan. Mas ela as esqueceu quando fixou os olhos em Aslan.
CAPÍTULO 11

O que acontece quando você derrama combustível sobre o fogo? Isso é fácil. Dependendo do tipo de combustível, o fogo aumenta de intensidade e pode até causar uma explosão. O que acontece quando você se concentra nas palavras ou ações ofensivas de outra pessoa? A força de sua raiva aumenta e pode causar uma explosão de um tipo diferente.

Quando alguém lhe causa desagrado, a tentação de "retribuir o favor" aumenta. À medida que se concentra em sua raiva ou nas palavras ofensivas que recebeu, você alimenta o fogo de sua raiva até chegar ao ponto em que fica pronto para atacar. Mas atacar muitas vezes leva a mais problemas.

Lucy Pevensie está muito tentada a dar uma bronca em sua irmã, Susan. Os comentários condescendentes e rudes de Susan, quando Lucy, sob as ordens de Aslan, acorda o grupo no meio da noite, são realmente muito dolorosos. Mas fixar os olhos em Aslan faz com que a raiva de Lucy se dissipe. Ela toma uma decisão consciente de não atacar. Isso é a graça em ação.

Embora Susan faça o possível para parecer adulta, Lucy mostra um autocontrole maduro que Susan não tem. A confiança de Lucy em Aslan a fortalece contra as zombarias de Peter, Trumpkin e até Edmund, e por fim ajuda a salvar Nárnia. Suas ações são um bom exemplo de uma promessa feita pelo profeta Isaías (a seguir). Observe que a "paz perfeita" descrita vem, geralmente, em tempos de dificuldade. Talvez Lucy sinta essa paz enquanto segue Aslan, sem saber o que acontecerá no final.

Fixar os olhos em um objetivo geralmente ajuda a alcançá-lo. Você não se desvia do curso. Manter os olhos em Aslan, que em determinado momento era invisível para todos, exceto para a própria Lucy, ajudou ela e os outros a superar um caminho difícil e alcançar o objetivo — a colina de Aslan. Qual é o seu objetivo? Em que ou em quem seus olhos estão fixos?

Tu guardarás em perfeita paz aquele cujo propósito está firme, porque em ti confia.
ISAÍAS 26:3

•8•

— Eu não me sentiria seguro com Baco e todas as suas garotas selvagens se os tivéssemos encontrado sem Aslan.
— Acho que não — disse Lucy.
CAPÍTULO 11

Furacões, tornados, nevascas, tempestades ferozes, terremotos e tsunamis mostram a natureza em sua forma mais selvagem. Tememos a devastação que causam e nos sentimos impotentes quando eles vêm com força total.

Enquanto estão com Aslan, Lucy e Susan se encontram com personagens da mitologia grega e romana — Baco, o deus romano do vinho (o grego Dionísio, também conhecido como Bromios ou Bassareus); Sileno, seu tutor; e seus seguidores. Mais uma vez, Lewis mostrou seu extenso conhecimento literário, entretecendo esses personagens em sua mitologia de Nárnia. Baco é tão indomável quanto uma tempestade de inverno. E Aslan — filho do Imperador Ultramarino — não faz nada para conter seu ímpeto. Ele permite que Baco faça o que faz de melhor: fornecer uvas úteis e saudáveis.

No entanto, mesmo o selvagem Baco é subserviente a Aslan. Observe que Baco não aparece até que Aslan ruge, e ele parece agir dentro dos limites estabelecidos por Aslan. Observe também que Lewis não mudou a natureza desses personagens. Ele não fez de Baco o quieto e tímido deus da limonada pelo simples fato de Baco aparecer nessa história. Dessa forma, Lewis mostrou que Aslan é mais poderoso do que Lucy poderia ter imaginado.

Os discípulos de Jesus se sentiram impotentes diante de uma tempestade. Eles eram um alvo fácil, em um barco no mar da Galileia. E, para piorar, Jesus estava dormindo! Mas Jesus rapidamente demonstrou sua autoridade, acalmando a tormenta. Ele não disse: "Ai, meu Deus, que tempestade terrível e incontrolável! O normal é ter medo dela mesmo." Ele simplesmente falou e acabou com sua fúria.

Lucy e Susan podiam se sentir seguras com Aslan, mesmo em meio aos indomáveis. Também podemos nos sentir seguros, mesmo na natureza indomável ou em outras situações que parecem fora de nosso controle, porque Deus é nosso refúgio (ver Salmos 46:1; 59:16).

Os discípulos foram acordá-lo, clamando: "Senhor, salva-nos! Vamos morrer!" Ele perguntou: "Por que vocês estão com tanto medo, homens de pequena fé?" Então ele se levantou e repreendeu os ventos e o mar, e fez-se completa bonança. Os homens ficaram perplexos e perguntaram: "Quem é este que até os ventos e o mar lhe obedecem?"

MATEUS 8:25–27

·9·

— *Mas também dizem que ele voltou à vida outra vez* — *disse o Texugo, bruscamente.*

— Sim, eles dizem isso — respondeu Nikabrik —; mas note que ouvimos muito pouco sobre qualquer coisa que ele tenha feito depois.

CAPÍTULO 12

"O que você tem feito por mim ultimamente?" Às vezes perguntamos isso a amigos, familiares e até mesmo a Deus. Embora essas pessoas possam nos ter sido extremamente úteis, podemos duvidar de sua preocupação se passarem anos sem que as vejamos ou ouçamos.

Em *O Leão, a Feiticeira e o Guarda-Roupa*, Aslan esmagou o poder da Feiticeira Branca e acabou com a tirania do inverno a um custo — o de sua morte. Mesmo que ele tenha voltado à vida, ninguém em Nárnia o viu durante os mil anos seguintes. Nesses anos e até a trama de *Príncipe Caspian*, os narnianos foram conquistados e oprimidos pelos Telmarinos.

Nikabrik — o anão amargo e incrédulo — tem uma atitude de "o que você fez por mim ultimamente". Ele deseja que alguém livre a terra dos malditos Telmarinos. Em seu desespero — e falta de fé nas narrativas da Antiga Nárnia — ele até aceitaria a volta da Feiticeira Branca para que isso acontecesse.

Já conheceu alguém disposto a se comprometer dessa maneira? Nikabrik não tinha mais meios para trazer a Feiticeira Branca de volta ao trono de Nárnia do que para, com seus resmungos, fazer soar a trombeta de Susan como ele achava certo.

Trufflehunter, o texugo, tenta convencer Nikabrik da verdade: Aslan voltou à vida e retornará algum dia para ajudar os narnianos. Basta ler o resto da história para ver que Trufflehunter estava certo. Mas, mais importante, todos aprendem que acreditar em Aslan não é suficiente. Aslan espera que os narnianos façam sua parte, que ajam de maneira agradável a ele. Eles podiam mostrar sua fé em Aslan evitando ligar-se ao mal e lutando pelo que era bom. E essa é a mensagem de Tiago 2:26.

Assim como o corpo sem espírito está morto, também a fé sem obras está morta.
TIAGO 2:26

·10·

Não por causa da sua dignidade, Reepicheep, mas pelo amor entre você e seu povo... e principalmente pela gentileza de seu povo para comigo... você terá seu rabo novamente.
CAPÍTULO 15

Todos nós temos uma tendência para as atitudes dramáticas. Mesmo o mais humilde e gracioso de nós pode abrigar um pequeno canto de orgulho — seja de si mesmo, da sua cultura de origem ou suas realizações. Às vezes, a vida faz algo que ajuda a manter nossos egos sob controle.

Se você assistiu ao filme *As crônicas de Nárnia: Príncipe Caspian*, deve reconhecer pelo menos o começo da citação acima. Essas são as palavras que Aslan fala em resposta ao pedido de Reepicheep, o valente rato guerreiro. Na guerra contra os Telmarinos, todos os ferimentos de Reepicheep foram curados por Lucy, exceto um: quase toda a sua cauda foi cortada, e a poção de cura de Lucy não conseguiu regenerá-la. Enquanto Reepicheep se preocupa que a perda comprometa severamente sua dignidade, Aslan está mais preocupado com quão firmemente Reepicheep se apega a essa dignidade. Então, o que convence Aslan a dizer sim ao pedido de Reepicheep? O amor da tropa de ratos de Reepicheep — um amor tamanho que eles chegam ao ponto de querer cortar suas próprias caudas, em vez de permitir que Reepicheep continue a suportar sozinho a vergonha. Isso, combinado com o próprio amor de Aslan por aqueles ratos corajosos que no passado o ajudaram depois de sua morte, o comove.

Jesus foi tocado pelo amor de quatro amigos que levaram seu amigo paralítico até Jesus. É de se perguntar se Lewis tinha em mente a cura do paralítico quando escreveu a cena dos camundongos carregando Reepicheep para Aslan. O fato de que os amigos do homem se esforçaram tanto para trazê-lo a Jesus levou-o a declarar os pecados do homem perdoados: a cura física da paralisia foi um sinal de sua autoridade para perdoar pecados.

Reepicheep e o paralítico inspiraram o amor e a lealdade de seus companheiros. E você?

Vendo a fé que eles tinham, Jesus disse ao paralítico:
"Filho, os seus pecados estão perdoados."
MARCOS 2:5

CAPÍTULO 14
Um experimento em crítica literária e A imagem descartada

O título *Um experimento em crítica literária* (*An Experiment in Criticism*) pode assustar alguns leitores em potencial. Isso não é necessário: não é difícil ler esse livro. As frases são curtas, o estilo simples, as ideias profundas — um Lewis clássico. Tem, de fato, muitas analogias deliciosas e sugestões muito úteis e práticas. Como o grande Samuel Johnson, Lewis era um defensor do leitor comum contra as exigências perversas dos elitistas modernos. Johnson disse sobre um livro maçante: "Para que serve criticar uma obra que não será lida?" Eis o senso comum que Lewis teria aprovado.

Lewis desviou a discussão sobre se um livro é bom ou ruim para quais tipos de leitores ele atrai e como é lido. Antecipando um movimento chamado "crítica da resposta do leitor", que foca o papel do leitor na interpretação de um texto, Lewis sugeriu um princípio simples: bons leitores "recebem" um texto. Entram na experiência e no mundo das ideias e valores que o autor apresenta. Maus leitores "usam" um texto. Eles procuram apenas apoio para as formas de sentir e acreditar que já sustentam dogmaticamente. Pior ainda, maus leitores (incluindo críticos profissionais) distorcem as palavras dos autores para se adequarem ao seu método crítico favorito. Um bom livro atrai leitores que o recebem; um livro ruim, apenas aqueles que resistem à possibilidade de mudança.

Além de quebrar a barreira entre leitores treinados profissionalmente e não treinados, Lewis destruiu a parede entre jovens e velhos, modernos e antigos. Por exemplo, não é mau gostar de um determinado livro apenas porque se trata de um livro apreciado pelas crianças. Lewis acreditava que era um sinal de maturidade para um leitor não se importar nem um pouco se alguém o visse lendo um livro infantil. Os únicos livros infantis ou contos de fadas bons, na verdade, são aqueles que podem ser relidos com gosto pelo leitor depois de adulto.

O *Experimento* de Lewis não nos diz apenas como ler um texto. É também uma ótima pista para os tipos de literatura que o próprio Lewis escreveu. Nele há capítulos maravilhosos sobre mito, fantasia, realismo e poesia — gêneros em que Lewis trabalhou. O que todos os seus escritos têm em comum é a capacidade de reorganizar a paisagem de nossas mentes. Nós saímos de seus livros mais integralmente nós mesmos, não menos. Vemos a vida com novos olhos. Pequenas são as pessoas que veem apenas através dos próprios olhos: essa é a conclusão do último capítulo e epílogo do *Experimento*. Quem gosta de ler deve, no mínimo, fazer questão de se deleitar com essa seção do livro.

※ ※ ※

Encontramos um tema semelhante (a expansão de nossa visão da realidade) em um livro muito diferente, *A imagem descartada*. Exceto pelo capítulo final, a maior parte dos leitores de Lewis — a menos que também ela seja composta de teólogos, filósofos ou críticos literários sérios — não estará muito interessada nesse livro de estudos sobre a cosmovisão medieval. Mesmo uma rápida olhada através dele revelará duas coisas. Primeiro, ficará evidente que Lewis leu e digeriu em grego ou latim cada um dos vários textos antigos que menciona. Em segundo lugar, embora não seja um livro apologético (que faz uma "defesa"), *A imagem descartada* exibe uma compreensão completa da teologia e da filosofia pagã e cristã, e oferece o suficiente do evangelho cristão para alguém chegar à fé em Cristo, sob o convencimento do Espírito Santo. Não foi um exagero de Lewis dizer que todos os seus livros são evangelistas. Claramente, o principal objetivo de Lewis nesse volume era fornecer uma base para a compreensão da literatura medieval e renascentista moldada pelas duas grandes correntes de pensamento chamadas paganismo e cristianismo. E Lewis não tentou disfarçar sua posição cristã.

O penúltimo capítulo ("A influência do modelo") é acessível a qualquer pessoa interessada em literatura. O capítulo final ("Epílogo") é muito legível e extremamente útil para todos os que se interessam pela história e pela maneira como a humanidade dá uma forma mutável à sua cosmovisão — sua compreensão da realidade como um todo. Todos os exemplos de cosmovisão contêm uma grande dose de realidade, embora nenhum modelo a capture completamente. Lewis sugeriu que as perguntas feitas por qualquer geração são um estêncil moldando as respostas que a realidade dará. Nossa experiência do mundo está sempre quebrando o ídolo de nossa compreensão habitual, porque o quadro geral — até mesmo a imagem da pessoa mais próxima de nós no mundo — é sempre maior e mais complicado do que podemos compreender completamente. A cada geração, a maneira como as pessoas entendem o quadro geral certamente muda, para melhor ou para pior.

O capítulo revela algumas das consequências dos pensamentos de Lewis sobre a cosmovisão da seguinte forma: nossa compreensão de Deus é sempre muito limitada e sempre precisa ser ampliada; devemos ser humildes quanto à nossa compreensão (por mais que esta seja moderna e científica) do sentido, propósito e função do universo; mesmo nossa compreensão das pessoas reais deve ser ajustada por nossa experiência com elas. Mas tudo isso não significa que vale tudo. Nosso relativismo moderno[8] é uma das coisas que nossa experiência da realidade precisará corrigir.

• I •

O processo de crescimento deve ser avaliado pelo que ganhamos, não pelo que perdemos.
UM EXPERIMENTO EM CRÍTICA LITERÁRIA, CAPÍTULO 7

Um experimento em crítica literária é um livro de Lewis sobre leitura e leitores. Essa citação, de seu capítulo sobre realismo, pretende nos encorajar a não rejeitar a fantasia ou os contos de fadas simplesmente porque não são realistas de acordo com algum padrão limitado; Lewis estava especialmente preocupado que pudéssemos rejeitá-los porque esses gêneros são considerados infantis. Antes do século XIX, todos os livros de ficção se concentravam no inusitado; até os contos de fadas foram originalmente escritos para adultos, não para crianças. Na verdade, os livros mais enganosos são aqueles que parecem reais, que cortejam a identificação do leitor com os personagens, mas têm valores distorcidos. Ninguém espera voar como Peter Pan ou conhecer um ogro, nem mesmo as crianças. Esse princípio tem outras implicações.

Lewis disse que não há maior prova de imaturidade em uma pessoa ou época do que o desdém por coisas que parecem estar associadas à juventude ou a uma fase anterior. Ele acreditava que um adulto é mais pessoa, não menos, se for capaz de ainda compreender a bondade inerente às coisas da infância e manter suas vantagens, como a admiração e o entusiasmo, abandonando seus falsos medos e ingenuidade. Ainda podemos desfrutar das coisas simples depois de passar a apreciar os bens novos e mais sutis ou complicados de que os adultos gostam.

Nosso cinismo sobre a política adulta, por exemplo, pode facilmente se transformar em cinismo sobre a bondade no desígnio de Deus e a esperança em seu plano final. Os bons livros de ficção, como os que Lewis escreveu, têm o valor de nutrir uma imaginação saudável. Sem esse dom, muitos não estarão preparados para entrar nas alegrias desta vida ou da que está por vir. As perguntas são boas; a incredulidade é que não é. Nunca desista de uma fé infantil, mas permita sua compreensão do mundo complicado se desenvolver, com a esperança oriunda do fato de que o autor de nossa fé sabe como a história terminará.

Deixem vir a mim as crianças e não as impeçam; pois o Reino dos céus pertence aos que são semelhantes a elas.
MATEUS 19:14

•2•

Após um mundo em que não houvesse tristezas, gostaríamos de um mundo no qual as tristezas fossem sempre significativas e sublimes.
UM EXPERIMENTO EM CRÍTICA LITERÁRIA, CAPÍTULO 8

Nesta seção de *Um experimento em crítica literária*, Lewis discutiu a maneira como interpretamos mal a tragédia. Podemos esquecer que a literatura (juntamente com filmes ou outras formas de arte) é um padrão de eventos feito do material da vida; não é a própria vida. Como forma literária, a tragédia dá sentido ao sofrimento, mesmo que esse sentido assuma a forma de um discurso grandioso e heroico do tipo que os moribundos raramente fazem ou uma irrealisticamente organizada "moral da história". Os personagens da vida real, em contrapartida, especialmente aqueles que sobrevivem, devem cuidar das coisas mundanas — como a obtenção das certidões de óbito e o pagamento das despesas do funeral — em meio ao luto, que pode não compor um padrão claro e compreensível para nós.

Vivemos em um mundo caído, no qual coisas ruins acontecem. Nossa reação natural é gritar: "Por quê, Deus, por quê? Por que você fez isso acontecer comigo?" Até mesmo perguntas como "O que Deus está tentando me ensinar por meio disso?" podem ficar sem resposta. Com a morte de Joy, a esposa de Lewis, todos os tipos de sentidos possíveis para o sofrimento e a tristeza — ou, pior, a possibilidade de falta de sentido — inundaram sua mente. Deus era um vivisseccionista cósmico, conduzindo experimentos sinistros em nós? Se Lewis orasse "o bastante", Joy poderia ser trazida de volta? Quando as pessoas morrem, elas estão sendo punidas? Ou somos punidos nós, que ficamos para trás?

Às vezes, a vida simplesmente é uma porcaria não porque Deus quer que algo ruim aconteça, mas porque alguém fez algo errado, algo se desgastou e quebrou, ou alguém cometeu um erro. O erro que Lewis estava tentando nos ajudar a evitar é aquele que vem de nossa leitura (ou observação) da tragédia enquanto gênero artístico. Na tragédia enquanto arte, encontramos padrão, finalidade, significado e, muitas vezes, sentido. Mas tudo isso pode não ser patente em nossa experiência de tragédia na vida real. O sofrimento é mais frequentemente uma crise de fé do que uma crise de compreensão. Podemos esperar a bagunça da vida. Jesus disse aos seus seguidores que seria assim, e ele não orou para que eles fossem confortados ou compreendessem racionalmente, mas por sua perseverança.

Não rogo que os tires do mundo, mas que os protejas do Maligno.
JOÃO 17:15

·3·

A verdadeira maneira de consertar o gosto de um homem não é denegrir suas preferências atuais, mas ensiná-lo a desfrutar de algo melhor.
UM EXPERIMENTO EM CRÍTICA LITERÁRIA, CAPÍTULO 11

Tanto C. S. Lewis quanto o apóstolo Paulo — grandes apologistas, grandes defensores da fé — entenderam o princípio simples de que se capturam mais moscas com mel do que com vinagre. O próprio Lewis chegou à fé em Cristo não porque alguém zombou de seu fascínio pela mitologia nórdica, mas porque seus amigos Hugo Dyson e J. R. R. Tolkien apontaram que esses elementos míticos, em paralelo com a verdade histórica, deveriam tornar a vida de Jesus muito mais atraente para ele.

Há muitas pessoas com quem interagimos diariamente. Deus nos colocou em suas vidas não para que forcemos nossos pedaços favoritos da verdade pela goela delas abaixo, mas para amá-las. Quando amamos as pessoas, aprendemos a apreciar todas as coisas verdadeiramente honrosas e dignas que há nelas e aprendemos com elas as verdades que aprenderam.

Como vimos anteriormente neste livro, Lewis usou essa técnica quando escreveu *A abolição do homem*. No apêndice do livro, ele citou muitas grandes ideias de todo o mundo, de muitas épocas e culturas diferentes — citações que transmitiam a compreensão de que existe uma linha de base moral, um código que é basicamente entendido por toda a humanidade — o conceito do *Tao*.

Para termos qualquer tipo de discussão significativa, devemos começar com áreas em comum, a fim de descobrir o que é consenso. Mesmo um silogismo lógico-formal — o fundamento do discurso filosófico — depende de concordarmos que suas premissas são verdadeiras. Se não podemos concordar que Sócrates é um homem, por exemplo, ou que todos os homens são mortais, será difícil concluir que Sócrates é mortal. Não adianta discutir se ele era pedreiro ou filósofo.

Quando recebemos a confiança de outras pessoas na medida em que elas compartilham conosco seus corações, veremos claramente as maneiras como elas já se conectaram ou ouviram de Deus. Seremos capazes de compartilhar com elas nossas experiências de Deus, à medida que forem paralelas às delas, ou de oferecer pequenos respingos de luz que elas podem encaixar em sua imagem do mundo.

[...] pois, andando pela cidade, observei cuidadosamente seus objetos de culto e encontrei até um altar com esta inscrição: "Ao Deus Desconhecido." Ora, o que vocês adoram, apesar de não conhecerem, eu lhes anuncio.
ATOS 17:23

4

Na esfera moral, todo ato de justiça ou caridade envolve colocar-se no lugar do outro e, assim, transcender nossa própria particularidade competitiva.
UM EXPERIMENTO EM CRÍTICA LITERÁRIA, EPÍLOGO

Lewis distinguiu dois tipos de leitores no *Experimento*: aqueles que *usam* literatura e aqueles que *recebem* literatura. Quem usa livros os valoriza apenas pelo que pode ser feito com eles; a sua prática é puramente pragmática. Mas aqueles que recebem literatura apreciam o que a literatura faz com eles: eles recebem a obra, e sua perspectiva e mundo são ampliados; eles crescem. Lewis reconheceu que, quando recebemos literatura, nosso interesse em nós mesmos diminui e nossa capacidade de perceber um mundo mais amplo, glorioso por si só, aumenta. Um bom leitor — isto é, um leitor receptivo — está sempre saindo do calabouço do eu e descobrindo um mundo mais amplo. É claro que esse tipo de leitura, acreditava Lewis, é consistente com os ritmos de vida que por todos os lados envolvem a pessoa observadora; os princípios por trás dela também agem na justiça e na caridade (amor).

Na justiça, damos aos outros o que lhes é devido; isto é, não apenas a punição do malfeitor, mas também o louvor aos que fazem o bem. A justiça desperta a empatia; faz com que saiamos de nós mesmos e nos ajuda a buscar o que é certo para os outros. A verdadeira justiça é empática e, dessa forma, semelhante à Encarnação.

Assim, também, um verdadeiro ato de amor permite que o amante entre no mundo do amado da melhor maneira possível. O interesse próprio é posto de lado, para que as necessidades do outro sejam percebidas e satisfeitas. Recebemos o outro como um ser único, não apenas como uma extensão de nós mesmos, mas também como um objeto sagrado digno de nosso serviço. O amor se dá em benefício de outro.

Na medida em que nos afasta do interesse próprio para receber o que está diante de nós, a leitura nos permite crescer em justiça e amor. O mundo do leitor é aquele que leva ao crescimento na capacidade de ver um mundo maior e entrar nele com empatia e graça.

Suponham que na reunião de vocês entre um homem com anel de ouro e roupas finas, e entre também um homem pobre com roupas velhas e sujas. Se vocês derem atenção especial ao homem que está vestido com roupas finas e disserem: "Aqui está um lugar apropriado para o senhor", mas disserem ao pobre: *"Você, fique de pé ali"*, ou: *"Sente-se no chão, junto ao estrado onde ponho os meus pés"*, não estarão fazendo discriminação, fazendo julgamentos com critérios errados?

TIAGO 2:2–4

◆ 5 ◆

Ao chegar a entender qualquer coisa, rejeitamos os fatos como eles nos parecem em favor dos fatos como eles são.
UM EXPERIMENTO EM CRÍTICA LITERÁRIA, EPÍLOGO

Não podemos conhecer uma coisa como ela deve ser conhecida se apreendermos apenas o valor que ela tem para nós em um dado momento. Esse tipo de interesse próprio, sendo excessivamente utilitário, tranca a compreensão. Para realmente entender qualquer coisa, devemos procurar entendê-la como ela é na realidade. Lewis acreditava que a boa leitura — o hábito de ler bem como receptores e não apenas usuários de literatura — pode permitir a obtenção de uma visão mais clara do mundo. Não é uma garantia, mas é um começo, e pode estabelecer um hábito vitalício de vermos todas as coisas como elas são e não como queremos que sejam.

O leitor autocentrado projeta no texto o que quer encontrar ali. E o hábito pode já estar estabelecido na rotina diária das atividades da vida, de modo que a leitura por interesse próprio é mera extensão desse mau hábito. Deixamos de enxergar com uma apreciação objetiva e tendemos a notar apenas nós mesmos — nossos próprios gostos e desgostos — aonde quer que vamos. Mas quando a leitura é feita da melhor maneira, de acordo com Lewis, torna-se possível para uma pessoa começar a ver o mundo em suas complexidades. Bom não é apenas o que nos *parece* bom. A leitura receptiva nos permite ver com novos olhos, ver o que é verdadeiramente bom em si e ajustar nosso padrão de bem a uma apreciação mais objetiva. Da mesma forma, o mal não é apenas o que nos ofende subjetivamente; nos ofende aquilo que é objetivamente mau e, se vemos bem, podemos dizer objetivamente por que é mau, ou então nos abstermos de julgar.

Há autoridade na objetividade. Enquanto muitos exigem ser ouvidos quando estão apenas afirmando sua vontade ou vomitando seus preconceitos, a pessoa objetiva pode simplesmente descrever bem aquilo que é, deixando a própria realidade convencer e persuadir. A melhor maneira de persuadir outra pessoa é se colocar ao lado dela e descrever o mundo como ele é, não como gostaríamos que fosse.

Todos ficavam maravilhados com o seu ensino, porque lhes ensinava como alguém que tem autoridade e não como os mestres da lei.
MARCOS 1:22

· 6 ·

[Na leitura], como na adoração, no amor, na ação moral e no conhecimento, transcendo a mim mesmo; e nunca sou mais eu mesmo do que quando faço isso.
UM EXPERIMENTO EM CRÍTICA LITERÁRIA, EPÍLOGO

Para realmente conhecer uma coisa, devemos conhecê-la pelo que ela é, não apenas valorizá-la por sua utilidade para nós. Chegar a conhecer qualquer coisa requer um processo de transcendência do eu; isto é, deixar de lado o desejo de projetar nas coisas o que queremos que elas sejam e passar a simplesmente recebê-las pelo que são. Embora isso seja bom no mundo das coisas, e especialmente no mundo das ideias, é uma necessidade se alguém quiser se portar de forma que faça sentido no mundo do relacionamento. O amor exige que enxerguemos além do eu, procurando o bem-estar do outro.

Na atividade moral, devemos pensar no que é certo e bom, além do interesse próprio, e não apenas no que nos beneficia. Se estivermos preocupados apenas com nosso próprio benefício, podemos comprometer a moralidade para conseguir o que queremos. As leis, tanto as civis quanto as naturais, não têm nenhum poder sobre nós se avaliarmos o que é certo ou errado apenas a partir do nosso próprio ponto de vista. Mas uma abordagem objetiva da moralidade nos permite respeitar um padrão transcendente, que esclarece o que é bom para nós e para os outros. Se sabemos que não é bom que alguém roube ou minta para nós, sabemos que roubar ou mentir são coisas erradas *para nós também*. O padrão é objetivo, e suas exigências inevitáveis valem para nós e para os outros.

Na adoração e no amor, também reconhecemos o valor independente de Deus e dos outros; nesse reconhecimento, abandonamos qualquer egoísmo. A Bíblia indica que o pecado ocorre quando as pessoas agem como se fossem Deus sobre suas próprias vidas. Além disso, brincar de Deus sobre a vida dos outros é um pecado mais grave. Ironicamente, agir como Deus quando não o somos diminui nossa humanidade e a dos outros. Em contrapartida, adorar e amar bem, conhecer e agir bem, é sair da masmorra do eu e tornar-se fiel à nossa humanidade.

Tenho constatado que toda perfeição tem limite; mas não há
limite para o teu mandamento.
Como eu amo a tua lei! Medito nela o dia inteiro.
Os teus mandamentos me tornam mais sábio que os meus
inimigos, porquanto estão sempre comigo.
Tenho mais discernimento que todos os meus mestres, pois
medito nos teus testemunhos.
SALMOS 119:96–99

·7·

O importante é que essa visão engendre filosofia. Pois "nenhum homem buscaria a Deus nem aspiraria à piedade, a menos que já tivesse visto o céu e as estrelas".
A IMAGEM DESCARTADA, CAPÍTULO 4

O anseio romântico nasce quando vemos algo que transcende nossa particularidade e interesse pessoal; isto é, o interesse romântico começa quando olhamos além de nós mesmos. Os poetas românticos não se preocupavam apenas com a forma de romance entre um homem e uma mulher. Eles escreveram sobre um anseio que poderia ser ligado a um lugar e chamado de saudade; poderia ser ligado a outra pessoa e ser chamado de amor; também poderia ser ligado à natureza ou expressar o desejo de recuperar a inocência perdida. Qualquer coisa, portanto, que desperte a pessoa para um mundo mais amplo é *romântica* nesse sentido.

Por exemplo, observar o movimento padronizado das constelações; a constância do sol, da lua, das estações; e a passagem dos dias para as noites e das noites para os dias causa admiração no coração das pessoas. Essa constância, em oposição à aleatoriedade, que existe no universo revela sua teleologia. O universo insinua seu projeto e, se há projeto, deve haver o projetista. Se existe um projeto para o universo, então é provável que a humanidade tenha um propósito. Assim, os movimentos do universo sugerem coisas mais profundas ao olhar atento.

Quando olhavam os céus e contemplavam a cosmologia do universo, os observadores medievais viam os movimentos dos céus como testemunho de um Primeiro Motor: especificamente, de Deus. Mas por que meios Deus movia o universo? Lewis disse que a cosmologia medieval tinha como conceito essencial a ideia de que Deus move o universo pelo amor. Visto corretamente, tudo testemunha o amor de Deus. Ele fez o universo; portanto, seu amor se expressa em seu projeto e propósito. Ele sustenta o universo; portanto, seu amor se manifesta em seu cuidado providencial. E, quando as criaturas de Deus se rebelaram contra ele, em seu amor ele enviou seu Filho para reconciliar a humanidade consigo mesmo (ver Efésios 2:14–18).

Em qualquer noite estrelada, olhar para o céu maravilha o coração. E a admiração, devidamente seguida e informada pela revelação de Deus, colocará o coração da pessoa em movimento, pois o Primeiro Motor ainda se dedica a nos mover por meio de seu amor.

Os céus declaram a glória de Deus; o firmamento proclama a obra das suas mãos.
SALMOS 19:1

·8·

Razão e apetite não devem ser deixados frente a frente em uma terra de ninguém. Um sentimento treinado de honra ou cavalheirismo deve fornecer a "mediação" que os une e integra o homem civilizado.
A IMAGEM DESCARTADA, CAPÍTULO 4

De acordo com a visão de mundo medieval, os humanos têm uma natureza anfíbia. Não que nós, como girinos que se transformam em sapos, estejamos destinados a viver tanto na água quanto na terra. Nossa natureza anfíbia consiste em sermos materiais e imateriais. Somos como os animais, pois possuímos corpos materiais com apetite e necessidade; somos como os anjos, pois possuímos uma natureza imaterial com razão, vontade e emoção. Todo homem e mulher tem um pé em dois mundos. Passamos grande parte da vida mudando quanto apoiamos nosso peso entre os traços animais e os angelicais de nossa natureza. Às vezes, essas características de nossa humanidade parecem entrar em conflito. Não podemos viver negando qualquer característica de nossa natureza complexa e anfíbia; mas, certamente, devemos priorizar qual parte de nós estará no comando e, ao fazê-lo, aprender a viver de forma harmônica em nós mesmos.

Em um mundo material, nossos apetites (seja o apetite por comida ou o apetite sexual) devem ser controlados, para que não vivamos vidas de obesidade ou dissipação. Em contrapartida, nossa vida espiritual deve ser vivida com os pés no chão, para que nossa espiritualidade não fique desprovida de conteúdo substantivo. Não somos materialistas, nem gnósticos. Somos seres materiais e seres espirituais, e essas "metades" de nós podem se enfrentar e estar em guerra uma com a outra. No entanto, como reconciliá-las?

Lewis lembrou a seus leitores que na Idade Média o meio para manter o material e o imaterial em harmonia era treinar e disciplinar a vida emocional, o que levava ao cavalheirismo. A cavalaria se preocupava com o bem-estar dos outros. À medida que aprendemos a vida de empatia e compaixão, procuraremos controlar os desejos animais que nos põem em risco de tirar vantagem do outro. De fato, empregaremos a energia e a força do corpo para servir aos outros, para a glória de Deus. É através do desenvolvimento emocional e da capacidade de se compadecer dos outros que a razão e o apetite podem encontrar integração e propósito.

Agora que vocês purificaram as suas vidas pela obediência à verdade, visando ao amor fraternal e sincero, amem sinceramente uns aos outros e de todo o coração.
1 PEDRO 1:22

·9·

Deus é eterno, não perpétuo. Estritamente falando, Ele nunca prevê; Ele simplesmente vê. Seu "futuro" é apenas um setor... do seu Agora infinito.
A IMAGEM DESCARTADA, CAPÍTULO 4

As pessoas na Idade Média, como todas as que já viveram, buscavam compreender a relação entre a soberania de Deus e seu próprio livre-arbítrio. Elas procuraram compreender a eternidade de Deus e seus procedimentos no tempo. Procuraram compreender a infinidade de Deus e sua capacidade de confinar-se no espaço e no tempo. Além disso, a pessoa medieval queria saber como Deus poderia conhecer o futuro sem que isso afetasse deterministicamente as escolhas humanas.

Lewis observou que os homens medievais entendiam Deus não como um ser perpétuo, mas eterno. Por um lado, se Deus fosse perpétuo, ele progrediria e perduraria ao longo do tempo, impossibilitando qualquer tipo de presciência de eventos futuros. Por outro lado, com Deus sendo eterno, todos os tempos estão sempre diante dele. Como consequência, ele não precisa adquirir conhecimento para apreender qualquer assunto ou compreender qualquer evento futuro. Ele está eternamente presente em todos os momentos. Ele não pressupõe e depois raciocina por meio de uma série de inferências para chegar a uma conclusão — um esforço desnecessário para alguém cujo conhecimento é completo e imediato.

Sem dúvida, os físicos encontrarão algum defeito na imagem a seguir, mas ela pode ter um valor limitado como exemplo: a estrela mais brilhante no céu (depois do nosso sol) é Sírio, a estrela do cão, na constelação do Cão Maior. Quando olha essa estrela no céu de inverno, você está vendo a luz que deixou aquela estrela há oito anos, viajando a 299.792 quilômetros por segundo (a velocidade da luz).

Se um homem enorme pudesse atravessar a distância entre a Terra e Sírio, ele estaria presente quando a luz deixou a estrela, bem como no momento em que a luz chega à Terra. Eventos que ocorreram em qualquer lugar, em qualquer momento, seriam imediatos para ele. Novamente, embora tenha seus pontos fracos, o exemplo mostra que uma enormidade desse tipo torna os tempos em Sírio e na Terra presentes para um ser que pudesse atravessar a distância entre os dois astros. Se Deus é eterno e infinito, então podemos considerar que os eventos no tempo são para ele eternamente próximos — e que seu cuidado amoroso é imediato.

E Deus disse a Moisés: "Eu Sou o que Sou."
É isto que você dirá aos israelitas: "Eu Sou me enviou a vocês."
ÊXODO 3:14

·10·

A visão atrás, como a visão acima, o animava com um espetáculo majestoso, e os prazeres da admiração recompensavam a humildade.
A IMAGEM DESCARTADA, CAPÍTULO 7

Lewis observou que os homens medievais não se viam vivendo em uma época particularmente notável. Eles poderiam olhar para trás, para a grandeza da Grécia e de Roma, ou para a frente, para alguma era espetacular ainda por vir; e em tal comparação, embora confortáveis em seu próprio tempo, eles não se davam ares de importância. Eles podiam apreciar as realizações daqueles que vieram antes e daqueles que viriam depois. Havia uma humildade nas pessoas medievais, segundo a descrição de Lewis de seu posicionamento na história.

O autor da obra medieval *A nuvem do não saber*, do século XIV, disse que a humildade é causada por duas coisas: a consciência de nós mesmos como realmente somos, pois quem realmente se conhece deve ser humilde, e a consciência de Deus como ele realmente é, pois quem pode estar diante dele sem temor e tremor, admiração e adoração? Essas duas coisas eram então, como são agora, fundamentais para a humildade e a honestidade.

A inveja e o ciúme podem destruir a humildade, levando à ilusão (pois supõem que os benefícios recebidos pelos outros deveriam ter sido dados a nós) e ao infortúnio (pois a inveja rouba a alegria e o prazer de nossas almas). Se só pudermos ter prazer quando as coisas acontecerem do nosso jeito, teremos muito pouco prazer, pois nossas capacidades são relativamente pequenas. Se tivermos inveja do bem de que outro desfruta, viveremos a maior parte de nossas vidas descontentes. Perderemos a celebração do bem-estar dos outros, pois o potencial do prazer para a partilha é enorme. Há muitas coisas boas acontecendo neste mundo; a humildade torna possível alegrar-se com todas elas.

Lewis lembrou a seus leitores que existe uma forma de prazer disponível no cultivo do hábito de admirar. Se pudermos aprender a encontrar prazer no bem que os outros recebem, nunca ficaremos no prejuízo. Podemos nos alegrar com as coisas boas que os outros recebem e ter grande prazer em sua felicidade. A pessoa medieval que Lewis tinha em mente é alguém que descobriu um dos grandes segredos da vida; aqueles que abraçarem uma humildade semelhante hoje poderão experimentar agora mesmo a alegria, admirando essa característica medieval.

Mas ele nos concede graça maior. Por isso diz a Escritura: "Deus se opõe aos orgulhosos, mas concede graça aos humildes."
TIAGO 4:6

CAPÍTULO 15
O grande divórcio

O que caracteriza um grande livro é o leitor terminar sua leitura mudado para sempre. Ideias antigas ficam mais claras, ideias novas são recebidas, verdades eternas entram em foco e são mais profundamente guardadas. Para o espírito, o intelecto e as emoções, *O grande divórcio* é um livro desse tipo. Pode ser o melhor dos livros de Lewis sobre o tema da escolha. William Blake, o poeta do século XIX, falou do casamento do céu e do inferno, da união de ideias contrárias. Lewis sustentou que tal casamento não é possível: o céu e o inferno estão divorciados, e você não pode levar a nenhum deles nada que pertença ao outro. Você deve escolher, e escolhe todos os dias, quer saiba disso ou não.

Evitando nossos estereótipos sobre o inferno, o narrador do livro se encontra em uma "cidade cinza" de prédios vazios, sempre no crepúsculo, sempre úmida e triste. Assim é o inferno, embora ainda haja tempo para seus habitantes escolherem se ficarão lá. As únicas pessoas por perto estão numa fila para embarcar em um ônibus, então o narrador se junta a elas, em busca de companhia. No entanto, todos são mal-humorados e egoístas. Um ônibus finalmente chega para transportar algumas dúzias deles pelo espaço, para um mundo que é tão mais real que, lá, todos eles parecem fantasmas, e a grama lhes perfura os pés.

Esses viajantes estão agora nos arredores do céu, onde é perpétua madrugada. As pessoas que os encontram são sólidas e amassam a grama. Todos estão cheios de alegria e amor. Eles vieram do céu profundo para encontrar os visitantes e persuadi-los, se puderem, a entrar na realidade e encontrar o próprio Amor e a Verdade. Todos, exceto um, escolhem voltar para o inferno pela mesma razão por que foram para lá: preferem outra coisa em lugar de Deus.

As pessoas da cidade cinzenta são uma amostra de todas as vocações terrenas: operário, poeta, pintor, teólogo, esposa, mãe, marido. Dez cenas principais se desenrolam como conversas entre aqueles do inferno e seus homólogos que eles conheceram na terra e que escolheram o céu.

Em algumas edições, um subtítulo anuncia que a história é um sonho. Em outras, devemos esperar até o final para saber que o narrador esteve sonhando. Quando a escuridão descer na "cidade cinzenta", ela será o inferno. Quando a aurora romper no lugar sólido, lá será o céu. À medida que o sol nasce às suas costas, o narrador percebe, horrorizado, que o dia chegou e ele é um fantasma: o tempo de escolha acabou. Então ele acorda ao som de uma sirene de ataque aéreo e de livros caindo, descobrindo, com doce alívio, que estava sonhando. Ele ainda está na terra, e a escolha de seu destino eterno ainda está diante dele.

◆ I ◆

Eu também era um fantasma. Quem me dará palavras para expressar o terror dessa descoberta?
CAPÍTULO 3

Quem teria pensado que uma caminhada em um mundo de abundante beleza natural poderia produzir resultados tão desagradáveis? Tendo deixado a cidade cinzenta e viajado para o reino celestial, o narrador sem nome de *O grande divórcio* descobre rapidamente que existem dois tipos de pessoas nesse reino: as pessoas sólidas, ou Espíritos, que vivem lá, e os Fantasmas que o visitam. Ele não pode fingir ignorância sobre sua própria situação — cada passo a torna óbvia. A grama verdejante e as flores do céu são mais sólidas, mais "reais" que seus pés fantasmas.

O filósofo grego Platão teria concordado parcialmente com o mundo descrito por Lewis. É um mundo de razão, redenção (temas-chave aos quais Platão frequentemente se referia em suas obras) e uma realidade além da experiência do narrador. A beleza e a realidade desse mundo proporcionam um contraste literalmente doloroso com as limitações do narrador. Qualquer tentativa de colher uma flor ou dobrar uma folha de grama provará sua impotência. Ele ainda precisa descobrir a solução que o céu oferece para sua situação.

O apóstolo Paulo provavelmente se sentiu preso assim ao examinar o horror de sua própria vida, uma vida com uma natureza pecaminosa. Aprofundar-se nessa natureza seria uma expedição a um "coração das trevas" tal como escritor Joseph Conrad jamais poderia sonhar. Talvez você entenda o desespero de Paulo ao perceber a verdadeira condição de sua alma: a de total impotência para mudar. Mas havia uma solução. Por meio de Cristo, Paulo poderia ser libertado de sua vida de "pecado e morte". Através da morte sacrificial de Cristo, o perdão de Deus tornou-se disponível.

Você se pega chorando como Paulo? Talvez uma tentação crônica ou algum medo que você tem dificuldade em superar só com a força de vontade estejam fazendo que você questione sua capacidade de mudar. Ou talvez você até tenha ouvido e levado a sério palavras de desesperança, dizendo que não há nada a ser feito. Considere a resposta que Paulo descobriu: a força de Deus começa quando a sua termina. Ele usa algumas das situações mais difíceis de nossas vidas para nos aproximar dele e nos aprofundar nele.

Miserável homem eu que sou! Quem me libertará do corpo sujeito a esta morte? Graças a Deus por Jesus Cristo, nosso Senhor! De modo que, com a mente, eu próprio sou escravo da lei de Deus; mas, com a carne, da lei do pecado.
ROMANOS 7:24–25

·2·

[Dick disse:] — Você vem comigo para as montanhas? Vai doer no início, até que seus pés estejam endurecidos. A realidade é dura para os pés das sombras. Mas você vem?
CAPÍTULO 5

Uma das muitas conversas ouvidas pelo narrador em *O grande divórcio* envolve uma discussão teológica entre um Fantasma e um Espírito chamado Dick — os Espíritos sendo os habitantes do reino celestial. Embora seja um homem religioso, o Fantasma é da opinião de que a crença em Deus é uma das "coisas infantis" a serem deixadas de lado em favor da adoção de obras e ideias intelectuais sobre religião. Mas Dick argumenta que a crença em Deus não é um exercício intelectual vazio. As únicas "obras" necessárias são o arrependimento e a crença — duas aventuras muitas vezes dolorosas, simbolizadas pela jornada para as montanhas.

A realidade — a vida como ela realmente é, além de qualquer fantasia — é um tema ao qual Lewis retornava frequentemente em seus escritos. A realidade envolve ver Deus como ele é, não o deus da fantasia que podemos desejar.

Talvez você tenha conversado com alguém que não acredita em um Deus, por não poder entendê-lo intelectualmente. Ou talvez essa pessoa se sinta amargurada com Deus, por causa das duras realidades da vida: os males e desastres que acontecem às pessoas. Talvez você seja essa pessoa.

O Fantasma usa o versículo a seguir como uma espécie de mantra — uma justificativa para chutar Deus para o canto. Mas, para Dick, a crença em Deus é o cumprimento desse versículo, não uma justificativa para a incredulidade. Dick percebe que a luta para acreditar em Deus, uma luta que vem através do reconhecimento das duras realidades da vida, é necessária. Uma dessas duras realidades é enfrentar o fato de que todos precisamos de arrependimento e perdão — de trilhar a estrada para as montanhas. O escritor de 1 Coríntios, o frequentemente perseguido apóstolo Paulo, certamente concordaria.

Deus nos convida a não esvaziar nossas mentes de toda razão, mas a aceitar a realidade. Sim, a vida às vezes é dolorosa. Sim, o mal existe. Coisas ruins acontecem com pessoas boas. Mas nós "deixamos para trás as coisas de menino" quando percebemos que a natureza de Deus nunca muda. Ele é sempre bom, mesmo quando a vida é ruim. E ele é mais do que capaz de enfrentar as questões difíceis da vida com você.

Quando eu era menino, falava como menino, pensava como menino e raciocinava como menino. Quando me tornei homem, deixei para trás as coisas de menino.
1 CORÍNTIOS 13:11

❖3❖

Tolo... Não há lugar para isso no Inferno.
CAPÍTULO 6

Estamos bem familiarizados com os ditados contrários "Dessa vida nada se leva" e "Vergonha é roubar e não poder carregar". Um é verdadeiro, e o outro faz parte de um sistema de crenças que enseja um consumismo rápido, baseado em nunca ficar para trás dos outros e alimentar as demandas tecnológicas cada vez maiores. Em qual você acredita?

Em *O grande divórcio*, um anjo brilhante numa cachoeira dá a um fantasma chamado Ikey o aviso citado acima, quando Ikey se esforça para carregar uma maçã dourada. No entanto, nesse lugar uma pequena maçã pesa uma tonelada. O próprio narrador descobre, para seu desgosto, que levantar uma folha, lá, é como levantar uma pedra pesada. Trazer uma maçã para a cidade cinzenta é uma esperança inútil, como explica o anjo. Em vez de ficar e agir de modo a poder residir no céu, Ikey tenta levar um pedaço do céu de volta à cidade cinzenta. Como se qualquer coisa do céu pudesse caber no inferno! A ganância de Ikey lhe causa grande dor e o faz desperdiçar muito esforço.

Na parábola de Jesus citada a seguir, um fazendeiro rico pensava apenas em quanto de sua colheita ele poderia armazenar se construísse celeiros maiores. Mal sabia ele que a colheita era a maçã que ele teria de deixar para trás — naquela mesma noite, na verdade.

Essa parábola não é um tratado contra a riqueza ou a propriedade, mas contra a ganância e a mentalidade terrena de que ter coisas aqui na terra é tudo o que de fato importa. Como Jesus — e o anjo na cachoeira — explicou, as posses que temos aqui não durarão pela eternidade. Como diz o velho ditado, você não pode levá-las com você. O que *podemos* ter é um "rico relacionamento com Deus" — um em que nossas "raízes cresçam nele" (Colossenses 2:7). Isso requer um trabalho muito diferente do que agarrar e conseguir coisas. Envolve descascar as camadas de nossas defesas e examinar atentamente nossas motivações e atitudes.

Cuidado! Fiquem de sobreaviso contra todo tipo de ganância; a vida de um homem não consiste na quantidade dos seus bens.
[...] Assim acontece com quem guarda para si riquezas, mas não é rico para com Deus.
LUCAS 12:15–21

·4·

Eles dizem de algum sofrimento temporal: "Nenhuma felicidade futura pode fazer isso valer a pena", sem saber que o Céu, uma vez alcançado, terá um efeito retroativo e transformará até mesmo essa agonia em glória.
CAPÍTULO 9

Alguns eventos da vida são tão dolorosos que não podemos imaginar que nenhum bem venha deles. Mesmo que não estejamos chafurdando na autopiedade, rejeitamos as frases banais de consolo do tipo "calma, força". Queremos consolação real — respostas reais para os sofrimentos da vida.

Em uma conversa entre o narrador e George MacDonald em *O grande divórcio*, MacDonald oferece uma perspectiva da eternidade que ajuda o narrador a ver os eventos de sua vida de uma nova maneira. Por que George MacDonald faria uma "participação especial" em um dos livros de Lewis? Lewis não escondeu o fato de que os escritos de MacDonald ajudaram a inspirá-lo em sua própria jornada espiritual, então não é de admirar que MacDonald se tornasse um guia para o narrador, assim como Virgílio foi um guia para Dante Alighieri em sua *Divina comédia*. Uma vez que uma pessoa aceita a justiça de Deus, MacDonald explicou ao narrador, sua vida se torna uma jornada em direção ao céu, em que cada evento é um degrau na estrada. Mesmo os tempos difíceis — os momentos de derrota e tentação — tornam-se pedras pavimentando o caminho para a glória.

É por isso que o apóstolo Paulo pôde escrever com prazer uma mensagem que explicita a soberania de Deus. Por mais horríveis que fossem alguns eventos de sua vida, Paulo percebeu que Deus poderia, por fim, extrair o bem deles. Isso não quer dizer que a morte de uma criança, uma doença catastrófica ou a perda de um emprego sejam em si coisas "boas". Mas, como Paul e o George MacDonald fictício nos mostrariam, mesmo essas coisas são parte integrante da cidadania no céu. Elas nos aproximam de Deus e nos fazem confiar mais nele.

Nos dias em que lutamos em agonia, tateando pelo sentido de tudo, podemos ter certeza de que Deus pode criar algo bom até mesmo de nossos dias mais sombrios.

Sabemos que Deus age em todas as coisas para o bem daqueles que o amam, dos que foram chamados de acordo com o seu propósito.
ROMANOS 8:28

·5·

No fim, existem apenas dois tipos de pessoas: aqueles que dizem a Deus "seja feita a tua vontade" e aqueles a quem Deus, por fim, diz "seja feita a tua vontade".
CAPÍTULO 9

Ver alguém sofrer as consequências de suas más ações nunca é agradável. Pense em como você se sentiria se seu filho se recusasse a estudar para um teste, mesmo depois de ser advertido, e mais tarde recebesse uma nota vermelha. Talvez você não precise pensar sobre isso, por já ter experimentado consequências tais pessoalmente!

Às vezes Deus permite que seu povo sofra as consequências dos seus atos. Durante anos, o reino de Judá recebeu de Deus notas baixas. Depois de adverti-los através de profetas como Isaías e Jeremias, Deus permitiu que eles colhessem as consequências de suas ações. Seu aparente abandono lhes disse, em certo sentido: "Seja feita a tua vontade."

O George MacDonald fictício usa essa declaração em referência à preocupação do narrador de que muitos fantasmas — seus concidadãos da cidade cinzenta — nunca consigam entrar no ônibus com destino ao céu. Seus sentimentos são uma variação da pergunta frequente: "Por que um Deus bom enviaria pessoas para o inferno?" MacDonald ajuda o narrador a entender que o inferno é a separação entre a alma e Deus, escolhida livremente pela alma. Deus não força ninguém a ir para o inferno — nem para o céu.

Mas há uma boa notícia dada pelo profeta Jeremias: Deus nunca abandona seu povo. Ele é muito compassivo para isso. Mesmo quando seguimos nosso próprio caminho, "seu amor infalível" o faz agir para salvar seu povo. Mas ele só pode fazer a oferta da salvação. Ele não força ninguém a aceitá-la. Isso põe a responsabilidade diretamente sobre nossos ombros — assim como sobre as pessoas da cidade cinzenta. Cabe a nós fazer o esforço de aceitar não só a sua salvação, mas também a nossa real necessidade de sermos salvos.

Você está dizendo a Deus: "Seja feita a tua vontade", ou está sentindo que Deus está dizendo: "Seja feita a tua vontade" em uma decisão que tomou recentemente?

Porque o Senhor não o desprezará para sempre. Embora ele traga tristeza, mostrará compaixão, tão grande é o seu amor infalível.
LAMENTAÇÕES 3:31–32

·6·

Então não lhe restará mais a possibilidade de criticar o humor, nem mesmo de apreciá-lo, mas apenas o próprio resmungo, continuando para sempre como uma máquina.
CAPÍTULO 9

Tendo observado uma fantasma resmungando para uma das pessoas sólidas, o narrador se pergunta o que há de tão errado com a resmungona. Todo mundo resmunga de vez em quando, certo? Ela não era essencialmente inofensiva? Mas, como George MacDonald, seu guia no céu, revela, a *atitude* por trás dos resmungos é o problema. Uma atitude de murmuração é tudo o que resta àquele Espírito. Já conheceu alguém assim? Ela havia escolhido abraçar sua própria percepção negativa da vida, em vez da vida propriamente dita. Consequentemente, ela não tinha mais vida dentro de si. Ela era apenas uma máquina de resmungar.

Essa atitude ficou plenamente evidente quando o povo de Israel vagava pelo deserto durante o tempo de Moisés. Sua murmuração contínua provocava a ira de Moisés e fazia com que até mesmo o longânime Deus agisse — às vezes, para o prejuízo do povo de Israel.

O perigo de estar em um ciclo de resmungos envolve uma falha em reconhecê-lo pelo que ele é. Embora possamos apontar prontamente os resmungos dos outros (especialmente em nosso cônjuge, filhos ou outras pessoas próximas a nós), às vezes nossos próprios ataques de resmungos passam despercebidos. Nem sempre percebemos quando estamos presos em um ciclo de reclamações, até que uma pessoa sábia nos aponte a falha.

Talvez seja por isso que o apóstolo Paulo aconselhou seus leitores a observar suas palavras. Devemos criticar nossas palavras, como MacDonald também ensina o narrador, erradicando as amargas e duras. Em vez de usar a fala para reclamar, por que não a usar para encorajar ou ajudar de outras maneiras? Se você fizer isso, desenvolverá o hábito de abençoar em vez de murmurar.

Nenhuma palavra torpe saia da boca de vocês, mas apenas a que for útil para edificar os outros, conforme a necessidade, para que conceda graça aos que a ouvem. Não entristeçam o Espírito Santo de Deus, com o qual vocês foram selados para o dia da redenção. Livrem-se de toda amargura, indignação e ira, gritaria e calúnia, bem como de toda maldade.
EFÉSIOS 4:29-31

·7·

Mas, Pam, pense! Você não vê que nem sequer começou, enquanto se mantém nesse estado de espírito? Você está tratando Deus como apenas um meio para Michael.
CAPÍTULO 11

O amor pode ser "ruim"? Essa questão surge durante um encontro entre uma fantasma chamada Pam e uma das pessoas sólidas, chamada Reginald — seu irmão em vida. Pam anseia por contato com seu filho, Michael, e não consegue entender por que não tem permissão para vê-lo em sua chegada ao reino celestial. Ela se dispõe até a seguir o caminho da "religião" para atingir seu objetivo — recuperar o filho.

O narrador se emociona com a dor dessa conversa em que Pam se revolta contra Deus e até contra Reginald pela perda de seu filho. Ela ignora a explicação de seu irmão de que, embora Michael não pudesse ir vê-la, *ela* poderia viajar para vê-lo. Essa jornada, no entanto, exigiria que ela amasse alguém além de Michael: Deus.

Muitos hão tentado barganhar com Deus para conseguir um relacionamento ou uma vida mais longa. "Deus, se você me tirar dessa situação/me der essa pessoa, eu o seguirei", oram em desespero. Mas, mesmo quando Deus faz o que pedem, a promessa às vezes é esquecida. A tentação de usar Deus como meio para um fim é mais forte quando o objeto que buscamos nos é caro. Mas Deus quer ser procurado por quem ele é, não pelo que ele pode dar.

Em uma passagem da Escritura conhecida como *Schema* (ver Deuteronômio 6:4–9), Moisés lembrou ao povo de Israel que buscasse a Deus não como um meio para um fim, mas como o próprio fim. Ele deveria ser a primeira prioridade em suas vidas. Mais tarde, Jesus repetiu esse mandamento quando questionado sobre o mandamento mais importante da lei (ver Mateus 22:34–40).

Colocar Deus em primeiro lugar cria uma perspectiva diferente em nossas vidas. Relacionamentos, esperanças e desejos são filtrados pelas lentes da perspectiva de Deus. Já não nos apegamos a Deus como um meio para a obtenção de um fim.

Ame o Senhor, o seu Deus, de todo o seu coração,
de toda a sua alma e de todas as suas forças.
DEUTERONÔMIO 6:5

·8·

O que estava em seu ombro era um pequeno lagarto vermelho...
— Você prefere que eu o deixe aí? — disse o Espírito flamejante;
um anjo, como agora entendi.
CAPÍTULO 11

Entre as conversas que o narrador observa enquanto caminha com George MacDonald, uma das mais poderosas envolve um fantasma com um lagarto vermelho no ombro e um anjo brilhante ao seu lado. O fantasma ouve os sussurros do lagarto, enquanto tenta convencer o anjo de que o lagarto o tornou inaceitável como habitante do céu. O anjo, no entanto, nunca se desvia de seu desejo de ajudar o homem e matar o lagarto.

A princípio, o fantasma não consegue permitir que o anjo mate o lagarto. Ele tenta debater com o anjo sobre a necessidade de matá-lo. Finalmente, na angústia de sua alma, ele se submete. Após um processo doloroso, uma morte se você preferir, o homem e o lagarto são transformados — o homem no ideal de masculinidade e o lagarto em um cavalo notável. O lagarto não é mais um tormento. Agora é um instrumento que o homem pode usar.

A ideia de um lagarto empoleirado no ombro de um homem pode fazer alguns rirem. Mas, para muitos de nós, esse cenário é dolorosamente real. Nós temos de lidar com nosso próprio "lagarto" — um pecado que nos assedia obviamente demais para que o possamos negar: pornografia ou outro pecado ou vício sexual. Fofoca. Mentira. Nosso "lagarto" nos provoca e nos atormenta. Mentimos para os outros e para nós mesmos sobre seu efeito em nossas vidas. Até nos apegamos ao "conforto" e à familiaridade que recebemos dele, como uma criança chupando o dedo. Sentimo-nos "divorciados" de Deus e duvidamos de sua capacidade ou vontade de ajudar ou curar.

Qual é o lagarto em sua vida? O primeiro passo é admitir que você é impotente para mudá-lo sem ajuda. O próximo passo é clamar por ajuda como o espírito em *O grande divórcio* — ou como o pai desesperado que não tinha certeza se Jesus poderia fazer alguma coisa para ajudar seu filho. "Eu acredito, mas me ajude a vencer minha incredulidade!" Você não pode matar um lagarto com sua própria força.

"[...] Mas, se podes fazer alguma coisa, tem compaixão de nós e ajuda-nos."
"Se podes?", disse Jesus. "Tudo é possível àquele que crê."
Imediatamente o pai do menino exclamou: "Creio, ajuda-me a vencer a minha incredulidade."
MARCOS 9:22–24

◆9◆

O anão e o trágico falaram em uníssono, não para ela, mas um para o outro... Percebi então que eles eram uma pessoa, ou melhor, que ambos eram restos do que um dia foi uma pessoa.
CAPÍTULO 12

Um dos encontros mais trágicos testemunhados pelo narrador é aquele entre a Dama (Sarah Smith) e Frank, o Anão/Trágico. Como a Dama Verde em *Perelandra*, essa Senhora-Espírito tem uma beleza majestosa que a marca como cidadã do céu. A doçura de seu temperamento atrai os outros a Deus. Em contraste, o Anão é um homem fechado em si mesmo. Ele fala principalmente através de uma personagem de marionete — o Trágico. Cada declaração é proferida como que por um mau ator desempenhando um papel. Ele não é convincente. Mesmo que Sarah tente falar com Frank, em vez de com o Trágico, Frank se apega à personagem falsa.

Talvez você conheça pessoas assim, que sempre parecem representar um papel como se fossem um ator em um palco. Infelizmente, você nunca tem certeza de quem elas são, já que estão tão envolvidas no papel. A parte difícil vem quando você está em um relacionamento próximo com alguém que se apega a um papel.

Mesmo na igreja você pode encontrar atores. As pessoas falam sobre amar a Deus sem nenhuma ação para sustentar suas palavras. Ou se apegam ao papel de um crente justo, enquanto abrigam, em particular, pecados e dúvidas não confessados. É por isso que o apóstolo João encorajou os fiéis a serem verdadeiros em suas relações com os outros. Em vez de apenas falar, devemos mostrar o amor de maneiras tangíveis. Esse é o exemplo dado por Jesus quando ele andou na terra.

Aqueles que afirmam amar a Deus mostram sua confiança nele por quão reais são. Às vezes, a coisa mais amorosa que você pode fazer é admitir seus momentos de dúvida e fraqueza. Admitir a realidade de sua situação pode ser uma grande ajuda para alguém.

Filhinhos, não amemos de palavra nem de boca, mas em ação e em verdade. Assim saberemos que somos da verdade; e tranquilizaremos o nosso coração diante dele.
1 JOÃO 3:18–19

•10•

A exigência dos sem amor e dos autoaprisionados, de que lhes seja permitido chantagear o universo: que até que eles aceitem ser felizes (em seus próprios termos) ninguém mais possa saborear a alegria.
CAPÍTULO 13

Existem algumas conversas ou histórias que levam tempo para ser processadas. A conversa entre Sarah Smith e Frank, um homem acorrentado a um fantoche chamado Trágico, exigiria tempo e esforço do narrador para que este a entendesse. Assistir a Frank, o Anão, fugir para seu papel favorito, o de Trágico, faz com que o narrador questione o George MacDonald fictício sobre a atitude da Dama que afirma amar Frank. Como ela poderia vagar alegremente pelo céu enquanto o Trágico vagueia sozinho e infeliz?

Mas, como explica MacDonald, a escolha é sempre de Frank. Ele escolhe se encolher em um papel, em vez de soltar a corrente e fazer um esforço para ser real. Escolhe culpar a Dama por ter abraçado o amor verdadeiro em vez da casca sem vida do amor que Frank afirma ter.

A muitos fiéis foram feitas perguntas semelhantes às do narrador. Como os cristãos podem ser alegres quando existe um lugar como o inferno? Como pode haver alegria em um mundo onde há fome, dor e outros problemas? Às vezes nos vemos prisioneiros do humor das pessoas ao nosso redor, especialmente se essas pessoas são importantes para nós. Quando elas estão infelizes, nós estamos infelizes. Mas, embora a felicidade se baseie no cumprimento de certas condições, a alegria pode ser encontrada mesmo em tempos de miséria, porque a alegria não está sujeita à vontade da miséria.

A alegria começa com a escolha de aceitar os termos de Deus — salvação por meio de Cristo e obediência à sua vontade. E, porque a alegria vem de Deus, está fora do nosso controle. Ela existe mesmo nos momentos mais difíceis. Davi, um homem conhecido por sua devoção sincera a Deus, corajosamente proclamou a Deus o motivo de sua alegria — "por sua causa". O louvor é o resultado natural de estar cheio de alegria. Alegria não é uma negação, não é enterrar a cabeça na areia. Afinal, algumas das pessoas mais alegres sofreram muito. A alegria vem do conhecimento de que um grande Deus oferece sua proteção e ajuda em nossos maiores problemas.

Em ti quero alegrar-me e exultar, e cantar louvores
ao teu nome, ó Altíssimo.
SALMOS 9:2

CAPÍTULO 16
"O peso da glória"

Palavra por palavra, esse sermão pode ser a melhor coisa que Lewis já escreveu. Sua linguagem é incrivelmente poética. Seu objeto, o tema de ouro em toda a obra de Lewis, é o anseio. Um dos grandes apelos da ficção de Lewis é o poder de despertar um anseio pela coisa que nos conectará com algo grandioso e eterno, algo que transforma e dá encanto até ao que é ordinário. Em sua autobiografia espiritual, *Surpreendido pela alegria*, Lewis descreveu esse anseio como um desejo penetrante, mais forte do que qualquer satisfação terrena. Ele concluiu que, como esses desejos não encontram satisfação em nossa experiência terrena, devemos, em última análise, ter sido feitos para outra coisa. Todo desejo, Lewis concluiu em outro lugar, é, em última análise, pelo céu. O problema da era moderna não é a intensidade de nossos desejos, mas seu objeto. De fato, à luz das promessas das Escrituras, nossos desejos são muito fracos. Nós nos contentamos com ambições e luxúrias terrenas quando temos uma promessa de receber as glórias do céu. Brincamos nas favelas quando podíamos morar em uma mansão.

O erro que Lewis cometeu por tanto tempo — aquele cometido por muitos grandes poetas, artistas e por nós mesmos — foi pensar que a satisfação final podia ser encontrada nas coisas que despertam o desejo. Ela não está *nessas* coisas; é apenas mediada *por* elas. Muitas experiências terrenas despertam esse desejo maior. Nós os perseguimos e descobrimos que a satisfação, como o horizonte, recua diante de nós. Muitas coisas podem despertar esse desejo profundo, geralmente quando não o estamos procurando — livros, fotos, música, paisagens, lembranças da infância —, mas nenhuma delas pode satisfazê-lo. Se pretendermos que *qualquer* coisa satisfaça tal anseio, descobriremos em todas elas "fraudes", como disse Lewis. Podemos vê-las como uma antecipação do que está por vir, mas elas não são a coisa em si.

O que podemos fazer com esse entendimento? Podemos depositar nossas esperanças em nosso lar celestial e suportar pacientemente os fardos de nossa jornada terrena, como uma preparação necessária. Como o apóstolo Paulo disse: "O que se vê é transitório, mas o que não se vê é eterno." (2 Coríntios 4:18). Também podemos indicar aos outros a origem do anseio: o Senhor que nos fez para si. Já que todos nós fomos feitos para a inimaginável glória eterna em Cristo ou então para o inimaginável horror eterno longe de Cristo, devemos nos ocupar com a glória futura do nosso próximo, bem como com a nossa. Não existem "pessoas comuns". Todos têm um destino eterno. Isso enche todos os relacionamentos, por mais casuais que sejam, de significação. Vista sob essa luz, toda a vida está viva de aventura e sentido.

· I ·

Se você perguntasse a vinte homens bons hoje qual das virtudes eles consideram a mais elevada, 19 deles responderiam: altruísmo. Mas, se você perguntasse o mesmo a quase qualquer um dos grandes cristãos da antiguidade, a resposta seria: amor.

Dever. Responsabilidade. Provavelmente ouvimos essas palavras na infância, quando nossos pais ou responsáveis tentavam incutir em nós a importância de sermos cidadãos bons e responsáveis. Eles tentaram nos transmitir a necessidade de sermos altruístas — compartilhar com os outros, brincar gentilmente com eles, guardar nossos brinquedos e ser prestativos e gentis. À medida que crescemos, nossas consciências substituíram nossos pais como lembradores dos nossos deveres (pagar impostos, devolver livros à biblioteca antes que multas se acumulem, obedecer às leis de trânsito).

Portanto, podemos nos relacionar prontamente com a citação com a qual Lewis começou seu sermão "O peso da glória". O altruísmo é uma boa ação que podemos marcar facilmente em nossa lista de afazeres. Nosso senso de dever é muitas vezes amarrado em uma palavra: *deveria*. Pensamentos sobre o que *devemos* fazer podem ser desgastantes porque esse termo é negativo, e não positivo. A virtude do altruísmo tem uma conotação negativa semelhante, como explicou Lewis. Isso não acontece com o amor.

Talvez seja por isso que o apóstolo Paulo explicou que o amor, e não o altruísmo, é a maior virtude. O verdadeiro amor é a motivação por trás de qualquer ato verdadeiramente altruísta. Ele alimenta a ação, muito depois que o senso de dever desaparece. Considere o pai que fica acordado noite após noite com um filho doente ou a pessoa que trabalha em dois empregos para permitir que seu cônjuge retorne à escola e realize um sonho. É de se admirar que Jesus tenha dito a seus discípulos que o amor é o mandamento mais importante? (Ver Mateus 22:37–40.)

O amor é o que motiva uma pessoa a dar sua vida pelo evangelho. Um senso de dever não poderia sustentar o apóstolo Paulo entre espancamentos, naufrágios e outros perigos da vida missionária.

O amor motiva você? Ou é o dever?

Assim, permanecem agora estes três: a fé, a esperança e o amor. O maior deles, porém, é o amor.
1 CORÍNTIOS 13:13

•2•

Somos... como uma criança ignorante que quer continuar fazendo tortas de barro em uma favela, porque não consegue imaginar o que significa a proposta de passar as férias navegando.

Quais são suas esperanças ou sonhos? Às vezes, não podemos imaginar sonhos maiores que ganhar na loteria ou, pelo menos, tirar férias grátis, ter paz na terra ou fazer os nossos filhos se comportarem sempre bem. Embora qualquer um dos itens acima possa parecer a resposta para alguns dos problemas da vida, cada um aponta para o que C. S. Lewis descreveu em "O peso da glória" como ser alguém que se satisfaz muito facilmente — em outras palavras, alguém que se conforma com pouco.

Alguns adesivos e adágios podem nos levar a acreditar que esta vida é tudo o que existe. Então, fala-se muito sobre alcançar todo o entusiasmo que for possível, comprando a última bebida badalada ou tirando férias nos melhores lugares. Mas, quando a bebida acaba ou as férias terminam, o que acontece?

Essa mentalidade facilmente satisfeita também afeta nossas expectativas de Deus e nossas vidas como cristãos. Temos baixas expectativas da vida cristã. Além do *dever*, não podemos imaginar a abundância que Jesus descreve no Evangelho de João. Ou então tememos imaginar, pensando que, ao fazê-lo, cairíamos na armadilha da "teologia da prosperidade". Lewis abordou esse aspecto um pouco mais adiante em seu sermão, quando descreveu os incrédulos que acusam os cristãos de buscar recompensas. Mas Jesus não promete uma vida monótona e insatisfatória. Em vez disso, ele nos convida a ir além da complacência, buscando a abundância de riquezas espirituais que Deus oferece. Isso inclui "conhecimento de Deus" e uma "esperança confiante" (Efésios 1:17–18).

A vida que Jesus oferece inclui a água viva que mata a sede permanentemente (ver João 4:13–14). Mas essa promessa de abundância não significa que nunca sofreremos ou duvidaremos. Significa, no entanto, que temos uma esperança além das dúvidas e do desespero. Portanto, Jesus nos convida a sair das favelas de nossa existência para o litoral de seu amor. Pronto para um mergulho?

O ladrão vem apenas para furtar, matar e destruir; eu vim para que tenham vida, e a tenham plenamente.
JOÃO 10:10

3

Essas coisas — a beleza, a memória de nosso próprio passado — são boas imagens do que realmente desejamos; mas, se elas são confundidas com o objeto em si, transformam-se em ídolos mudos, que destroem o coração de seus adoradores.

Você já se pegou emocionado com uma sinfonia, um poema, uma ação heroica, uma paisagem particularmente bonita ou o riso de um bebê? No meio de uma experiência, tentamos expressar nossos anseios através de palavras. Mas a formulação adequada nos escapa. Semanas depois de voltar de um local de férias, não conseguimos voltar a imergir na magia da experiência, mesmo assistindo a vídeos ou vendo fotografias das férias. Com um sentimento de nostalgia, podemos tentar capturar o anseio de nossos corações em palavras ou música, mas a experiência completa permanece indescritível.

O desejo pela beleza, glória e verdade está inscrito em nós; estamos programados para buscar essas coisas, mas apenas enquanto sinais que apontam para seu Criador. Lewis voltou a esse anseio repetidas vezes, em muitas de suas obras. No entanto, esse anseio — esse *sehnsucht* — não pode ser completamente atendido por qualquer experiência que tenhamos na Terra. Aqui, podemos ver apenas vislumbres fugazes da beleza, que estimulam nosso desejo pela coisa real. Então, qual é a coisa real? O próprio Senhor. Ele é a personificação da beleza, glória e verdade. O que achamos belo aqui é apenas um pobre reflexo da beleza eterna de Deus.

No entanto, quantos de nós caem na armadilha de adorar a beleza ou a glória, facilmente satisfeitos com a sombra, em vez da fonte? Como Lewis alertou, esses "ídolos mudos" — esses substitutos — acabam destruindo nossos corações.

Davi decidiu buscar a beleza na fonte, buscando o Senhor. O sentimento abaixo não é apenas uma noção "religiosa" que se desvanecerá com o passar do tempo ou após a realização de um sonho. Afinal, Davi tinha tudo: boa aparência, esposas, filhos, riqueza, sucesso militar e um reino. Mas nada disso pode ser comparado com o Senhor. É por isso que você não encontra Davi pedindo uma vida terrena melhor ou mais sucesso. Ele sabia que tudo o que era belo começava com o Senhor.

Onde você está procurando por satisfação?

Uma coisa pedi ao Senhor, é o que procuro: que eu possa viver na casa do Senhor todos os dias da minha vida, para contemplar a bondade do Senhor e buscar sua orientação no seu templo.
SALMOS 27:4

• 4 •

Nossos livros sagrados nos dão algum relato do objeto. Naturalmente, são relatos simbólicos. O céu está, por definição, fora de nossa experiência, mas todas as descrições inteligíveis devem ser de coisas que conhecemos por experiência.

Se você já tentou descrever um lugar incrível para alguém que nunca o viu, sabe a frustração envolvida em fazê-lo parecer, para ele ou ela, tão vívido quanto para você, especialmente se você gostar muito desse lugar. Mesmo se tivesse fotos para mostrar, você se veria tropeçando em adjetivos como *maravilhoso*, *fascinante* e *lindo* para transmitir a experiência completa. No entanto, essas descrições não conseguem transmitir essa visão.

O céu é um lugar assim, e é apenas por meio de símbolos que ele pode ser descrito para nós. Quando o apóstolo João descreveu sua visão da nova Jerusalém (Apocalipse 21–22), ele poderia descrever o que viu apenas com base em seu próprio conjunto de referências. Ele pensou em metais preciosos e pedras que conhecia, como ouro e jaspe, para descrever essa cidade brilhante e misteriosa. Sem dúvida, pensou na Jerusalém durante seus dias — uma cidade situada em uma colina.

Essa imagem de esplendor inspirou escritores ao longo dos séculos, como John Bunyan (*O peregrino*). Considere sua brilhante Cidade Celestial. Não é interessante que em nenhuma dessas descrições do céu você encontre uma cidade devastada pela guerra, com ruas sujas e cidadãos famintos? Em vez disso, tudo é brilhante, fresco e bonito.

Ler uma descrição do céu como a de Bunyan ou a do apóstolo João nos faz desejar estar lá. Tais imagens nos sustentam quando nos sentimos manchados pelas questões da terra. No céu, onde tudo realmente será perfeito, nos deleitaremos na glória de Deus e compartilharemos da glória que ele nos prometeu.

Então vi um novo céu e uma nova terra, pois o primeiro céu e a primeira terra tinham passado; e o mar já não existia.
[...] Ele me levou no Espírito a um grande e alto monte e mostrou-me a Cidade Santa, Jerusalém, que descia do céu, da parte de Deus.
Ela resplandecia com a glória de Deus, e o seu brilho era como o de uma joia muito preciosa, como jaspe, clara como cristal.
APOCALIPSE 21:1, 10–11

· 5 ·

[Nós] nunca devemos desviar nossos olhos daqueles elementos [em nossa religião] que nos parecem intrigantes ou repulsivos; pois será precisamente o intrigante ou o repelente que ocultará o que ainda não sabemos e precisamos saber.

Você provavelmente está familiarizado com algumas dúvidas que os não cristãos têm em relação à vida cristã. Alguns incrédulos falam bastante sobre aspectos da fé dos quais ouvem falar, especialmente se não observam cristãos vivendo suas próprias crenças. Muitos cristãos também sofrem com certos aspectos da vida de fé. No entanto, por medo de sermos rotulados como incrédulos ou imaturos, somos reticentes em admitir esses sofrimentos. Sentimos que deveríamos superar todas as dúvidas. Mas, neste mundo, nunca estaremos livres da batalha.

Em sua discussão sobre o céu em "O peso da glória", Lewis explicou que não podemos esperar do cristianismo respostas que satisfaçam totalmente nossas perguntas e anseios sobre o céu. Se pudéssemos, então o céu seria um lugar bem raso. Em vez disso, vamos lutar com elas até chegarmos lá. Lutar com verdades espirituais é como se exercitar: faz bem ao corpo e é algo que precisaremos fazer sempre. Tudo isso faz parte do treinamento que Paulo descreveu para seu filho espiritual, Timóteo.

Lewis, o grande apologista, nunca foi de fugir de treinamento espiritual. Ele nos serviu de exemplo da necessidade de lutar e continuar lutando mesmo com as verdades que achamos mais "enigmáticas ou repulsivas". Já Paulo sabia que nesta vida estaremos sempre em um estado de aprendizado, crescimento e anseio. É na luta que a pérola da sabedoria ou do crescimento pode se desenvolver.

> *O exercício físico é de pouco proveito; a piedade, porém, para tudo é proveitosa, porque tem promessa da vida presente e da futura.*
> *Esta é uma afirmação fiel e digna de plena aceitação.*
> *Se trabalhamos e lutamos é porque temos colocado a nossa esperança no Deus vivo, o Salvador de todos os homens, especialmente dos que creem.*
> 1 TIMÓTEO 4:8–10

·6·

Pois glória significa boa comunicação com Deus, aceitação por Deus, resposta, reconhecimento e boas-vindas ao coração das coisas. A porta na qual temos batido ao longo de toda a nossa vida finalmente se abrirá.

Muitos de nós provavelmente não definiriam *glória* como "aceitação". Pensamos em honra, reconhecimento ou fama. O próprio

Lewis pelejou para encontrar uma noção de glória e sua difícil definição. Depois de estudar as obras de cristãos conhecidos como John Milton, Samuel Johnson e Tomás de Aquino, Lewis chegou à surpreendente conclusão descrita na citação poucas linhas atrás.

Todos ansiamos por aceitação, por inclusão. É por isso que nos comprometemos com confrarias e irmandades ou participamos de clubes de campo, redes sociais e outras organizações. Alguns clubes exclusivos nos atraem porque incluem algumas pessoas, mas não todas. Ser aceito em suas listas de membros é um afago no ego — pelo menos por um tempo.

Embora nos tornemos membros de igrejas locais para adorar a Deus lá, esses também são lugares onde desejamos encontrar inclusão e aceitação. Queremos que a igreja seja o lugar, como diz a velha música-tema da série *Cheers*, "onde todo mundo sabe seu nome". Às vezes não encontramos o que procuramos. No entanto, uma recepção calorosa por parte de Deus é um componente da glória que ele promete aos fiéis. Ser incluído na família de Deus significa que somos conduzidos ao "coração das coisas", como Lewis descreveu. Segundo o apóstolo João, temos a certeza de que somos "filhos de Deus" quando cremos em Cristo. Isso faz parte do renascimento descrito em João 1:12–13.

Quando você nasce em uma família, é automaticamente incluído nas atividades dessa família. Você tem todos os direitos e privilégios associados a ser um membro da família. Assim é com a família de Deus: você tem os direitos e os privilégios de sua comunhão, como o perdão, a aceitação e a presença do Espírito Santo.

Infelizmente, muitas pessoas têm dificuldade em imaginar como é ser recebido com alegria em uma família. Você se identifica com isso? Considere o fato de que Deus também é "Pai para os órfãos" (Salmos 68:5) e promete "nunca te decepcionar... [e] nunca te abandonar" (Hebreus 13:5).

Aos que o receberam, aos que creram em seu nome, deu-lhes o direito de se tornarem filhos de Deus.
JOÃO 1:12

•7•

[O] nosso anseio de sermos reunidos a algo no universo, algo de que por ora nos sentimos isolados... não é uma mera fantasia neurótica, mas o mais verdadeiro indicador de nossa real situação.

Os feriados e o verão geralmente são o tempo propício para reuniões e para juntar toda a família. Vemos amigos ou familiares que não víamos havia anos. Às vezes, relacionamentos tensos podem até ser remendados quando nos reunimos em um gramado, em torno de petiscos e bebidas.

Quando somos separados ou ficamos longe de pessoas que nos são queridas, nos sentimos como alguém que perdeu um membro. É isso que Lewis descreve aqui. Ansiamos pela totalidade que um reencontro feliz significa. O anseio que ele descreveu, no entanto, é de união com Deus. É parte do desejo de inclusão que define a glória. E esse anseio, essa saudade, é uma dor constante que não será curada aqui do lado de fora do céu.

Conhecemos bem a dor de ser excluído ou rejeitado. Ela tem o poder de nos mergulhar nas profundezas do desespero. Mas a dor da saudade, de fato, tem o efeito oposto, porque sinaliza nossa inclusão.

Escrevendo anos depois que Jesus ascendeu ao céu, o apóstolo Pedro encorajou por cartas os fiéis que nunca tinham visto Jesus. Embora tivesse visto Jesus, Pedro entendia a saudade que seus leitores sentiam do Senhor, de quem ele também sentia falta. Como o Espírito Santo ligava a todos no corpo de Cristo, a ausência de Jesus era como a de um membro perdido. Mas, como Pedro sugeriu, seus leitores poderiam se alegrar sabendo que algum dia estariam com Cristo para sempre. Essa foi uma mensagem muito encorajadora para um grupo de fiéis que sofriam perseguição e outras injustiças.

Talvez você, por se sentir isolado, precise do encorajamento que Pedro e Lewis ofereceram. Se o afastamento for por uma mágoa passada, que você ou outra pessoa causou, considere o perdão que Deus oferece. O perdão nos liga a Deus de maneira tangível e nos lembra do que temos nele — um novo começo, bem como a graça de perdoar os outros.

Mesmo não o tendo visto, vocês o amam; e, apesar de não o verem agora, creem nele e exultam com alegria indizível e gloriosa.
1 PEDRO 1:8

·8·

O homem inteiro deve beber a alegria da fonte da alegria.

Fala-se de uma fonte que traz alegria ao coração. Quando você está com sede, o bebedouro mais humilde é como um oásis no deserto. E depois há as muitas belas fontes ao redor do mundo, construídas para refrescar os olhos — a Fontana di Trevi em Roma, as fontes de Peterhof em São Petersburgo e as duas fontes na Place de la Concorde são apenas alguns exemplos notáveis. Até mesmo a visão das maneiras criativas como a água é projetada através de canos e esculturas, transbordando, é um constante refrigério. Lewis falou sobre uma fonte simbólica — da qual os sedentos podem beber toda a alegria que quiserem.

A alegria é um subproduto da perseverança no amor de Cristo, como Jesus explicou a seus discípulos. Com seu amor fluindo constantemente através de nós, transbordaremos alegria, como qualquer boa fonte. No entanto, por causa de nossa natureza pecaminosa, às vezes não podemos nos imaginar como uma fonte de alegria. Outros estados menos positivos, como a tristeza ou desespero, vêm mais facilmente à mente, e o convite para se tornar uma fonte de alegria fica aguardando nossa confirmação.

Considere o fato de que Jesus falou a discípulos acostumados a trabalhar arduamente para ganhar a vida. Eles faziam parte de um povo derrotado e oprimido pelos romanos. Imagine quão radical essa promessa pode ter parecido, especialmente porque feita em um clima quente e seco — as imagens de Jesus devem ter realmente cativado seus discípulos. Quando está sedento, você mal pode esperar para saciar sua sede, para beber o máximo que puder. Durante os tempos "secos" de nossas vidas, quando nos sentimos incapazes de proclamar com convicção as promessas de Deus, é difícil imaginar que nossa sede seja saciada, quanto mais transbordantemente saciada. Mas é exatamente isso que Jesus promete aqui. Ele não diz que sua alegria *pode* transbordar; ele afirma, categoricamente, que ela vai transbordar. Mas primeiro devemos obedecer aos seus mandamentos e permanecer em seu amor.

Sentindo-se seco espiritualmente? Vá até a fonte da alegria e beba.

Se vocês obedecerem aos meus mandamentos, permanecerão no meu amor, assim como tenho obedecido aos mandamentos de meu Pai e em seu amor permaneço.

Tenho lhes dito estas palavras para que a minha alegria esteja em vocês e a alegria de vocês seja completa.
JOÃO 15:10–11

·9·

[A] pessoa mais chata e desinteressante com quem você fala pode um dia vir a ser uma criatura que, se você a visse agora, ficaria fortemente tentado a adorá-la.

Se você é fã de histórias em quadrinhos ou filmes de super-heróis, talvez sinta uma certa adrenalina quando o super-herói abandona a identidade rotineira e emerge como o ser poderoso que é. Clark Kent tira seus óculos e roupas e voa para o céu com a capa voando. Diana Prince, também conhecida como Mulher-Maravilha, prende suas pulseiras e revela sua força sobre-humana — dom de sua cidadania entre as amazonas da Ilha Paraíso. Mesmo o Batman, que não tem superpoderes, é considerado um super-herói por causa de sua inteligência, habilidade e engenhocas interessantes.

Comparados a eles, Jimmy Olsen e o mordomo Alfred — os ajudantes humanos — parecem bem comuns, não é? Podemos nos identificar com eles mais facilmente do que com o Super-homem ou o Batman. No entanto, como Lewis explicou na citação acima, mesmo a "pessoa mais chata e desinteressante" carrega o peso de uma glória que o céu algum dia revelará em seu esplendor. E deixaria até o Super-Homen com inveja.

Se você é um crente, você tem uma "super" identidade, mas não secreta. Como cidadãos do céu (ver Filipenses 3:20), algum dia teremos corpos glorificados como o do Cristo ressuscitado. O apóstolo Paulo escreveu sobre a transformação que os fiéis sofrerão "num piscar de olhos" (1 Coríntios 15:52). Isso é o que Lewis sugeriu. Mas há alguns dias em que é difícil de acreditar em tal promessa. Nossas fraquezas e inseguranças nos fazem sentir como se estivéssemos apenas sobrevivendo. Em vez disso, "somos mais que vencedores" (Romanos 8:37) em nossas provações hoje e por meio de nossa esperança no céu. Acredite!

[...] num momento, num abrir e fechar de olhos, ao som da última trombeta. Pois a trombeta soará, os mortos ressuscitarão incorruptíveis e nós seremos transformados.

1 CORÍNTIOS 15:52

·10·

Nosso júbilo deve ser daquele tipo (de fato, o tipo mais alegre) que existe entre pessoas que, desde o primeiro momento, se levaram mutuamente a sério — sem leviandade, sem superioridade, sem presunção.

Pense na última vez que você compartilhou uma risada com alguém — uma expressão de júbilo, não à custa de ninguém, mas por pura alegria e nascida de uma conexão profunda com a pessoa. É o tipo de risada que bebês e crianças dão o tempo todo. É o tipo de riso profundo, com uma semente de alegria, que faz você se sentir vivo.

Não é interessante que as coisas mais frequentemente citadas na mídia sejam alguma tolice que uma celebridade disse ou fez? Um sentimento de superioridade permeia certo tipo de humor. Durante os *talk shows* noturnos, rimos dos comentários sarcásticos e cáusticos, ou compartilhamos vídeos que encontramos na internet em que aparece esse tipo de coisa.

Em um lembrete da glória que temos por meio de Deus, Lewis voltou-se para o tema do humor. Como ninguém é qualquer um, não temos o direito de nos achar superiores a ninguém. Em vez disso, devemos oferecer, uns aos outros, o presente de levá-los a sério — ironicamente, no modo como usamos o humor uns com os outros. Considere as pessoas que você admira ou ama. A ideia de as ridicularizar ou contar uma piada depreciativa à custa delas lhe parece repugnante, não é?

O apóstolo Paulo tinha a mesma opinião em sua advertência aos fiéis a respeito do humor. Podemos não pensar que uma piada que contamos seja "de mau gosto". Mas, se ela envolve tratar alguém com desprezo, cai nessa categoria.

Como cidadãos do céu, não devemos tratar uns aos outros — quaisquer outros — com desprezo. Quanto mais gratos somos, menos tempo temos para desprezar os outros. Ser grato significa estar cheio de alegria. Quando você está cheio, não pode deixar de transbordar — e a alegria é a fonte do verdadeiro júbilo.

Não haja obscenidade, nem conversas tolas, nem gracejos imorais, que são inconvenientes, mas, em vez disso, ação de graças.
EFÉSIOS 5:4

CAPÍTULO 17
O cavalo e seu menino

Cada livro das Crônicas de Nárnia tem muitos temas e abordagens produtivas. Os temas-chave em *O cavalo e seu menino* (*The Horse and His Boy*) são orgulho, humildade e a mão muitas vezes invisível de um Deus soberano guiando os eventos (até mesmo os traumas) de nossas vidas para nosso bem e sua glória. Todos os personagens-chave dessa história passam por uma transformação espiritual. Um cavalo orgulhoso, cético e falante torna-se um cidadão satisfeito e fiel a Aslan; um menino comum é transformado em rei.

A história começa com Bree, um cavalo falante de Nárnia, e Shasta, um enjeitado levado de Archenland, que ouve que está prestes a ser vendido por seu dono, um pescador. Ambos decidem fugir para as terras do norte, de onde procedem. Eles são acompanhados por Aravis, uma orgulhosa garota aristocrática, e sua égua, Hwin, uma alma muito humilde, que estão a caminho para alertar Nárnia e Archenland de uma iminente invasão de Calormen. No caminho, a tropa ajuda a rainha Susan a escapar de um casamento forçado. Eles são perseguidos pelo suposto marido de Susan, Rabadash, o cruel príncipe de Calormen e inimigo de Nárnia e Archenland.

O ataque de um leão põe os protagonistas em marcha, testa seu caráter e julga seus pecados. O leão, eles descobrem mais tarde, é Aslan. O cavalo, Bree, decide que não quer ir para Nárnia, porque, sendo um cavalo falante, é especial onde está agora, mas em Nárnia ele será apenas um entre muitos. Além disso, Bree se perde no ataque do leão e fica envergonhado. No mesmo ataque, as costas de Aravis são arranhadas por Aslan, ficando uma cicatriz para cada chicotada que ela fez dar nas costas de um servo. Tudo isso é tão necessário para esses dois quanto para nós são tantas experiências desagradáveis de vida, por causa do que eles precisam aprender. Aravis aprende justiça e misericórdia. Ambos aprendem a humildade — simplesmente aceitando a visão correta de si mesmos em relação a Deus e aos outros.

Shasta é o menino de Bree, como mencionado no engraçado título. Seu caráter é espelhado na humilde égua Hwin, assim como Bree e Aravis são duplos. Hwin, como a rainha Lucy e Shasta, mas ao contrário de Bree, não demora a acreditar em Aslan. O que a humilde égua e o menino precisam aprender é a ter coragem. Em Archenland, Shasta descobre que ele é o filho gêmeo um pouco mais velho do Rei Lune, que estava perdido, e que seu nome verdadeiro é Cor. Ele não quer ser rei. Cor aprende, junto com todos os outros, que não podemos escolher nossos papéis — apenas quão bem ou mal vamos desempenhá-los. Quando cresce, Cor se torna um grande e corajoso líder.

Quanto a Rabadash, amargo e desdenhoso até o fim, Aslan o transforma em um burro ridículo e o manda de volta para Calormen. Lá ele é novamente transformado em humano, mas avisado de que, se se afastar mais de 16 quilômetros do templo do falso deus Tash, que ele invoca tolamente, será transformado em burro para sempre. Por misericórdia ou justiça, todos são transformados. A misericórdia é oferecida a todos, embora a maioria demore a aceitá-la e ela deva ser estimulada pelo desprazer, para seu próprio bem. Alguns rejeitam completamente a misericórdia, como Rabadash, o Ridículo, e sofrem o julgamento da justiça.

◆ I ◆

Para quem se sente nervoso, não há nada como manter o rosto voltado para o perigo e ter algo quente e firme nas costas.
CAPÍTULO 6

Como mostram filmes como *Monstros S.A.*, um cobertor quente pode ser uma arma formidável na luta contra monstros! Quando você era criança, talvez acreditasse nisso. À medida que cresceu, no entanto, você percebeu que um cobertor não pode resolver todos os problemas em sua vida. Algumas noites escuras da alma exigem conforto real, como Shasta, o escravo órfão, aprendeu em *O cavalo e seu menino*.

Depois de escapar dos Calormen nas costas de Bree, um cavalo falante de Nárnia, Shasta enfrenta uma noite escura — literalmente — enquanto espera nas Tumbas por Bree e seus companheiros de viagem: Aravis, a Tarkheena, e Hwin, outro equino falante de Nárnia. Não há cobertores sob os quais se esconder. Então, imagine o terror inicial de Shasta, e o alívio subsequente, quando um grande felino vem e se deita ao lado dele. Embora Shasta se deleite com o calor do animal em suas costas, mal sabe ele que o grande felino é Aslan, o Leão.

Davi, o escritor dos Salmos e o maior rei de Israel, escreveu, em seu salmo mais conhecido, sobre um tempo terrível. Como pastor, ele conhecia por experiência a necessidade de uma vara e um cajado para liderar ovelhas. A vara ajudava um pastor a proteger seu rebanho de predadores como lobos. E o cajado era usado para guiar as ovelhas ou puxá-las para um lugar seguro se elas caíssem em apuros.

"O vale de trevas e morte" tem o rosto de qualquer experiência assustadora com a qual possamos ter de lidar — uma doença temida, a morte de um ente querido, uma dúvida que assalta nossa fé. Quando você se sente com frio ou solitário, precisa de algum tipo de calor — seja um cobertor, uma palavra ou um sorriso, ou apenas a presença de um companheiro. Mas, quando você está com medo, precisa saber que alguém maior e mais poderoso está com você. Precisa do calor da presença do Pastor.

Mesmo quando eu andar por um vale de trevas e morte, não temerei perigo algum, pois tu estás comigo; a tua vara e o teu cajado me protegem.
SALMOS 23:4

• 2 •

A dor foi terrível e quase o deixou sem fôlego; mas, antes que se desse conta, ele estava voltando, cambaleante, para ajudar Aravis.
CAPÍTULO 10

Qual o maior risco que você já correu? Você estaria disposto a ajudar alguém, mesmo correndo o risco de se machucar? Embora possamos arriscar a vida se alguém que amamos estiver envolvido, qualquer chance de sermos fisicamente feridos ou muito incomodados diminui a probabilidade de agirmos. No entanto, às vezes ouvimos histórias de pessoas que arriscaram suas vidas para salvar estranhos de lagos gelados ou de animais ferozes.

Shasta, Bree, Aravis e Hwin, na corrida para se manter à frente das forças invasoras calormanas do príncipe Rabadash, percebem que sua força está diminuindo. Contudo, vendo um leão atrás de Aravis e Hwin, Shasta dá um salto ousado nas costas de Bree para correr em seu socorro, embora Bree, o cavalo, se recuse a parar. Shasta, nesse momento, ainda não era íntimo de nenhum deles. No entanto, pensa mais no bem-estar deles do que no perigo, em sua capacidade de ajudá-los ou em seu próprio bem-estar.

O profeta do Velho Testamento Isaías falou do Salvador que um dia resgataria outros, correndo ele mesmo grande risco. Tal como acontece com Shasta, "a dor seria terrível". De fato, as Escrituras dizem que ele seria "esmagado por nossos pecados" e "chicoteado para que pudéssemos ser curados". Em outras palavras, ele assumiria o castigo — cada gota cruel — que "nossa rebelião" merecia (Isaías 53:5).

Basta-nos ler o Novo Testamento para saber que Jesus foi o Salvador, que cambaleou até a cruz depois de uma noite cansativa de provações e brutalidade, para que não tivéssemos de sofrer o mesmo. Seu sacrifício nunca precisaria ser repetido. No entanto, também nos inspira a pensar além de nós mesmos ou de nossas zonas de conforto para ajudar alguém que precise. Isso nos torna dispostos a arriscar a vida e os membros para honrar a vida que ele deu por nós.

Mas ele foi transpassado por causa das nossas transgressões, foi esmagado por causa de nossas iniquidades; o castigo que nos trouxe paz estava sobre ele, e pelas suas feridas fomos curados.
ISAÍAS 53:5

•3•

Shasta era maravilhoso. Eu sou tão ruim quanto você, Bree. Eu o esnobei e o desprezei desde que vocês nos encontraram, e agora vejo que ele é o melhor entre nós todos.
CAPÍTULO 10

Você já se descobriu completamente equivocado a respeito de alguém? Talvez, então, um ato ou uma palavra tenha ajudado a levar você a uma compreensão mais profunda da pessoa, ou a mudar sua ideia a respeito das atitudes dela. O risco corrido por Shasta, ao tentar salvar Aravis e Hwin do leão, torna-se uma fonte de convicção para Bree e Aravis. O *status* de Bree como um cavalo livre de Nárnia (um experiente cavalo guerreiro, por falar nisso) e o *status* de Aravis como a filha do senhor da província de Calavar fizeram com que eles se considerassem superiores a Shasta — um pobre ninguém de Calormen. Mas, antes mesmo de conhecer sua verdadeira identidade, que descobrem no final da história, começam a olhar Shasta com melhores olhos.

Para conter a onda de pensamento crítico, o apóstolo Paulo incluiu a advertência a seguir em sua carta aos fiéis de Roma. Uma das causas da desunião em um corpo é uma atitude de superioridade, que estabelece uma barreira entre uma pessoa ou grupo e outras. Essa atitude deve ser eliminada para que se faça uma obra eficaz do Reino.

Às vezes, nossa educação ou nossos privilégios nos levam a acreditar que somos, pelo menos, um pouco melhores do que alguns outros. Mas, se nos avaliarmos com o metro de Deus, nos veremos de outro modo.

Nenhum de nós pode fazer nada sem a graça de Deus. Mesmo Paulo, com suas vastas realizações, cidadania romana e educação de prestígio, sabia que devia tudo àquele que o encontrou na estrada de Damasco (ver Atos 9). Uma avaliação honesta não significa tomar a rota da inferioridade — uma atitude que Deus não deseja. Saber que "tudo posso em Cristo" (Filipenses 4:13) é uma avaliação honesta.

Ninguém tenha de si mesmo um conceito mais elevado do que deve ter; mas, pelo contrário, tenha um conceito equilibrado, de acordo com a medida da fé que Deus lhe concedeu.
ROMANOS 12:3

·4·

— Eu acho — disse Shasta — que devo ser o menino mais infeliz que já viveu no mundo inteiro. Tudo dá certo para todos, menos para mim.
CAPÍTULO 11

Mesmo os fortes e os corajosos têm momentos de fraqueza. Considere o profeta Elias, que fugiu das ameaças da assassina rainha Jezabel (ver 1 Reis 19). Shasta, o órfão que escapou de Calormen, está em boa companhia. Depois de alertar com sucesso o rei Lune sobre a chegada iminente do exército de Rabadash, Shasta se encontra sobre um cavalo rebelde, que se recusa a seguir seus comandos. Todos os homens que viajavam com ele o deixaram para trás na louca corrida de volta ao castelo do rei Lune. Em seguida, ele monta outro cavalo rebelde — o da autopiedade. E, assim como com o cavalo físico que montava, Shasta se considera impotente para detê-lo.

Já teve um dia assim, quando você acha que o mundo está contra você? A torrada queima, as crianças brigam sem parar, seu chefe lhe dá uma bronca e você recebe uma multa por excesso de velocidade. E então você se convida para um jantar de autopiedade, mesa para um.

O escritor do Salmo 42 conhecia a expressão "ai de mim". Mas ele também conhecia o beco sem saída a que essa expressão leva. É por isso que, nesse salmo, ele prescreveu mais de uma vez seu próprio remédio: esperança em Deus.

Quando você está abatido, a ideia de esperar em Deus pode parecer impossível, especialmente se vier acompanhada de uma sensação de ter sido esquecido por ele. Mas existem alguns problemas da alma que nos levam a mergulhar mais fundo no poço que é o próprio Deus. Só ele tem o poder de tomar as rédeas de um rebelde cavalo de autopiedade — como Aslan fez por Shasta — e controlá-lo. À medida que ele fornece uma nova visão para nossa situação, a autopiedade se torna um louvor e um lembrete de que Deus tem um propósito para você e sua situação.

Por que você está assim tão triste, ó minha alma? Por que está assim tão perturbada dentro de mim? Ponha a sua esperança em Deus! Pois ainda o louvarei; ele é o meu Salvador e o meu Deus.
SALMOS 42:5–6

·5·

Eu fui o leão que, através do medo, renovou a força dos cavalos na última milha, para que você chegasse a tempo ao rei Lune.
CAPÍTULO 11

Você acreditaria que o medo pode ser uma vantagem? Às vezes, o medo é um motivador que nos leva ao nosso limite na busca por ajuda. Como o grande Leão Aslan explica a Shasta, os cavalos Bree e Hwin, exaustos, precisavam de um pouco de medo na reta final de sua jornada. Em nossas mentes finitas, podemos ser tentados a acreditar que Aslan é cruel por infligir terror a

Bree e Hwin. No entanto, esse terror os estimulou a correr mais rápido do que pensavam ser capazes. Posteriormente, o rei Lune, de Archenland, é avisado sobre a chegada dos invasores e o reino é salvo.

Considere os momentos em que o medo o empurrou para além dos limites que você havia estabelecido para si mesmo. Talvez o medo de perder um relacionamento tenha feito com que você se esforçasse mais no relacionamento, ou o medo de ter uma nota baixa tenha feito você redobrar seu esforço nos estudos.

O salmista escreveu sobre outro tipo de medo que é motivador e fortalecedor: "temor do Senhor" (Salmos 111:10). Esse não é o medo aterrorizante que Bree e Hwin sentiram; é, em vez disso, reverência a Deus.

Atos poderosos de Deus (acalmar tempestades, ressuscitar mortos, punir transgressões) muitas vezes inspiram grande medo. Mas, mesmo sem esses atos, o caráter de Deus merece respeito. A reverência nos faz temer desapontar a Deus ou prejudicar nossa integridade enquanto vivemos nesse aquário que é a vida. A reverência é a fonte da qual flui a sabedoria, e nos impele a fazer todos os esforços para agradar a Deus e ajudar os outros.

Alguns podem ver a reverência a Deus como antiquada, nessa época em que muitos adoram as atitudes e ações irreverentes das celebridades. Mas, quando temos "temor do Senhor", estamos sempre exatamente onde deveríamos estar.

O temor do Senhor é o princípio da sabedoria; todos os que cumprem os seus preceitos revelam bom senso.
SALMOS 111:10

·6·

— *Filho* — disse a Voz —, *estou contando sua história, não a dela.*
CAPÍTULO 11

Você já comparou sua vida com a de outra pessoa? Aquele vizinho que sempre consegue manter seu gramado aparado, troca de carro a cada três anos e cujos filhos adolescentes não parecem rebeldes? Aquela mãe cuja casa sempre parece perfeita e que parece ter as habilidades organizacionais do chefe de gabinete da Casa Branca? Aquele estudante nota dez, com bolsa integral, enquanto você peleja com empréstimos e uma rotina pesada de trabalho e estudo? O que eles sabem sobre a vida, comparados a você? Às vezes somos tentados a questionar Deus, imaginando por que nossas vidas parecem mais difíceis do que as de outras pessoas. Queremos saber por que a outra história parece muito melhor que a nossa.

Tendo visto o grande leão passar suas garras pelas costas de Aravis, Shasta não pode deixar de questionar o ser invisível (Aslan) quanto ao ferimento de Aravis. Como Aslan pôde fazer uma coisa dessas? Qual é a história por trás disso? Mas Aslan se recusa a explicar os detalhes da história de outra pessoa.

Pedro, um dos discípulos de Jesus, também expressou curiosidade sobre a história de outro. Enquanto conversava com Jesus, Pedro queria saber o que aconteceria com João. Mas Jesus recusou-se a falar sobre João. Seu assunto, ali, era com Pedro. Como Shasta, Pedro teria de se conformar com uma curiosidade insatisfeita.

Às vezes, nosso desejo de saber o que acontecerá com outra pessoa deriva do medo de que Deus, de alguma forma, favoreça mais essa pessoa. Mas, como mostram as experiências de Shasta e Pedro, Deus não apenas é incrivelmente discreto — nossos segredos e tristezas estão seguros com ele —, mas ele também é pessoal. Ele conhece nossas histórias individuais e está acompanhando cada uma delas.

Pedro voltou-se e viu que o discípulo a quem Jesus amava os seguia. (Esse era o que se inclinara para Jesus durante a ceia e perguntara: "Senhor, quem te irá trair?"])
Quando Pedro o viu, perguntou: "Senhor, e quanto a ele?"
Respondeu Jesus: "Se eu quiser que ele permaneça vivo até que eu volte, o que lhe importa? Siga-me você."
JOÃO 21:20–22

·7·

É por isso que o Leão ficou à minha esquerda. O tempo todo, Ele estava entre mim e o penhasco.
CAPÍTULO 13

Viajar por estradas montanhosas pode parecer perigoso. Mesmo com grades de proteção que ajudam os motoristas a evitar a queda nos penhascos, pode ser perigoso subir as colinas, especialmente em certas épocas do ano ou à noite, quando as estradas são particularmente perigosas. Mas às vezes você não tem escolha, sobretudo se o seu destino estiver na outra extremidade de uma passagem na montanha.

Quando vê em plena luz do dia o traiçoeiro caminho do penhasco que ele, inocentemente, tomou certa noite durante sua viagem a Anvard, Shasta percebe a estreiteza de seu livramento da morte. Sua fuga deveu-se inteiramente ao fato de Aslan ter caminhado pelo lado do penhasco para evitar que ele caísse. Aslan não anunciou sua intenção de preservar a vida de Shasta. Ele simplesmente fez isso por amor.

Antes de ser rei de Israel, Davi conseguiu fazer mais fugas em frações de segundo do que os James Bond ou Jason Bourne fictícios jamais poderiam sonhar, graças à ajuda do Senhor. Escrever o Salmo 18 ajudou Davi a refletir sobre seu contínuo livramento, por Deus, das mãos de um Saul invejoso. A intervenção de Deus também o impediu de agir precipitadamente quando foi tentado a tirar a vida de Saul, não uma, mas duas vezes (ver 1 Samuel 24; 26). Ironicamente, em nenhum momento Saul percebeu que por pouco escapara da morte, até que Davi lhe contou.

Às vezes, temos pouca ideia de quão por pouco escapamos da dor ou da morte. Mas às vezes Deus nos permite vislumbres do que evitamos. Podemos ver vidas destruídas ao nosso redor. Esses tristes vislumbres nos lembram de quão longe chegamos ou onde estaríamos sem a intervenção do Senhor. Que possamos cantar como Davi: "Tu me dás o teu escudo de vitória."

Tu me dás o teu escudo de vitória; tua mão direita me sustém; desces ao meu encontro para exaltar-me. Deixaste livre o meu caminho, para que não se torçam os meus tornozelos.
SALMOS 18:35–36

8

— *Por favor* — *ela disse* —, *você é tão lindo. Você pode me devorar, se quiser. Prefiro ser devorada por você do que servida por qualquer outra pessoa.*
CAPÍTULO 14

Qual é a coisa mais bonita que você viu recentemente? O sorriso desdentado do seu filho? O oceano ao pôr do sol? A beleza sempre atrai, não é? Uma pessoa bonita, um pôr do sol ou uma música nos atingem o coração. Enquanto alguns padrões de beleza mudam com a época, outros são eternos. O que você ama é sempre lindo, independentemente do que a sociedade possa dizer.

Tendo sido perseguida por um leão, Hwin, a égua falante de Nárnia, decide se render quando o leão, repentinamente, aparece outra vez. Imagine a coragem dela ao se aproximar dele. Embora ele a tenha assustado demais, ela está profundamente impressionada com sua beleza e majestade. O leão — Aslan — recompensa sua humildade com carinho e diz a ela quem ele é. E mostra sua alegria por ela vir até ele.

Embora o rei Davi tenha escrito sobre a beleza do Senhor (ver Salmos 27:4), o profeta Isaías pintou um quadro diferente do Messias que viria. Ele não teria o semblante chamativo de uma estrela de cinema, nem pareceria um membro da realeza. Em vez disso, sua transparência atrairia os olhos da fé. Aqueles que o procuravam o viam como o Rei que ele realmente é.

Jesus é esse Messias. Ele abandonou sua majestade e glória voluntariamente, para enfrentar os problemas do nosso mundo. Mas se aproximar dele exige sempre um ato de fé e humildade. Afinal, "o Senhor... mantém distância dos orgulhosos" (Salmos 138:6). Contudo, por amor às pessoas, ele "humilha os soberbos" (Isaías 26:5).

A beleza nos atrai. Mas a humildade atrai Deus. Ela é mais do que linda para ele.

Cresceu diante dele como um broto tenro, e como uma raiz saída de uma terra seca. Ele não tinha qualquer beleza ou majestade que nos atraísse, nada em sua aparência para que o desejássemos.

ISAÍAS 53:2

◆9◆

A laceração nas suas costas: lágrima por lágrima, pulsação por pulsação, sangue por sangue... Iguais às listras nas costas da escrava de sua madrasta... Você precisava saber como era.
CAPÍTULO 14

Você já ouviu alguém fazer um comentário cortante para outra pessoa e depois reagir com surpresa quando o destinatário da observação responde com mágoa ou raiva? Não estando no lugar dessa pessoa, o ofensor não consegue imaginar como o outro se sente. Na falta dessa percepção, às vezes magoamos os outros, consciente ou inconscientemente.

Lembra como Shasta questionou Aslan sobre o ataque a Aravis (meditação seis deste capítulo)? Agora se pode saber a verdade sobre esse incidente. Escapando de sua terra, Aravis drogou sua escrava para evitar ser descoberta. Infelizmente, a escrava foi espancada mais tarde, como Aravis havia imaginado ao contar a história para Shasta, Bree e Hwin. Mas, durante um encontro com um leão misterioso, Aravis se viu lacerada por suas garras. Agora ela descobre que esse Leão era Aslan, que tinha uma lição a dar: você colhe o que planta. Aravis precisava saber o custo de sua atitude leviana em relação à escrava.

O apóstolo Paulo foi bastante direto ao escrever aos cristãos na Galácia. O comportamento de uma pessoa abre caminho para que coisas semelhantes aconteçam em sua vida. Embora possamos não experimentar exatamente o que outra pessoa experimenta, às vezes Deus o permite apenas para temperar nossas características que nos mantêm ancorados às mesmas atitudes prejudiciais. Jardineiro habilidoso, o Senhor continuamente poda nossas atitudes desajeitadas para nos tornar úteis, sábios e amorosos. Sermos colocados no lugar de outra pessoa nos torna mais conscientes dos sentimentos dos outros e menos propensos a ser arrogantes.

O que você colheu recentemente? Como Deus tornou você consciente dos sentimentos de outra pessoa?

Não se deixem enganar: de Deus não se zomba. Pois o que o homem semear, isso também colherá.
Quem semeia para a sua carne da carne colherá destruição; mas quem semeia para o Espírito do Espírito colherá a vida eterna.
GÁLATAS 6:7–8

·10·

Até um traidor pode se corrigir. Conheço um que fez isso.
CAPÍTULO 15

Judas. Bruto. Benedict Arnold. Julius e Ethel Rosenberg. Você só precisa olhar para essa lista para lembrar desses indivíduos, que por muito tempo viveram na infâmia por causa de sua traição a alguém. Na verdade, alguns desses nomes são sinônimos da palavra *traidor*.

Edmund Pevensie quase acrescentou seu nome à lista. Tendo traído sua família em *O Leão, a Feiticeira e o Guarda-Roupa*, ele mais tarde se arrepende e se torna amigo de Aslan. Tendo experimentado a graça de Aslan ao permitir que ele se tornasse rei de Nárnia junto com seu irmão, Peter, o rei Edmund percebe que mesmo um traidor como Rabadash — o príncipe guerreiro e temperamental dos calormanos — poderia mudar.

O apóstolo Pedro também quase acrescentou seu nome à lista, tendo experimentado a dor de negar a Cristo três vezes. Ele não pôde deixar de sofrer, mais tarde, quando Jesus lhe perguntou três vezes se ele o amava. Mas que melhor maneira de restabelecer Pedro do que fazê-lo declarar três vezes que amava Jesus — tantas vezes quanto o negou?

Cada um de nós também poderia adicionar seu nome a essa lista. Mesmo que não pensemos que somos tão ruins quanto as pessoas do primeiro parágrafo, como pessoas nascidas em pecado somos tão culpados quanto elas. É por isso que o amor oferecido por Deus é conhecido como graça. Não seria graça se o merecêssemos. À medida que recebemos sua graça, nos tornamos, de certa forma, como baterias recarregáveis: conforme ele nos enche, somos carregados para nos tornarmos úteis novamente. A chave é receber a graça de Deus, em vez de desistir ou chafurdar na autopiedade ou no orgulho. Essa é uma lição que Judas e Rabadash não aprenderam. Mas Edmund e o apóstolo Pedro foram aprovados com louvor. E você?

Pela terceira vez, ele lhe disse: "Simão, filho de João, você me ama?" Pedro ficou magoado por Jesus lhe ter perguntado pela terceira vez "Você me ama?" e lhe disse: "Senhor, tu sabes todas as coisas e sabes que te amo." Disse-lhe Jesus: "Cuide das minhas ovelhas."
JOÃO 21:17

CAPÍTULO 18
A anatomia de uma dor

Lewis foi solteiro durante a maior parte de sua vida adulta. Depois de se casar com a americana Helen Joy Davidman Gresham, descobriu, na vida, uma felicidade e riqueza que não havia previsto.

Quando o governo britânico recusou a permissão para a permanência de Joy na Inglaterra, Lewis se casou com ela, apenas nominalmente, no cartório de Oxford em 1956. Então, no ano seguinte, um câncer terminal levou Joy ao hospital, e Lewis e Joy tiveram o que ele considerava um verdadeiro casamento, no hospital, com o ministro anglicano Peter Bide oficiando, para que Lewis pudesse levar Joy para casa e cuidar dela. Bide, que tinha um dom de cura, orou pela recuperação de Joy, que ocorreu milagrosamente: o osso da perna, que havia sido comido pelo câncer, foi curado. Joy viveu até 1960, quando o câncer voltou a tomá-la. Quando ela morreu, Lewis sabia, por sua vida e suas últimas palavras, que ela estava em paz com Deus. Sua dor não foi tingida de dúvidas sobre o destino final de Joy. Esse livro é sobre o sentimento pessoal de perda e a mudança fundamental na vida que Lewis passou a viver.

Como o livro é tão intensamente pessoal, Lewis o publicou originalmente sob o pseudônimo de N. W. Clerk. Ele se refere a Joy apenas como "H.", pelo fato de o primeiro nome dela ser menos conhecido. As quatro partes numeradas desse pequeno livro correspondem aos quatro cadernos que ele usou como diários. Suas frequentes demonstrações de emoção crua servem como ponto de partida para as reflexões mais teológicas e racionais — sendo o efeito final uma imagem bastante detalhada de seu conflito interno, compreensão, crescimento e resolução final do luto. Lewis registrou sua tristeza, mostrando o desenrolar do processo em torno da bem conhecida sequência de fases do luto: choque, negação, raiva, depressão e aceitação. Em seu ponto mais baixo, disse Lewis, ele nunca duvidou da existência de Deus, mas se perguntou se Deus não era um sádico cósmico.

Parte do valor do livro está na observação perspicaz e nas analogias esclarecedoras bastante típicas de Lewis. Por exemplo, ele comparou a dor ao medo, não apenas pela forma como ambos nos alarmam, mas porque ambos estão sempre nos surpreendendo: uma centena de experiências de vida e expressões comuns lembram inesperadamente o enlutado Lewis de como Joy teria reagido ou o que ela poderia ter feito ou dito. Ao longo do livro, sua emoção inicialmente desordenada é submetida e até refinada por perspectivas mais racionais e teológicas. A dor diminuiu, embora nunca tenha desaparecido completamente, e uma melhor compreensão da vida e da morte e uma fé mais profunda permaneceram.

· I ·

Você vai a Ele quando sua necessidade é desesperada... e o que você encontra? Uma porta batida na sua cara, e um som de trancas e ferrolhos do lado de dentro.
CAPÍTULO 1

Philip Yancey usou um livro inteiro para responder à pergunta "Onde está Deus quando dói?". Após a morte de sua esposa, Joy, C. S. Lewis fez o mesmo. Mas, enquanto lutava contra a agonia da dor, Lewis não conseguia deixar de pensar que Deus estava apenas atrás de uma porta trancada — e Lewis havia ficado do lado de fora, no frio. Essa era uma porta muito diferente daquelas que os demônios do *Paraíso perdido* fecharam e trancaram, recusando-se a se arrepender. Era uma porta que o próprio Deus parecia barrar.

Jó expressou uma agonia semelhante diante de seus amigos e de Deus. Depois de ouvir sobre a morte de todos os seus filhos e a destruição de suas colheitas e gado, ele escolheu falar sobre sua dor em vez de amaldiçoar a Deus, como sua esposa sugeriu (ver Jó 2:9). Suas palavras eram reais e cruas. Mas ele descobriu o que Lewis, o rei Davi e muitos outros enlutados também descobriram — que algumas respostas de Deus são um mistério.

Talvez você possa se identificar. A porta trancada parece contrária à promessa do Senhor no livro de Jeremias, de que Deus será encontrado pelos que o buscarem (ver Jeremias 29:13–14), ou a quaisquer outras promessas de que Deus esteja próximo (ver Salmos 34:18). Quando Deus permanece em silêncio, alguns desistem de continuar procurando-o.

Mas, embora nesta vida possamos nunca entender por que certas coisas acontecem ou por que Deus responde da maneira que responde, as experiências de Jó e Lewis nos lembram de manter abertas as linhas de comunicação entre nós e Deus. Nesse relacionamento, até mesmo palavras ditas com raiva ou ignorância são melhores do que nenhuma palavra dita. Deus prefere que seus filhos esmurrem a porta, em vez de se afastar dela.

Clamo a ti, ó Deus, mas não respondes; fico de pé, mas apenas olhas para mim.
JÓ 30:20

•2•

Já, menos de um mês após sua morte, posso sentir o início lento e insidioso de um processo que fará da H. em que penso uma mulher cada vez mais imaginária.
CAPÍTULO 2

"Estou começando a esquecer." Muitos que passaram anos em luto conhecem o pânico de acreditar que começaram a esquecer pequenos detalhes da vida de seus entes queridos. *Seus olhos eram realmente tão castanhos quanto eu me lembro? Eu realmente me lembro da risada dela? Ele estava vestindo um suéter azul quando viajamos naquele dia?* Perder esses detalhes preciosos significa perder, outra vez, a pessoa perdida.

Tendo de confiar apenas em suas memórias de Joy após a morte dela por câncer nos ossos, Lewis temia a segunda perda da Joy "real" — o desvanecimento da vibração de sua imagem, como uma fotografia se apagando com o tempo. Se tivesse de esboçar um retrato dela — incluindo sua risada, seus olhos, sua sensibilidade —, ele acertaria os detalhes? Se ele continuasse a esquecer detalhes importantes, ela se tornaria uma mulher apenas imaginada no decorrer do tempo?

Por mais dolorosa que seja essa parte do processo de luto, o princípio também pode servir como lembrete de outra imagem.

Às vezes, nossa imagem de Deus pode parecer igualmente imaginária. O que é ainda mais assustador é que muitas vezes nem estamos cientes da imprecisão dessa imagem. Tempos de decepção ou desilusão podem roubar a vibração de nossa imagem de Deus, sobretudo se não tivermos comunhão com ele. Vê-lo como algo diferente do que ele realmente é se assemelha a ver uma fotografia semidesfocada.

Mesmo que nem sempre o vejamos com clareza, a imagem de Deus nunca muda. Como declarou o escritor de Hebreus, Deus permanece o mesmo, não importa quanto tempo passe. Nós mudamos, mas Deus nunca muda. Quando as pessoas e as circunstâncias mudam, saber que Deus nunca muda pode ser verdadeiramente reconfortante.

Jesus Cristo é o mesmo, ontem, hoje e para sempre.
HEBREUS 13:8

·3·

A sepultura e a imagem são igualmente ligações com o irrecuperável e símbolos para o inimaginável. Mas a imagem tem a desvantagem adicional de fazer o que você quiser.
CAPÍTULO 2

Cemitérios estão cheios de pequenos monumentos às pessoas e relacionamentos. Você vê coroas de flores, terrenos primorosamente cuidados, mausoléus, lápides e outros itens dedicados à memória de entes queridos, dados por aqueles que ficaram para trás.

Visitas anuais ao cemitério em aniversários, datas comemorativas ou no Dia de Finados podem ser reconfortantes para muitos enlutados. Essas visitas fazem com que eles se sintam conectados ao ente querido que se foi. Mas é claro que o túmulo não é a pessoa real. Como explica Lewis, só pode ser um símbolo. No entanto, ser capaz de cuidar da grama sobre um túmulo ou colocar flores lá fornece a ilusão de controle que a morte tira da vida.

Lewis relembrou seu horror de muito tempo atrás, quando ouviu um homem se referir alegremente ao jazigo que estava prestes a visitar como sendo sua própria mãe: como ele poderia pensar naquele jazigo como sua mãe? No entanto, após a morte de Joy, Lewis foi capaz de entender a necessidade de se apegar a, pelo menos, algum aspecto do ente querido perdido, se não chegar a tanto.

A morte parece invencível, pois mais cedo ou mais tarde todos sucumbirão a ela. É uma das garantias da vida — como os impostos. Aqueles que não têm esperança podem gastar seu tempo construindo monumentos aos mortos, acreditando que o túmulo é realmente o fim daquela pessoa. Como as pessoas descritas em Eclesiastes 9:3, eles acreditam que a esperança termina na sepultura. Mas uma sepultura não representa o estado final de uma pessoa, graças ao sacrifício de Jesus Cristo! Embora soframos o aguilhão da morte, esta acabará dando lugar à vida eterna oferecida por Deus. Como o apóstolo Paulo, podemos declarar: "Onde está, ó morte, a sua vitória?" A vitória está com Jesus. É nisso que você acredita?

"A morte foi destruída pela vitória."
"Onde está, ó morte, a sua vitória? Onde está, ó morte, o seu aguilhão?"
Mas graças a Deus, que nos dá a vitória por meio de nosso
Senhor Jesus Cristo.
1 CORÍNTIOS 15:54–55, 57

· 4 ·

Apenas um perigo real testa a realidade de uma crença.
CAPÍTULO 2

"Ponha em prática aquilo em que acredita." Todos nós já ouvimos essa frase. De certa forma, ela nos convida a mostrar em que acreditamos, em vez de simplesmente falar. Mas às vezes, quando nossas vidas são abaladas pela dor ou pelo luto, questionamos aquilo em que acreditamos.

Em *A anatomia de uma dor: um luto em observação* (*A Grief Observed*), a janela aberta sobre seu processo de luto, Lewis se viu nessa posição, ao contemplar o destino final de sua falecida esposa. Ela ainda existia com Deus em algum lugar? Se sim, o que realmente significava existir com Deus? Agora que ela estava morta, o desafio para Lewis era analisar no que ele realmente acreditava sobre a vida após a morte e até mesmo seu hábito de orar pelos mortos. Ele descobriu que a morte é o perigo definitivo que a crença corre.

Algumas pessoas consultam médiuns ou outras fontes ocultas em uma tentativa desesperada de se reconectar com os entes queridos ou provar que existe vida após a morte. Elas estão dispostas a se basear sobre qualquer suposta prova que encontrem sobre a existência dos entes queridos. Claro, essa não é uma base muito firme.

Você não pode pisar num chão de cuja existência você não tem certeza. O apóstolo Paulo escolheu não se basear em boatos, mas nas promessas da Palavra de Deus. Enquanto algumas pessoas em seus dias se recusavam a acreditar em uma ressurreição corporal, Paulo argumentou que uma ressurreição física ocorreria após a morte. Sua prova foi a vida de Cristo (ver 1 Coríntios 15:12–28). Tendo experimentado o Cristo ressuscitado na estrada de Damasco (ver Atos 9), Paulo acreditava plenamente que Jesus ressuscitou dos mortos. E, se Jesus ressuscitou dos mortos, nós também ressuscitaremos.

Irmãos, eu lhes declaro que carne e sangue não podem herdar o Reino de Deus, nem o que é perecível pode herdar o imperecível.

Eis que eu lhes digo um mistério: nem todos dormiremos, mas todos seremos transformados.
1 CORÍNTIOS 15:50–51

• 5 •

Fale-me sobre a verdade da religião e ouvirei com prazer... Mas não venha me falar dos consolos da religião, ou suspeitarei que você não a entende.
CAPÍTULO 2

Em uma situação de luto, pessoas bem-intencionadas que não sabem direito o que dizer às vezes oferecem "consolos" que irritam, em vez de confortar. Uma viúva a quem se pergunta "Você não está feliz por seu marido estar com o Senhor?" não tem certeza do que deve pensar. Mais do que provavelmente, ela preferiria tê-lo ao seu lado naquele momento em vez de "longe destes corpos terrenos" (2 Coríntios 5:8). A exortação "Fique firme nas promessas de Deus" parece vazia quando você está de luto.

Em sua dor pela morte de Joy, Lewis debateu-se com as tentativas de consolo oferecidas por outros — palavras que não tiravam a dor de sua ausência nem levavam em conta seus sentimentos sobre o assunto. Mesmo a ideia de se reunir com Joy no céu oferecia pouco conforto. Infelizmente, respostas rápidas dadas por aqueles que "não entendem" têm esse efeito. Esses sentimentos tornam-se meramente "religiosos" e mecânicos, em vez de consoladores.

Tiago, o irmão de Jesus, tinha uma definição adequada de religião, que envolve ação em vez de declarações repetitivas. Cuidar de viúvas e órfãos é o tipo de religião que *realmente* consola. A ação prática leva em conta as necessidades da pessoa e atende a essa pessoa onde ela está.

O apóstolo Paulo expressou esse sentimento de outra forma: "Chora com os que choram" (Romanos 12:15). Em vez de falar, chore com essa pessoa — *esteja* com essa pessoa em seu sofrimento. Afinal, a hora de luto é a hora de chorar.

A religião que Deus, o nosso Pai, aceita como pura e imaculada é esta: cuidar dos órfãos e das viúvas em suas dificuldades e não se deixar corromper pelo mundo.
TIAGO 1:27

•6•

Se meu castelo desabou de repente, é porque era um castelo de cartas. A fé que "levava essas coisas em consideração" não era fé, mas imaginação.
CAPÍTULO 3

Se você tem uma casa, sabe a importância de verificar a fundação periodicamente. Dessa forma, você evita a maré de problemas como cupins, rachaduras cada vez maiores e infiltrações, que podem causar sérios danos ao seu imóvel. Se não puder fazer o trabalho de reparo ou manutenção preventiva sozinho, você chama um especialista. Algumas coisas são importantes demais para serem adiadas.

Algumas situações da vida afetam outro tipo de fundamento: o fundamento de sua fé. A dor é como um terremoto que abala os alicerces dos que choram. Em sua luta contínua após a morte de Joy, Lewis descobriu buracos em sua base espiritual — buracos que precisavam ser remendados antes que mais danos pudessem ocorrer. Ele só poderia fazer isso lutando com duros questionamentos à fé.

Lewis não se contentava em ter o tipo de fé que era meramente um "castelo de cartas" — uma fé frágil, que um sopro poderia derrubar. Em vez disso, uma fé forte exige que se lute durante os tempos que dão na fé os golpes mais severos.

Não imune à dúvida espiritual, o apóstolo Pedro também defendeu lutar com essas questões (ver 1 Pedro 5:9). Mas, com a luta, ele forneceu uma promessa que Deus cumpriria — a promessa de apoio, restauração e um fundamento firme.

Assim como os bons proprietários cuidam do alicerce de suas casas, devemos cuidar do alicerce de nossa fé. Mas lembre-se de que o Espírito que reside dentro de você escorará quaisquer rachaduras na fundação causadas pelo sofrimento e pela dor. Isso pode exigir a avaliação dos pontos fracos — as dúvidas — para corrigir adequadamente a base.

Se você estiver reformando a fundação, é necessário se comunicar bem com o empreiteiro. Assim é quanto à comunicação com Deus durante o seu próprio processo de restauração.

O Deus de toda a graça, que os chamou para a sua glória eterna em Cristo Jesus, depois de terem sofrido durante pouco de tempo, os restaurará, os confirmará, lhes dará forças e os porá sobre firmes alicerces.
1 PEDRO 5:10

•7•

Suponha que você esteja nas mãos de um cirurgião cujas intenções são totalmente boas. Quanto mais gentil e consciencioso ele for, mais inexoravelmente continuará cortando.
CAPÍTULO 3

Você conhece alguém que gosta de ir ao dentista ou a qualquer outro médico? Poucos de nós gostamos de nos sentar na cadeira ouvindo o zunido da broca enquanto o dentista trabalha em uma cárie ou limpa nossos dentes. Não ansiamos por exames ou cirurgias. No entanto, qualquer uma das ações acima, a longo prazo, nos ajuda. A cirurgia corrige problemas e salva vidas; e, no entanto, no meio de um procedimento dentário doloroso, alguns de nós podemos ficar tentados a bater no ombro do dentista e exigir que ele pare.

Lewis comparou as ações de nosso bom Deus às de um cirurgião. Como Lewis explicou, um bom cirurgião não interromperia um procedimento simplesmente porque um paciente não está gostando de ser operado. Um bom cirurgião trabalha para garantir que todos os elementos doentes sejam removidos e o paciente completamente tratado. Deus não é apenas um cirurgião, ele também é um jardineiro — alguém preocupado com o crescimento de seu povo. Bons jardineiros sabem quando podar para ajudar a planta a dar fruto. Cada folha é examinada e os galhos doentes são cortados, para garantir a saúde da planta.

A poda geralmente ocorre durante alguns dos momentos mais difíceis da vida. Deus poda imagens doentias de si mesmo, bem como ideias superficiais de fé. O luto às vezes é a maneira de Deus nos ajudar a aprofundar nossa fé. Tal como acontece com a cirurgia, a poda não é confortável e muitas vezes não é bem-vinda. Mas os resultados valem a pena.

Onde você viu a obra de poda de Deus em sua vida? Você está mais tentado a ajudar ou atrapalhar o progresso dele?

Eu sou a videira verdadeira, e meu Pai é o agricultor. Todo ramo que, estando em mim, não dá fruto, ele corta; e todo que dá fruto ele poda, para que dê mais fruto ainda.
JOÃO 15:1–2

· 8 ·

Você não pode ver nada corretamente enquanto seus olhos estão embaçados com lágrimas.
CAPÍTULO 3

Você já se perguntou se alguém está realmente de luto por uma perda, ao ver que ele ou ela não se dissolve em lágrimas? Ouvir uma viúva falar despreocupadamente de seu marido morto, ou um pai de um filho, às vezes faz com que os outros reajam com suspeita. "Talvez ela não sinta tanto a falta dele (ou dela) quanto diz", alguns podem dizer. No entanto, quantas vezes ficamos sem palavras quando alguém expressa uma dor inconsolável?

Lewis percebeu que via sua falecida esposa com mais clareza quando a maré de tristeza cheia de lágrimas diminuiu. Essa é a ironia do luto. Isso não significava que ele sentia menos a falta dela. Em vez disso, ele não mais se entristecia como alguém sem esperança, como 1 Tessalonicenses 4:13 explica. Ele estava chegando a um acordo com a perda dela — sua mente não estava mais tão entorpecida. Esse é o estágio de aceitação — um dos cinco estágios do luto, de acordo com a psiquiatra suíça Elisabeth Kübler-Ross.

Lewis se deu conta até de suas próprias suposições sobre se os outros haviam superado o luto ou esquecido de seus entes queridos.

Agora ele percebia que fazer as pazes com a dor não é uma coisa tão ruim.

Paulo tinha uma mensagem semelhante para os crentes em Tessalônica e arredores. Alguns temiam que aqueles que morreram nunca mais fossem vistos: eles morreram, e isso foi o fim deles. Paulo ofereceu uma perspectiva mais clara para superar a desesperança deles. Um dia, aqueles que morreram voltariam à vida, assim como Jesus voltou à vida depois de sua crucificação e sepultamento.

Chegar à aceitação após uma perda não significa que você deixou de amar seu ente querido. Significa simplesmente que você não sofre mais como alguém sem esperança.

Irmãos, não queremos que vocês sejam ignorantes quanto aos que dormem, para que não se entristeçam como os outros que não têm esperança.
1 TESSALONICENSES 4:13

·9·

Pois na dor não se "fica parado". Continuamos saindo de uma fase, mas ela sempre se repete.
CAPÍTULO 3

A psiquiatra suíça Elisabeth Kübler-Ross é mais conhecida por seu livro *Sobre a morte e o morrer*, particularmente os cinco estágios do luto nele descritos. O primeiro estágio é a negação, na qual a pessoa enlutada se desliga emocionalmente ou nega a própria dor. O segundo é a raiva, às vezes dirigida a Deus ou ao falecido. O terceiro, a negociação ou barganha, envolve fazer promessas a Deus em troca de um adiamento da dor. O quarto, a depressão, é quando a raiva e a dor se fundem em uma bola de desesperança até que finalmente o último estágio, a aceitação, seja alcançado. Uma pessoa enlutada pode transitar entre os estágios ou experimentar apenas alguns deles.

Lewis poderia se identificar, tendo mergulhado novamente no pântano das lágrimas e raiva depois de pensar que finalmente estava aceitando sua perda. Por que a dor não poderia ser como um carro — permanecendo onde foi estacionado? Em vez disso, seu humor continuava mutável. Sentir-se melhor um dia e chorar no outro era uma causa de frustração. O ciclo de luto levantava mais perguntas para as quais ele não tinha respostas. Esse é o problema do luto. Não há um padrão definido para quanto tempo dura ou quanto tempo leva para se ir de um estágio para outro. O processo não é o mesmo para todos.

Salomão, que se acredita ser o escritor do Eclesiastes, explorou a natureza cíclica da vida. Embora possam parecer patéticas ou óbvias, as declarações no versículo a seguir revelam um fato inegável: há um tempo para tudo. Mas, como humanos, muitas vezes não sabemos quando esses tempos terminarão. Portanto, ficamos frustrados quando, pensando que superamos algo, voltamos ao desespero. Só Deus sabe quando concluiremos o tempo de luto.

Mas como a escuridão de um inverno longo e duro, durante o qual podemos suportar vários dias nublados e escuros sem ver o sol uma só vez, isso também passará.

Tempo de chorar e tempo de rir, tempo de prantear e tempo de dançar.
ECLESIASTES 3:4

· 10 ·

Minha ideia de Deus não é uma ideia divina. Ela constantemente precisa ser despedaçada. Ele mesmo a despedaça.
CAPÍTULO 4

O que acontece quando você estica um elástico indefinidamente? Se esticado além de sua capacidade, ele se partirá, em vez de voltar ao normal. Às vezes nos sentimos assim — esticados até o ponto de ruptura — por causa das circunstâncias da vida que nos deixam sobrecarregados. A morte de um cônjuge é uma dessas circunstâncias, na qual Lewis se sentiu esticado além de seus limites.

Enquanto lutava com a dor dessa perda, ele também percebeu sua visão de Deus se estendendo e, finalmente, sendo destruída pelo Senhor. Você não espera ver Deus em atividades destrutivas. Essa é a província dos sem amor, não é? No entanto, a dissolução da sua imagem permite a Deus que a refaça — moldando-a de acordo com suas próprias especificações, como um soprador de vidro experiente fazendo uma peça de vidro fundido.

Tal destruição, muitas vezes, é inaceitável para aqueles que veem com desconfiança um Deus capaz de permitir o mal no mundo. Mas, para demonstrar sua soberania, Deus às vezes usa meios incomuns. Por exemplo, ele falou através de um profeta adivinho. Balaão não era um profeta chamado por Deus. Na verdade, um rei estrangeiro lhe pediu para amaldiçoar o povo de Israel enquanto este vagava pelo deserto em direção à Terra Prometida (ver Números 22). No entanto, Deus não apenas falou a verdade por meio de Balaão, impedindo-o de amaldiçoar Israel, mas também falou por meio de sua jumenta! As palavras de Deus são um lembrete de sua constância.

Talvez, como Lewis, você esteja passando por um momento em

que Deus está destruindo sua visão dele. Considere as palavras a seguir, ditas por meio de Balaão. Embora nossa visão de Deus possa mudar de tempos em tempos, é reconfortante saber que as qualidades de Deus nunca mudam.

Deus não é homem para que minta, nem filho de homem para que se arrependa. Acaso ele fala, e deixa de agir? Acaso promete, e deixa de cumprir?
NÚMEROS 23:19

Palavras da graça

PARTE
· IV ·

A FORÇA DE LEWIS COMO COmunicador deveu-se em parte ao seu uso magistral das palavras. Ele recebeu uma educação clássica e era altamente proficiente em grego e latim. Além disso, conhecia anglo-saxão, bem como francês, italiano e um pouco de alemão — e há muitas evidências de que até soubesse um pouco de turco. Por exemplo, *Aslan* é a palavra turca e persa para "leão", e *Jadis* — o nome da rainha de Charn, mais tarde a Bruxa Branca de Nárnia — pode estar ligada a uma palavra que significa "bruxa". A ampla compreensão linguística de Lewis permitia que ele usasse as palavras certas para dizer as coisas com precisão. Suas descrições minimizavam o risco de ambiguidade; além disso, sua clareza de expressão facilitava aos seus leitores a feitura das suas próprias encarnações imaginativas das representações de Lewis. Quer se concorde ou não com Lewis, pode-se *ver* exatamente o que ele tentava descrever, desde uma expressão no rosto de seus personagens até as razões e inferências que sustentam um argumento em sua apologética cristã. Lewis era um mestre quando se tratava de palavras e descrições.

As palavras, é claro, contêm mais do que clareza conceitual para a mente. Quando algo é bem descrito, nos sentimos inclinados à coisa em si. Ela nos convida a responder. Com nossas mentes, respondemos com entendimento e absorção intelectual. Às vezes, respondemos com a vontade, pois compreender verdadeiramente uma coisa pode exigir que façamos as escolhas correspondentes a essa compreensão: uma descrição do perigo pode levar a uma resposta voluntária de luta ou fuga. Uma descrição da beleza pode levar a pessoa a desejar permanecer diante dela e beber tudo o que é oferecido à vista. Além disso, as descrições podem convidar a uma resposta emocional: palavras de ódio geram ódio; palavras de amor despertam o coração para a adoração. As palavras apelam para a pessoa como um todo. Lewis entendia isso, e suas palavras, medidas como eram, procuravam obter de seus leitores uma resposta que os abrisse para um mundo mais amplo, onde a graça pode ser conhecida e experimentada.

Talvez nenhum tópico apele mais à profunda necessidade da alma do que as palavras da graça. Há algo em Lewis que parece atrair aquela parte de cada homem, mulher e criança que deseja ser amada. Esse tema de Lewis, embora expresso ao longo de sua obra, encontra uma de suas expressões mais cativantes em *O Leão, a Feiticeira e o Guarda-Roupa*. Aslan, a figura de Cristo, encarna-se em Nárnia: "o Verbo se fez carne" (João 1:14) naquele mundo, como se fez no nosso. Aslan, como um ato de graça, se entrega para salvar Edmund e toda Nárnia. Tão grande é a expressão desse amor que não está condicionada à conduta ou ao merecimento de Edmund; na verdade, Edmund não pode fazer nada para se salvar do perigo — nada meritório. Sua necessidade é atendida pelo amor e sacrifício de Aslan; nada mais serviria.

Claro, Lewis estava bem ciente de que, em um mundo caído, o bem pode se perverter. Assim como Deus pode usar palavras da graça, suas criaturas podem comprometer essas palavras e poluí-las através do desejo egoísta. Em *O sobrinho do mago* (*The Magician's*

Nephew), Jadis, a rainha de Charn, é má. Os habitantes de seu mundo desejam depô-la, e armaram uma guerra civil contra ela. Ela fala a "Palavra Deplorável", uma palavra mágica que a salva, à custa da destruição de seu mundo. Nesse ato ela se torna uma anti-Aslan. Sua palavra nos lembra de todas as palavras egocêntricas que já foram ditas e de toda a mágoa que se seguiu em seu rastro. Ela ressalta, com seu ato, como cada um de nós está desesperado por uma palavra de graça e misericórdia que nos possa libertar do poder destrutivo da autorreferência.

No primeiro romance de ficção científica de Lewis, *Além do planeta silencioso*, não se pode deixar de pensar que ele estava enfatizando a ideia de que a Terra, o "planeta silencioso", havia perdido sua voz; tendo caído da graça, é o planeta em que as palavras da graça precisam ser ditas e seu povo, liberado para se tornar mais semelhante ao não caído Malacandra (Marte). Claro, Lewis soube lembrar seus leitores que, onde quer que se reconheça a necessidade da graça, ela será dada.

Em *Studies in Words* [*Estudos sobre palavras*], Lewis destacou novamente a importância das palavras e seus significados e deu definições que permitem que seus leitores pensem e reflitam mais profundamente sobre uma série de conceitos e ideias. No entanto, como já foi mencionado, a palavra *definição* significa "finitude"; definimos as coisas por sua limitação e sua função. Então, como definimos o Deus infinito? Mesmo no clímax do tempo — um tema sobre o qual Lewis escreveu em *A última noite do mundo* (*The World's Last Night*) e em seu ensaio "Historicism" ["Historicismo"], bem como no livro narniano *A última batalha* (*The Last Battle*) — não chegaremos a uma compreensão completa das formas de graça. Mais palavras ainda serão ditas, e toda a eternidade não esgotará os temas do grande amor e graça de Deus para conosco. Há mais a ser falado à medida que vamos "mais e mais adiante".

CAPÍTULO 19
O Leão, a Feiticeira e o Guarda-Roupa

O *Leão, a Feiticeira e o Guarda-Roupa* é o mais popular e mais amado dos livros de Lewis, e é para muitos a introdução à sua obra escrita. Frequentemente é usado como leitura obrigatória nas escolas; foi transformado em filmes, peças de teatro e canções; e é objeto de pesquisa acadêmica. Esse livro é a primeira das sete histórias de Nárnia escritas e publicadas e foi o primeiro dos filmes da série de Nárnia produzidos pela Disney e Walden Media. É significativo que seja o primeiro, pois aqui Lewis criou os personagens e as circunstâncias essenciais para a compreensão de Nárnia e, ao mesmo tempo, simboliza os elementos mais importantes da teologia cristã de uma forma renovada e inesquecível. Ele traz a essência do evangelho: pecado, sacrifício, perdão e vida nova. É ao mesmo tempo um relato da história central da história humana e a história de cada conversão individual.

Lewis disse que em sua ficção ele esperava escapar dos "dragões vigilantes" dos preconceitos dos leitores sobre o cristianismo. Tendo lido o evangelho sob forma ficcional, nossa imaginação está preparada para receber a verdade direta quando a encontramos na Bíblia ou a ouvimos em um sermão. Podemos ver facilmente a vantagem para uma pessoa cética em relação ao cristianismo, como o próprio Lewis havia sido quando adolescente e jovem adulto. Mas os dragões vigilantes estão lá em outra forma para os já há muito convertidos. Eles assumem a forma da rotina — o familiar, o tradicional — e tornam-se monótonos e talvez até desinteressantes. Mas à medida que esses leitores entram nas aventuras das quatro crianças Pevensie — a grande e misteriosa casa do professor e o guarda-roupa mágico — e deslizam para o mundo encantado de Nárnia, tudo fica tão renovado quanto para Lucy, Edmund, Susan e Peter. Os dragões estão adormecidos e nossa imaginação está bem desperta. A maravilha, o choque e a alegria do evangelho podem nos inundar como uma poderosa onda purificadora.

Muitos tentaram explicar a influência incomum que esse livro exerce sobre a imaginação. Entre as melhores explicações estão seu poder de encantar, de tornar o bem real e desejável, e de nos fazer desejar nosso verdadeiro destino. E ele faz isso para crianças e adultos.

◆ I ◆

Sempre inverno e nunca Natal; pense nisso!
CAPÍTULO 2

Uma das primeiras coisas que Lucy descobre ao entrar em Nárnia é que a Feiticeira Branca usurpou o governo de Aslan e amaldiçoou Nárnia. Como Tumnus, o Fauno, diz a Lucy, há cem anos é inverno, mas sempre sem Natal. Esse símbolo é um dos mais poderosos e memoráveis de Lewis. O apelo é imediato, mesmo para quem associa o Natal apenas ao Papai Noel e presentes, quando até o frio e a neve podem ficar lindos com a expectativa sazonal. Mas e se fosse frio e neve sem fim, sem esperança de primavera ou Natal?

Esse é apenas mais um detalhe do verdadeiro significado do Natal que faz esse símbolo do frio implacável explodir em significância. O Natal, é claro, celebra o nascimento de Jesus — o dom de Deus que traz perdão e vida eterna, a própria dobradiça que abre a porta para o sentido da história humana. Quando Aslan vier, como quando Jesus vier, a maldição sobre o meio ambiente e a natureza humana pode ser levantada. A vinda de Aslan é muito esperada e é precedida pela aparição do Bom Velhinho, que dá presentes, e pelo degelo da primavera.

Tudo isso antecipa o dom supremo, aquele que quebrará todas as maldições e restaurará tudo à ordem devida. Esse dom é o próprio Aslan, cujo sacrifício voluntário de sua vida inocente libertará Edmund e toda Nárnia. O sofrimento gelado do inverno, as plantas adormecidas e os animais hibernando simbolizam apropriadamente o efeito entorpecente do pecado e da rebelião antes que o perdão libertador recomece o fluxo da vida e da alegria. E, como no nascimento de Jesus no Natal, a iniciativa precisa vir de fora do nosso mundo. Até que Aslan comece a se mover, o inverno nunca terminará.

A própria natureza criada será libertada da escravidão da decadência em que se encontra para a gloriosa liberdade dos filhos de Deus. Sabemos que toda a natureza criada geme até agora, como em dores de parto.
ROMANOS 8:21–22

·2·

Era uma bala de goma encantada e... qualquer um que a provasse uma vez iria querer mais e mais, e até, se lhe fosse permitido, continuaria comendo até se matar.
CAPÍTULO 4

Um pecado leva a outro. Edmund zomba de Lucy e se ressente dos esforços de Peter para fazê-lo parar de implicar com ela. O orgulho e o egoísmo de Edmund o ensinaram a odiar. Quando a rainha lhe oferece balas de goma, ele as toma como uma antecipação de outros "prazeres": vingar-se de Peter e provar que os outros estão errados, dominando-os como príncipe e rei da Feiticeira Branca. A Feiticeira Branca é especialista em atrair Edmund ainda mais. Para obter mais balas de goma, ele deve primeiro trazer seu irmão e irmãs ao castelo dela. A gula leva à mentira, à deserção, à traição e à morte — até, quase, à dele mesmo.

O pecado é viciante. Uma vez que Edmund prova a bala de goma, ele anseia por mais. A maior mentira do diabo é a ideia de provar algo uma vez só; a segunda maior é que, já que você provou uma vez, uma outra vez não fará mal. Quando já quebramos a barreira da consciência e formulamos uma desculpa, o caminho fica aberto para pecarmos mais. Mesmo quando sabe, no fundo, que cometeu uma série de grandes erros, Edmund ainda pensa com prazer nas balas de goma. Na casa dos Castores, ele não deseja a comida nutritiva na mesa à sua frente. Seu apetite pelo bem foi destruído pelo doce insalubre. Agora, ele quer apenas mais doces e mais prazeres.

Como aprendemos com Screwtape nas *Cartas de um diabo a seu aprendiz*, o padrão do vício é: um desejo cada vez maior e um prazer cada vez menor. Embora Edmund tenha comido demais na primeira vez que a bruxa lhe deu balas de goma, e tenha se sentido enjoado e em péssimo estado, ainda assim ele quer mais. Vemos claramente que Edmund foi um tolo irresponsável. É possível que nós mesmos devoremos o mal de cem formas por dia, chamando nossa própria destruição e, ao mesmo tempo, destruindo nosso apetite pelo alimento saudável?

Cada um, porém, é tentado pela própria cobiça, sendo por esta arrastado e seduzido.

Então a cobiça, tendo engravidado, dá à luz o pecado; e o pecado, após ter-se consumado, gera a morte.
TIAGO 1:14–15

·3·

— *Mas quer o senhor realmente dizer* — *disse Peter*
— *que pode haver outros mundos como esse, em todos os lugares, ao se virar de uma esquina?*
CAPÍTULO 5

O professor responde à pergunta de Peter sobre a existência de outros mundos com uma afirmativa confiante. O professor pode não estar expressando um senso "comum", mas o que ele diz certamente faz sentido. Lewis frequente e prontamente admitia que pode haver outras formas de vida inteligente em nosso universo ou mesmo em outros universos desconhecidos para nós. Não é preciso muita imaginação para pensar que o Deus que criou este universo, e o desfaz e refaz, poderia fazer o mesmo quantas vezes quisesse. A maior parte da realidade é invisível para qualquer um de nós. Além da quantidade relativamente grande de atividade de que nunca tomamos ciência em nossas vidas, há as vastas extensões do tempo que permanecerão desconhecidas para nós, mortais finitos: os tempos antes de nascermos e depois de morrermos.

Aliás, nossas mentes racionais ignoram muita coisa sobre nós mesmos. E além do alcance do espaço interestelar, no qual um milhão de vidas é insuficiente para enviar e receber uma mensagem na velocidade da luz, existe a realidade invisível do mundo espiritual, que é durável e permanente.

Lucy entra por um guarda-roupa comum e involuntariamente chega a Nárnia. Em *O sobrinho do mago*, Digory (o menino nessa história, mas o professor em *O Leão, a Feiticeira e o Guarda-Roupa*) e Polly perambulam por Charn, um mundo moribundo, e depois em Nárnia, enquanto Aslan o está criando. Tendo estado em outros mundos, o professor agora sabe que o que não se vê é mais real do que o que se vê. Deus, que é um Espírito invisível, criou as hostes angelicais invisíveis, que em raras ocasiões apareceram para a humanidade. Deus, por meio de Cristo, também criou o vasto universo. Em vez de nos desnortearmos com a vastidão do nosso próprio universo ou com a existência de outros universos possíveis, somos convidados — mesmo abençoados — a colocar nossa fé no autor de tudo o que existe, que tomou a iniciativa de entrar na pequenez de nosso mundo, para poder nos levar para seu vasto e eterno lar cósmico.

Pois não temos aqui nenhuma cidade permanente, mas buscamos a que há de vir.
HEBREUS 13:14

· 4 ·

Agora, era assim. Ante o nome de Aslan, cada uma das crianças sentia algo saltar em seu interior.
CAPÍTULO 7

Todas as quatro crianças Pevensie vêm ao mundo de Nárnia pela primeira vez. Após a surpresa e o deleite iniciais, elas veem que aquele também é um mundo hostil de frieza, intriga e perigo. A esperança é anunciada por um estranho mensageiro: um castor falante que anuncia que Aslan desembarcou e está "se movendo". Com a menção ao nome de Aslan, o mundo não é mais o mesmo. As crianças têm uma experiência do que Lewis chamou de *numinoso*: um encontro com algo totalmente diferente ou "diverso" de nós mesmos. Para explicar o sentimento, Lewis disse que é como ter um sonho sobre algo que você não entende, mas sabe ser a chave para algo realmente importante. Você tem a sensação de que, quando entender o seu significado, todo o sonho se transformará em um pesadelo ou em algo como um conto de fadas que você nunca quer que acabe.

Todos aqueles cujo espírito sentiu algo da transcendência de Deus experimentaram esse fenômeno. Quer o medo faça ou não parte dele, o importante é que nos leva à adoração, que é nosso relacionamento normal e saudável com o Deus transcendente. Nossa reação a tal Deus diz mais sobre nós do que sobre ele. Um encontro até mesmo com o nome Aslan revela o caráter de cada criança na mesa dos Castores e prenuncia sua resposta, enquanto as crianças estão cada vez mais perto de conhecer o Leão pessoalmente.

Edmund já escolheu o mal — embora felizmente esse não seja o fim de sua história — e ele tem, do numinoso, uma experiência pesadelar: nesse caso, o horror de ser achado em meio a algo que ele sabe, no fundo, que é muito errado. Mas os outros três têm a experiência dos sonhos de conto de fadas. Lucy sente uma emoção de férias, Peter sente a adrenalina de uma nova aventura e Susan sente o encantamento da música. Essas experiências para os três que amam e querem o bem os atraem para Aslan. Quando ouvem seu nome, algo no fundo lhes diz que Aslan está no centro de sua experiência, tanto em Nárnia quanto além.

Por isso Deus o exaltou à mais alta posição e lhe deu o nome que está acima de todo nome, para que ao nome de Jesus se dobre todo joelho, no céu, na terra e debaixo da terra, e toda língua confesse que Jesus Cristo é o Senhor, para a glória de Deus Pai.
FILIPENSES 2:9–11

·5·

Ficará certo o que é errado, quando Aslan tiver chegado; e, ao som de seu rugido, toda tristeza terá partido.
CAPÍTULO 8

Essa é a profecia que conforta os narnianos durante os cem anos de inverno e crueldade sob a maldição da usurpadora Feiticeira Branca. Nós a ouvimos pela primeira vez, junto com Peter, Susan, Edmund e Lucy, do Sr. Beaver. Que palavra de esperança bem-vinda e necessária! Edmund, como seus irmãos logo descobrirão, tornara-se um traidor e parece estar perdido, dominado pela Feiticeira Branca. O Sr. Tumnus também caiu, e certamente foi transformado em pedra. Todos os demais também têm sofrido sob a opressão da rainha má. Além disso, as crianças são impotentes diante de sua varinha — que as transformaria em pedra em um instante — e das criaturas monstruosas sob seu comando: ogros, bruxas e outros horrores que se deliciam com o mal e parecem ter todo o poder. Nada parece certo. Nesse pesadelo em vigília, o nome *Aslan* surge como o som de uma trombeta à frente de um exército de libertação. É ele quem vai salvar o Sr. Tumnus, Edmund, as outras crianças e seus novos amigos, e toda Nárnia.

É o rugido de Aslan que silencia a Feiticeira Branca quando ela questiona sua promessa de morrer no lugar de Edmund. Aslan ruge novamente quando ele é ressuscitado de uma morte cruel, e Peter, Susan e Lucy veem seu rosto ficar "terrível" de ira, quando ele se prepara para julgar a bruxa e todos os seus asseclas. O rugido de Aslan, como a profecia predisse, é o sinal de que as tristezas logo partirão e o direito reinará em segurança. Ouvir que Aslan chegou a Nárnia é como ouvir "Rei dos reis e Senhor dos senhores" no coro "Aleluia" do oratório *Messias*, de Handel, anunciando que a bondade, o amor, a glória e a sabedoria que fizeram nosso mundo vieram para corrigi-lo.

Visto que tudo será assim desfeito,
[...] Todavia, de acordo com a sua promessa, esperamos novos céus e nova terra, onde habita a justiça.
2 PEDRO 3:11, 13

·6·

Claro que ele não é inofensivo. Mas é bom.
CAPÍTULO 8

Os Pevensies, em Nárnia, têm muito a aprender sobre a batalha entre o bem e o mal e sobre Aslan e a Feiticeira Branca, que são personagens-chave na luta. Cada passo na conversa na casa dos Castores parece ser um choque ou surpresa. Quase todas as suposições sobre si mesmos e suas circunstâncias estão erradas. Isso inclui a natureza complexa de Aslan. Quando ouvem que Aslan é um leão, Susan e Lucy se perguntam, naturalmente, se ele seria inofensivo. O Sr. Beaver então apresenta a eles e a nós um paradoxo agora famoso: Aslan não é inofensivo, mas é bom.

Esse é um paradoxo que todos nós encontramos. Assumimos que qualquer bondade que haja no mundo se encaixaria aos nossos interesses e nos faria felizes. Frequentemente oramos a Deus como se ele fosse um gênio que deve conceder nossos desejos, sejam eles quais forem. Queremos estar no controle e, quando não podemos, nosso desejo seguinte é que Deus controle as coisas para nós, conforme nossa vontade. A realidade não é assim. Aprendemos com a maturidade que um Deus sábio, para nosso próprio bem, nunca concederia tudo o que pedimos, como bons pais que muitas vezes precisam dizer não aos pedidos tolos de seus filhos. Desse e de outros modos, Deus, como Aslan, não é inofensivo.

Descobrimos outra maneira pela qual ele não é inofensivo quando finalmente entendemos algo da santidade de Deus e nossas próprias falhas. Isaías lamentou que sua própria justiça fosse como trapos sujos em comparação com a bondade de Deus (Isaías 64:6). A bondade não pode ser inofensiva para a humanidade pecadora. O pecado deve ser eliminado e o pecador purificado; a alternativa é o afastamento eterno da bondade. Edmund está seguro apenas quando troca a bondade de Aslan por sua própria maldade; e da mesma forma, antes que o sacrifício de Jesus seja nosso pela fé, a bondade de Jesus, na verdade, é nossa condenação. Mas quando sua bondade se torna nosso dom imerecido, também se faz nossa libertação, e então estamos seguros.

*Como agora fomos justificados por seu sangue, muito mais ainda
seremos salvos da ira de Deus por meio dele!
Se quando éramos inimigos de Deus fomos reconciliados com ele
mediante a morte de seu Filho, quanto mais agora, tendo sido reconciliados,
seremos salvos por sua vida!*
ROMANOS 5:9–10

·7·

— *Somente Aslan* — disse o Sr. Beaver. — *Devemos ir ao seu encontro. Essa é a nossa única chance agora.*
CAPÍTULO 8

A maioria de nós é criada para ser independente. Vemos como uma virtude não precisarmos da ajuda de mais ninguém. Entre as primeiras palavras, as crianças parecem aprender "eu consigo". Mas todos nós nascemos totalmente dependentes de outra pessoa para todas as necessidades. Sem ajuda externa, logo morreríamos. Isso espelha exatamente nossa necessidade de salvação do pecado e a orientação de Deus em nossas vidas diárias. Insistir em ser independente de Deus é morte espiritual certa, tão certa quanto a morte física para um recém-nascido que fosse "independente".

Quando descobrem que o Sr. Tumnus foi capturado pela Feiticeira Branca, Peter, Susan e Lucy pensam que é tarefa deles encontrar um esquema para libertá-lo. Quando se descobre que Edmund é um traidor, todos se sentem no dever de salvar seu irmão. Eles estão certos em querer a libertação de seus amigos e parentes. Eles não poderiam estar mais errados sobre como conseguir isso, no entanto. A maneira mais rápida (e a única que funcionará) é encontrar Aslan. No final, eles e outros estarão envolvidos na grande batalha para libertar não apenas o Sr. Tumnus e Edmund, mas toda Nárnia.

Primeiro, Aslan deve realizar a magia profunda posta no mundo desde antes do início dos tempos. Ele, como Jesus, deve ser o sacrifício pelo mundo que ele criou — um sacrifício que libera seu poder sobre tudo, em todas as direções. Com sua vitória sobre a morte e o mal, a vitória final de Aslan é certa. Somente tomando nosso lugar em seu exército podemos fazer algum bem contra as probabilidades que, de outra forma, estão esmagadoramente contra nós. O melhor conselho que Peter, Susan e Lucy já receberam é o aviso solene do Sr. Beaver de que Aslan é sua única esperança. O que eles aprenderiam ao conhecer Aslan é que não precisam de outra ajuda além da dele e que, ao segui-lo, encontrariam a liberdade de viver o destino para o qual nasceram.

"[...] Não há salvação em nenhum outro, pois, debaixo do céu não há nenhum outro nome dado aos homens pelo qual devamos ser salvos."
ATOS 4:12

·8·

Aslan está em movimento. A magia da Bruxa enfraquece.
CAPÍTULO 10

Em uma corrida por suas vidas, os Castores e três das crianças Pevensie escapam por pouco da captura pelos lobos rosnadores da polícia secreta da Feiticeira Branca. Eles se arrastam pela neve à noite e se abrigam em uma caverna, na esperança de evitar a bruxa, chegar a Aslan e serem salvos, na Mesa de Pedra. Enquanto se escondem na caverna, ouvem um trenó e sinos de rena e temem que a Feiticeira Branca os tenha encontrado. O Sr. Beaver corajosamente sai para ver para que lado a bruxa irá. Para surpresa deles, o Sr. Beaver os chama para ficarem cara a cara com o Papai Noel.

Os narnianos tiveram cem anos de inverno sem Natal. Quando o Bom Velhinho aparece num momento em que a própria bruxa já era esperada, podemos imaginar a comemoração que se segue. O próprio Papai Noel anuncia o significado de sua vinda: "Aslan está em movimento. A magia da Bruxa está enfraquecendo." É como se João Batista, o anjo anunciando a encarnação de Jesus e o Espírito Santo, doador dos dons, estivessem momentaneamente reunidos em um só. O Natal marca o início do fim do domínio do mal sobre os dois mundos — Nárnia e o nosso. Quando a cena volta a mostrar a bruxa, ela está se esforçando para mover seu trenó pela neve derretida, o que dá aos humanos e aos Castores a chance de encontrar Aslan. Os sinais da primavera estão por toda parte: neve derretendo, grama verdejando, flores desabrochando, pássaros cantando.

Ainda haverá batalhas e reveses, mas com Aslan pessoalmente em Nárnia, a vitória está garantida. Estamos exatamente na mesma posição: aguardamos nosso resgate. Nossa redenção foi paga, com tanta certeza quanto a de Edmund, mas temos o encargo de continuar lutando com coragem e esperança. Como Aslan, o Salvador do nosso mundo fez o que veio fazer: em amor e com grande humilhação, ele pagou o preço de nossa traição à sua lei justa, estabeleceu seu Reino sobre um fundamento seguro e provou seu poder sobre a morte, voltando à vida. Ele nos alista em seu exército e tarda seu retorno final, para nos dar a chance de escolher seu lado.

Eu lhes disse essas coisas para que em mim vocês tenham paz. Neste mundo vocês terão aflições; contudo, tenham ânimo! Eu venci o mundo.
JOÃO 16:33

·9·

Quando uma vítima voluntária, inocente de qualquer traição, era morta no lugar de um traidor, a Mesa se rachava e a própria Morte começava a funcionar ao contrário.
CAPÍTULO 15

Enquanto Susan e Lucy observam de um esconderijo, Aslan é amarrado, tosado, amordaçado, espancado, vaiado e, finalmente, morto. Assim que podem, eles liberam seu corpo da focinheira, enquanto ratos gentis roem as cordas. Eles despertam de uma noite cruel, de frio e tristeza, no amanhecer e ao som de um grande barulho, quando a Mesa de Pedra em que Aslan havia sido morto se parte em duas. Quando as crianças, esperando o pior, se perguntam em voz alta se aquilo era ainda mais magia, a voz de Aslan ressoa em afirmação. Ele está vivo! E que alegria maravilhosa eles sentem! Aslan explica a "magia mais profunda" que ele e seu pai, o Imperador, conheciam, mas a bruxa não: quando uma vítima voluntária, mas inocente, era morta no lugar de um traidor, a Mesa rachava e a própria Morte funcionava ao contrário.

O simbolismo está muito próximo do relato bíblico da morte e ressurreição de Jesus. Quando Jesus morreu, as rochas se racharam e a pesada cortina do Templo, que separava o Lugar Santo do Lugar Santíssimo, foi rasgada em duas de alto a baixo. Isso era para mostrar que todas as pessoas poderiam entrar na presença de Deus, não apenas o sumo sacerdote, uma vez por ano. Em Nárnia, a Mesa, com escritos antigos ao seu redor, simboliza a lei do Antigo Testamento. O próprio Deus escreveu os Dez Mandamentos em tábuas de pedra (ver Êxodo 31:18). Agora, o poder da lei, que prescreve a morte pelo pecado de não guardar os mandamentos, foi quebrado pelo sacrifício voluntário de Jesus, o inocente no lugar do culpado.

Quando Jesus voltou à vida e saiu da tumba, a morte realmente funcionou ao contrário, e muitas sepulturas despejaram os mortos justos, que também foram ressuscitados. A morte trabalhou para trás ao libertar aqueles que morreram antes da vinda de Jesus, mas na fé de que Deus enviaria um redentor para livrá-los da penalidade do pecado. A única reação imaginável para isso é a de Susan e Lucy: elas se alegram com Aslan.

Naquele momento, o véu do santuário rasgou-se em duas partes, de alto a baixo. A terra tremeu, e as rochas se partiram.
Os sepulcros se abriram, e os corpos de muitos santos que tinham morrido foram ressuscitados.
E, saindo dos sepulcros, depois da ressurreição de Jesus, entraram na cidade santa e apareceram a muitos.
MATEUS 27:51–53

· 10 ·

Uma vez rei ou rainha em Nárnia, sempre rei ou rainha. Firmeza, Filhos de Adão! Firmeza, Filhas de Eva!
CAPÍTULO 17

Quem leu *A última batalha*, de C. S. Lewis, pode ver essa citação e lembrar que Susan não termina na nova Nárnia, tendo no intervalo entre os livros se tornado uma amiga deste mundo em vez de Nárnia. Isso certamente parece uma contradição. Um jovem leitor escreveu a Lewis sobre isso, e este tentou confortá-lo, apontando que Susan ainda está neste mundo em nosso tempo (que é diferente do tempo de Nárnia) e ainda pode fazer as escolhas certas e, finalmente, acabar em Nárnia. Devemos lembrar que Nárnia não é o céu; caso contrário, por que a Feiticeira Branca estaria lá, junto com seus seguidores e até mesmo os humanos ainda pecadores?

Encontramos a mesma aparente contradição na Bíblia quando Paulo lamenta alguns que deixaram a fé ou quando Jesus diz: "Quem põe a mão no arado e olha para trás não é apto para o Reino de Deus." (Lucas 9:62) Tal como acontece com Susan, em sua deserção possivelmente temporária de Nárnia, esses são avisos claros. Mas serão realmente contradições? Não podem ser. Devemos reconciliar tais declarações com a multidão de garantias de que a vida que Jesus dá é eterna — nunca termina. O problema é pensar que alguém é verdadeiramente filho de Deus e coerdeiro de Jesus, quando não é. É útil lembrar que nunca somos salvos por nossa própria iniciativa, mas pela de Deus, e que ele não se contradiz. Da mesma forma, é Aslan quem decide quando as pessoas do nosso mundo serão chamadas para Nárnia e quais delas serão reis e rainhas. Se duvidarmos de suas promessas, nos arriscamos a ouvir seu rugido.

[Jesus diz:] "As minhas ovelhas ouvem a minha voz;
eu as conheço, e elas me seguem.
Eu lhes dou a vida eterna, e elas jamais perecerão; ninguém
as poderá arrancar da minha mão.
Meu Pai, que as deu para mim, é maior do que todos;
ninguém as pode arrancar da mão de meu Pai.
Eu e o Pai somos um."
JOÃO 10:27–30

CAPÍTULO 20
O sobrinho do mago

Este livro sobre a Criação de Nárnia, que vem em primeiro lugar nas publicações mais recentes da série de sete livros, foi o último a ser escrito. Lewis começou a escrevê-lo imediatamente após terminar de escrever *O Leão, a Feiticeira e o Guarda-Roupa*, em 1949 — embora esse livro tenha sido publicado em 1950. Mas a escrita não progrediu bem, então ele passou a escrever *Príncipe Caspian*, *A viagem do Peregrino da Alvorada*, *O cavalo e seu menino* e *A cadeira de prata*. Depois tentou voltar a *O sobrinho do mago* (*The Magician's Nephew*), mas interrompeu para escrever *A última batalha*. Finalmente, em 1954, ele completou *O sobrinho do mago* (publicado em 1955), sobre o início de Nárnia, depois de ter escrito sobre sua destruição e recriação em *A última batalha*.

Essa prequela fala da criação de Nárnia por Aslan, que cantando dá existência a esse mundo. Também nos permite saber que Jadis viera para Nárnia de um mundo chamado Charn, que ela destruiu por um poder secreto e maligno. Através da tolice de Digory, ela escapa de Charn e segue Digory e sua amiga Polly (através de anéis pertencentes ao tio "mágico" de Digory, Andrew) para Londres e depois para Nárnia, enquanto este ainda é um mundo escuro e disforme. Lá eles testemunham Aslan criando por meio do canto o sol e as estrelas, plantas e animais, dando a algumas de suas criaturas linguagem e razão. Enquanto a terra ainda está em sua infância, o mal está solto em Nárnia. Aslan age para proteger Nárnia, permitindo que Digory seja parte da solução, embora a salvação final deva vir pela morte de Aslan. Ao obedecer a Aslan, Digory também pode trazer ao nosso mundo uma fruta que curará sua mãe moribunda.

Nesse livro, as consequências do mal e o custo da graça para combatê-lo vêm junto com a destrutividade do mal e a criatividade do amor em toda a sua grandeza. Como as crônicas como um todo, *O sobrinho do mago* apresenta a luta arquetípica do bem e do mal: Deus e Satanás, Aslan e Jadis, Digory e tio Andrew. Somos cativados pelo bem e repelidos pelo mal. Lewis nos ajudou no mesmo esforço tão conscientemente empreendido há muito tempo pelos puritanos: treinar os afetos para que saibamos amar e odiar as coisas certas. Ao fazê-lo, aprenderemos não apenas a *conhecer* a bondade quando a vemos, mas também a *amá-la*. Como a Bíblia tantas vezes nos lembra, o mal parece prosperar neste mundo. Nesse livro, nos é dada uma visão de longo prazo, abarcando o futuro, onde todas as contas são acertadas em justiça e misericórdia.

• I •

Homens como eu, dotados de uma sabedoria oculta, estamos livres das regras comuns, assim como estamos afastados dos prazeres comuns. Nosso destino, meu rapaz, é um destino elevado e solitário.
CAPÍTULO 2

Tio Andrew trocou sua alma pela ilusão de poder. Ele acabou de enviar Polly para um destino desconhecido fora deste mundo, e Digory o repreendeu por sua covardia, por não ir ele mesmo e enganar Polly, fazendo-a partir contra sua vontade. Agora tio Andrew está apelando para o senso de decência básica de Digory, mostrando a sua partida como a única forma de trazê-la de volta. Tio Andrew se orgulha do conhecimento secreto como algo que o liberta das "regras comuns" válidas para mortais comuns como Digory e Polly.

Nota-se nas palavras de tio Andrew racionalização e orgulho. Não podemos viver com uma crença contrária ao nosso comportamento. Se escolhermos agir de um modo que viole nossa consciência, como princípio psicológico e consequência espiritual, somos compelidos a nos arrepender ou a dar uma desculpa — racionalizar ou dar uma razão por que o comportamento é aceitável. Se isso se tornar um hábito, abusamos tanto de nosso senso de razão que confundimos o bem com o mal, contra o que Paulo advertiu em Romanos 1. É por isso que Lewis chamou o orgulho de o mais profundo de todos os pecados. Ele coloca o eu no comando e, assim, criamos nossas próprias regras de moralidade. É o caminho para todos os outros vícios.

A verdadeira moralidade, em contraste, flui do próprio caráter de Deus. Não podemos estar no centro e ter Deus no centro ao mesmo tempo. A racionalização de tio Andrew é que ele pode usar as crianças da mesma forma que já usou cobaias em outros tempos. Seu suposto alto objetivo de explorar mundos distantes tem um preço devastadoramente alto: sua alma. O que é pior, ele não vê que está prestes a transportar o mal terreno para mundos desconhecidos. O poder de decidir o destino de outras pessoas é demoníaco, e o início de todas as escolhas más como essa de tio Andrew está em nossa mente.

Buscar os objetivos de Deus à maneira de Deus é a única receita para um "destino elevado". A batalha é ganha ou perdida pelos pensamentos que alimentamos. Ou levamos nossos pensamentos cativos a Cristo (ver 2 Coríntios 10:5) ou então à "filosofia vazia": não há alternativas.

Tenham cuidado para que ninguém os escravize a filosofias vãs e enganosas, que se fundamentam nas tradições humanas e nos princípios elementares deste mundo, e não em Cristo.
COLOSSENSES 2:8

· 2 ·

Então pronunciei a Palavra Deplorável; e um momento depois eu era a única coisa viva sob o sol.
CAPÍTULO 5

Essas palavras de Jadis, a Feiticeira Branca — a figura de Satanás nas histórias de Nárnia —, explicam para Digory e Polly por que Charn, o mundo aonde eles chegaram "por acaso", está cheio de morte, decadência e, por fim, nada. Paralelamente a tio Andrew, mas em maior escala e ao custo de sua própria alma e de muitos outros, Jadis aprendeu uma magia muito poderosa. A magia de Aslan (e, em nosso mundo, o poder milagroso de Deus) é sempre para o bem supremo e é sempre criativa, exceto em julgamento justo. A "magia negra" como a de Andrew e Jadis (o poder sobrenatural do mundo demoníaco) é sempre destrutiva. A magia negra é sempre buscada para obter alguma dominação pessoal, a um grande custo para a alma do buscador, como ilustram Andrew e Jadis. Talvez não haja exemplo mais poderoso de orgulho satânico na ficção do que esse. Jadis é tão cheia de si que não consegue suportar a ideia de que outra pessoa esteja no controle. Ela preferiria destruir o mundo a deixar sua irmã ou qualquer outra pessoa reinar sobre ele.

Exceto pela mão de Deus mantendo o mal sob controle, tal seria o destino de nosso mundo no rancor destrutivo de Satanás — ou mesmo, guardadas as devidas proporções, se um louco obtivesse o controle de armas nucleares. Mas não precisamos procurar muito longe de casa para encontrar o mesmo espírito de orgulho destrutivo. Vemos o mesmo espírito na criança que estraga o jogo em vez de deixar outra pessoa ganhar, ou no burocrata corporativo que prefere sabotar um projeto ou mesmo falir uma empresa a permitir que outra pessoa leve o crédito, porque o sucesso não foi seu. Quando esse espírito se torna um estado habitual da mente e da alma, Paulo nos disse, este é o resultado: "novas maneiras de pecar" sem misericórdia ou qualquer grito de uma consciência há muito morta para a moral objetiva de Deus.

A única misericórdia que Aslan pode estender a Andrew no novo mundo é anestesiá-lo, pois a vida sem o eu no centro tornou-se extremamente infeliz para ele. Assim é com Jadis. E assim pode ser, advertiu Paulo, com qualquer um que não consiga manter sob controle o orgulho devorador.

Além do mais, visto que desprezaram o conhecimento de Deus, ele os entregou a uma disposição mental reprovável, para praticarem o que não deviam.
[Tornaram-se] caluniadores, inimigos de Deus, insolentes, arrogantes e

presunçosos; inventam maneiras de praticar o mal; desobedecem a seus pais; são insensatos, desleais, sem amor pela família, implacáveis.
ROMANOS 1:28, 30-31

•3•

Bem, você sabe como é se começar a esperar por algo que se deseja muito; você quase rejeita a esperança, porque ela é boa demais para ser verdade, pois tantas vezes antes você já se decepcionou.
CAPÍTULO 7

Sentindo que sua mãe está morrendo, Digory representa os próprios sentimentos de Lewis pela perda de sua mãe para o câncer, quando ele tinha apenas 9 anos de idade. Como explicou em *Surpreendido pela alegria*, Lewis estava com dor de dente e dor de cabeça e queria sua mãe, mas ela estava muito doente para vir. Ele orou por sua cura, mas ela morreu. Então o menino rapidamente desistiu de Deus. Olhando para trás, Lewis podia ver que ele pensava em Deus não como alguém a ser obedecido, mas simplesmente como um "mago" que poderia e deveria atender pedidos. Mais uma vez, no internato, Lewis se dedicou à oração, exigindo dolorosamente de si uma certa emoção inominável confundida com fé; depois abandonou o esforço e declarou-se ateu até quase os 30.

A busca persistente de Digory é encontrar uma cura para sua mãe em um dos novos mundos. Quando olha para Aslan, ele está no caminho certo, mas sem aprender a colocar a obediência a Aslan antes de seu próprio desejo terreno mais profundo ele não poderá receber, com segurança, esse objeto desejado.

Todos nós oramos e ansiamos por alguma coisa boa até enfrentarmos a perspectiva do desespero. Isso acontece com frequência, mesmo nos períodos em que tentamos muito servir a Deus. Nós nos lançamos em algum trabalho que, estamos convencidos, Deus aprova ou deveria aprovar; e ficamos desanimados quando o esforço vacila ou falha. Se Deus não vai aparecer (de maneiras que possamos reconhecê-lo), então por que ir adiante? A própria esperança, assim, começa a morrer. Devemos, como Digory, aprender que não cabe a nós ditar os termos a Deus, seja para nós mesmos, seja para aqueles que amamos. Outra forma de orgulho supõe, sem realmente dizer, que sabemos do que nós ou outra pessoa precisamos, mais do que Deus.

Aslan derrama lágrimas pela dor de Digory, mesmo sabendo que vai curar a mãe de Digory. Mas, em seu amor, Aslan primeiro dá a Digory aquilo de que este precisa mais — a fé para seguir, não importa o quê.

[Jesus disse:] "Quem ama seu pai ou sua mãe mais do que a mim não é digno de mim; quem ama seu filho ou sua filha mais do que a mim não é digno de mim; e quem não toma a sua cruz e não me segue não é digno de mim.
Quem acha a sua vida a perderá, e quem perde a sua vida por minha causa a encontrará."
MATEUS 10:37, 39

· 4 ·

A terra era de muitas cores: eram frescas, quentes e vívidas, cores animadoras; até que você visse o próprio cantor, e então você esqueceria de tudo o mais. O cantor era um Leão.
CAPÍTULO 8

Depois de testemunhar a morte de Charn pela Palavra Deplorável de Jadis e de escapar da loucura de Jadis em uma corrida de destruição em Londres, Digory e Polly são levados por seus anéis mágicos para outro mundo sombrio. Mas esse mundo não está morrendo; está prestes a nascer.

Há um precedente para associar a música à Criação. Em Jó, "na manhã da criação, as estrelas alvas em coro" (38:7). No Salmo 65, toda a criação exulta e canta de alegria. Assim, em *O sobrinho do mago*, Aslan canta as estrelas em direção à existência e, então, Digory está certo, as próprias estrelas começam a cantar. Do solo, plantas, animais e outras maravilhas ganham vida ao som da voz de Aslan. Mas o que atrai Digory, Polly, o cocheiro e seu cavalo (enquanto repele Jadis e tio Andrew) é o próprio Aslan.

Essa cena mostra que o céu não é fruto de suborno. Sua essência não é o lugar em si ou as coisas nele existentes ou mesmo os santos ressuscitados — é o próprio Cristo. Como muitos disseram sabiamente de uma forma ou de outra, a pessoa que tem Cristo e tudo o mais que existe não tem mais do que a pessoa que tem Cristo e nada mais. Ao longo das Crônicas de Nárnia, Lewis nos deu cenas de personagens encontrando Aslan — em certo sentido, Jesus. Eles o veem como a resposta ao desejo de seus corações (a visão beatífica) ou então como sua condenação final, por causa de sua escolha do mal em vez dele (uma visão da "face satânica da perdição" ou a visão "miserável" — ver capítulo 9 de *Perelandra*). Todos os nossos desejos, corretamente entendidos, são para Cristo. E, no final, o que ele nos dá é ele mesmo.

Ele é a imagem do Deus invisível, o primogênito de toda a criação,
pois nele foram criadas todas as coisas nos céus e na terra, as visíveis e
as invisíveis, sejam tronos ou soberanias, poderes ou autoridades; todas as
coisas foram criadas por ele e para ele.
Ele é antes de todas as coisas, e nele tudo subsiste.
COLOSSENSES 1:15–17

·5·

— *Salve, Aslan. Ouvimos e obedecemos. Estamos acordados. Nós amamos. Nós pensamos. Nós falamos. Nós sabemos.*
[Strawberry disse:] — *Mas, por favor, ainda não sabemos muito.*
CAPÍTULO 10

Depois que Nárnia está cheia de seres vivos, os racionais se voltam instintivamente em louvor a Aslan. Voltar-se para o Criador em adoração e ação de graças é a resposta adequada e saudável de todo ser criado — humano, animal ou anjo. Em Nárnia, muitos animais são eleitos para a racionalidade, incluindo a capacidade de falar e louvar. Tornando literal a linguagem metafórica do Salmo 65, até as árvores podem "exultar e cantar" em louvor a Aslan. De fato, isso já é muito. Mas há mais uma resposta saudável a Aslan, uma resposta ao Cristo infinito e Criador.

Há muito o que aprender sobre Aslan e sobre a vida em Nárnia, como ele pretendia que ela fosse vivida. Essa lição vem de Strawberry, o cavalo de carruagem — que logo se tornará o glorioso cavalo alado Fledge, o qual levará Digory e Polly em uma missão de Aslan que abençoará todos em Nárnia e muitos em nosso mundo também. Strawberry, ao dizer "ainda não sabemos muito", está certo. No caso dele, apenas alguns momentos se passaram desde que ganhou a racionalidade. Mas mesmo toda a eternidade não esgotará as riquezas do conhecimento em Cristo Jesus, muito menos as vidas terrenas que se vão rapidamente e, "como a relva verde, logo murcham" (Salmos 37:2).

Como um pastor costumava dizer, a expressão mais comum no céu será: "Eu não sabia disso!" Estaremos sempre aprendendo e explorando. Cristo é, afinal, infinito. Somos, e sempre seremos, finitos. Nós nunca, por toda a eternidade, chegaremos a esgotar Jesus. Sempre haverá mais para descobrir e mais para louvar. E aqui, em *O sobrinho do mago*, temos essa verdade dada por um cavalo.

Nele estão escondidos todos os tesouros da sabedoria e do conhecimento.
COLOSSENSES 2:3

•6•

Eu lhes dou, para sempre, esta terra de Nárnia. Dou as matas, as frutas, os rios. Dou as estrelas; e lhes dou a mim mesmo.
CAPÍTULO 10

Essas são as primeiras palavras de Aslan às criaturas racionais de Nárnia, ao fim de seu ato criador. Elas lhes conferem Nárnia como herança e são, como o próprio ato da Criação, um dom. Na criação do Éden, Adão e Eva receberam o domínio sobre todas as plantas e animais e receberam a presença de Deus, que vinha a eles diariamente no frescor da noite (ver Gênesis 3:8). Abraão e seus descendentes receberam a promessa de Canaã, uma terra que mana leite e mel (ver Êxodo 3:8). E, no Tabernáculo e eventualmente no Templo, Deus deu sua própria presença. Tudo isso é uma preparação para a vinda de Deus em Cristo, que não só deu um mundo para desfrutar, mas também deu a si mesmo.

No final da história humana, quando Deus tiver destruído tudo o que é mau e preservado tudo o que é bom, ele dará tudo a Jesus. Tudo é dele por direito, como Paulo escreveu em Romanos, "porque tudo vem dele e existe pelo seu poder e se destina à sua glória" (Romanos 11:36). Então, Jesus se voltará para nós e dirá: "Tudo o que é meu é seu." Surpreendentemente, somos herdeiros com ele.

Mas isso é apenas o começo das maravilhas. A maravilha das maravilhas é que ele nos dá a si mesmo, para que onde ele esteja possamos estar (ver João 14:3). Toda a glória que contemplamos na criação e todo o bem nas outras pessoas, feitas à sua imagem, são apenas reflexos da glória que está em Cristo, glória que ele nos convida a compartilhar.

Aslan se deleita em doar a si mesmo e tudo o que fez. Nesse dom de amor vislumbramos o caráter profundo de nosso Criador.

Se somos filhos, então somos herdeiros; herdeiros de Deus e coerdeiros com Cristo, se de fato participamos dos seus sofrimentos, para que também participemos da sua glória.
ROMANOS 8:17

· 7 ·

Ora, este é o problema de tentar se tornar mais burro do que você realmente é: muitas vezes você consegue. Tio Andrew conseguiu. Ele foi rápido em não ouvir, na canção de Aslan, mais que rugidos... E, quando finalmente o Leão falou e disse: "Nárnia, desperta!", ele não ouviu nenhuma palavra: ouviu apenas um rosnado.
CAPÍTULO 10

Ao contrário do ditado popular, ver não é crer. Em vez disso, como Lewis mostrou em muitos de seus livros, crer é ver. Orual não consegue ver o castelo de Psiquê ou saborear seu manjar celestial (*Até que tenhamos rostos*); os anões não podem ver o país de Aslan ou saborear o banquete bem debaixo de seus narizes (*A última batalha*). Da mesma forma, tio Andrew, sabendo que os leões não podem cantar, convence-se de que a magnífica canção criativa de Aslan, que torna Nárnia verde, florida e, subitamente, cheia de vida animal, é apenas um rugido feio. Ele se torna burro por sua recusa em acreditar. Tio Andrew se imagina um cientista e mágico, quando na verdade é apenas um pseudocientista com ideias preconcebidas, nenhuma virtude ética, nada além de alguns anéis herdados, que contêm uma magia posta ali por outro.

A mente constitui uma prisão mais eficaz do que as portas trancadas. Encontramos pessoas assim em todas as esferas da vida: fechadas à verdade, interpretando tudo em termos doutrinários.

Andrew está cego para o poderoso mal de Jadis e seus perigos (até que é tarde demais) e para o grande poder e bondade de Aslan. Andrew já sabe que pagou um alto preço pelo conhecimento secreto e destrutivo. Quão alto é esse preço está além do seu conhecimento — mas não do nosso. Como Lewis costumava dizer, o bem pode entender o mal, mas o mal não pode entender o bem. A advertência que a história de tio Andrew contém é esta: é um grande perigo rejeitar a verdade de Deus, incluindo a verdade de que ele existe. Paulo disse em Romanos 1 que todos podem ver, pela Criação, que Deus existe e tem "poder eterno e natureza divina" (v. 20). Negar isso, como tio Andrew, resulta em mentes "escuras e confusas", nas quais o canto é ouvido como um rugido e a beleza é vista como repulsiva. Podemos nos tornar mais burros do que realmente somos.

[...] porque, tendo conhecido a Deus, não o glorificaram como Deus, nem lhe renderam graças, mas os seus pensamentos tornaram-se fúteis e os seus corações insensatos se obscureceram.
Dizendo-se sábios, tornaram-se loucos.
ROMANOS 1:21–22

·8·

E, como a raça de Adão fez o mal, a raça de Adão
deve ajudar a curá-lo.
CAPÍTULO 11

Contra o sábio conselho de Polly e, depois, forçando-a a deixá-lo, Digory tocou em Charn a sineta que desperta a bruxa Jadis. Embora perceba seu erro (e eventualmente peça o perdão de Polly, assim como o de Aslan), Digory não é forte o suficiente ou inteligente o suficiente para escapar de Jadis. Ela causa estragos em Londres antes que Digory e Polly consigam tirá-la de lá com seus anéis mágicos. Na esperança de levá-la de volta para Charn, eles a trazem a Nárnia, antes de sua criação. Depois de cantar a Nárnia e todos os seus habitantes, Aslan informa às criaturas racionais que, conquanto esse novo mundo ainda não tenha horas de existência, o mal já está solto nele. Embora Digory tenha vergonha de admitir seu papel em trazer o mal, ele não consegue mentir para Aslan. Mas depois da confissão e do arrependimento vem o perdão; e após isso a graça. Aslan dará a Digory, filho de Adão, o privilégio de ser o meio que Aslan usará para trazer proteção a Nárnia.

Claro, esse é o paralelo exato da graça que Deus deu a Adão e Eva depois de seu pecado e queda. Sua promessa em Gênesis 3:15 é que ele traria ao mundo, por meio de sua descendência, alguém que derrotaria o mal para sempre. Adão e Eva tiveram o privilégio de participar da cura da Maldição que veio pelo seu pecado. A promessa foi cumprida em Cristo, que é chamado de "o segundo homem" ou o segundo Adão (1 Coríntios 15:47).

Digory não é a solução para as consequências de seu pecado, como Adão também não foi. O papel de Digory apenas prenuncia o que será realizado, a grande custo, pelo próprio Aslan.

Visto que a morte veio por meio de um só homem, também a ressurreição dos mortos veio por meio de um só homem.
1 CORÍNTIOS 15:21

·9·

Entre pelos portões de ouro ou não entre,
leve meu fruto aos outros ou deixe-o de lado,
quem rouba, ou pula meu muro,
vai encontrar o que desejava, e vai se desesperar.
CAPÍTULO 13

Jesus colocou toda a justiça da lei moral em dois princípios relacionados: amar a Deus e "amar o próximo como a si mesmo" (Marcos 12:28–31). Esses são os princípios que Digory deve aprender em Nárnia. Digory cumpre parcialmente o segundo mandamento, já que ele quer desesperadamente ver sua mãe curada. Em seu amor, Aslan precisa fazer com que Digory aceite os mandamentos na ordem certa e ame Aslan (Deus) acima de tudo.

Para proteger Nárnia da malvada Jadis por centenas de anos, Aslan envia Digory a um jardim distante, para colher uma maçã da árvore da vida e da juventude. Ele deve trazer a maçã para Aslan. Quando Digory chega ao jardim, vê que ele é cercado por um muro e tem o poema citado acima escrito em letras de prata sobre seus portões dourados. A bruxa má Jadis encontra Digory no jardim e o tenta, como Satanás fez com Eva, a comer o fruto. Ela escalou o muro e acaba de comer uma das grandes maçãs prateadas. Jadis tenta, por meio de muitos argumentos sutis, fazer com que Digory coma uma maçã ou pelo menos, se ele realmente ama sua mãe, leve uma diretamente para ela. Digory deve ordenar as prioridades. Embora certos argumentos razoáveis e suas próprias emoções o tentem a assumir o controle, Digory obedece. Quando Deus ordena, obedecer é melhor do que entender. Digory viria a descobrir que há coisas piores do que perder para a morte alguém que você ama.

Digory foge do jardim, trazendo a maçã para Aslan. Tendo colocado Aslan em primeiro lugar, Digory agora tem a oportunidade de obedecer ao segundo mandamento: amar os outros como a si mesmo. Ele recebe a permissão de plantar a maçã da qual cresce a árvore que protegerá Nárnia. Dessa mesma árvore, Aslan permite que Digory tome uma maçã que trará a cura para sua mãe.

Antes de sermos úteis para os outros, devemos amar a Deus primeiro e demonstrá-lo por nossa obediência.

[Jesus disse:] "Eu sou a porta; quem entra por mim será salvo. [...]."
JOÃO 10:9

•10•

Mas, com um coração mau, a longevidade dos dias é apenas o prolongamento da tristeza, e ela já começa a perceber isso. Todos recebem o que querem; nem todos gostam do que recebem.
CAPÍTULO 14

Digory viu Jadis comer o fruto proibido da árvore da vida e da juventude. Seus atos são errados em todos os pontos — desde a maneira de entrar no jardim, o próprio ato de comer, e a tentação a Digory para que ele coma também. Ela é uma daquelas pessoas sobre as quais a Bíblia adverte com tanta frequência: ela não apenas faz o mal, mas se deleita em levar outros a fazê-lo. Embora ela tenha roubado a maçã do jardim de Aslan por razões egoístas, Aslan explica que a fruta, seja como for, funciona e que Jadis terá o que ela pensou que queria: dias de juventude sem fim. Mas sua longevidade só aumentará sua amargura, frustração e punição final. Isaías advertiu: "Ai dos que chamam ao mal bem e ao bem mal... Ai dos que são sábios aos próprios olhos e inteligentes em sua própria opinião." (Isaías 5:20–21)

Jadis escolheu fazer as coisas do jeito dela, por suas próprias razões. Há um velho ditado que diz que, quando querem nos punir, os deuses nos dão o que pedimos. No contexto cristão, podemos dizer que, quando Deus responde "não" às nossas orações, é sempre para o nosso bem. Deus nos conhece muito melhor do que nós mesmos. Ele também sabe que precisamos dele acima de tudo. Lewis disse em *O problema da dor* (*The Problem of Pain*) que, quando vivemos para nós mesmos, conseguimos o que queremos, mas o que encontramos no caixão do eu é o inferno.

Contudo, em menor escala, muitas vezes caímos na mesma armadilha que Jadis. Achamos que sabemos o que nos fará felizes, embora seja algo proibido por Deus. Em um nível mais sutil, podemos pensar que Deus deve agir de uma certa maneira — talvez até mesmo para sua glória em nosso serviço a ele —, mas quando ele "falha" tomamos o assunto em nossas próprias mãos. Podemos conseguir o que achamos que queremos ou mesmo o que pensamos que Deus exige de nós, porém, se Deus não é o autor do que conseguimos, no final não vamos gostar disso. Por quê? Porque, além das outras consequências, não gostaremos daquilo que nos tornamos.

Em sua presunção, o ímpio não o busca; não há lugar para Deus em nenhum dos seus planos. Os seus caminhos prosperam sempre; tão acima da sua compreensão estão as tuas leis que ele faz pouco caso de todos os seus adversários...
SALMOS 10:4–5

CAPÍTULO 21
Além do planeta silencioso

Lewis e Tolkien lamentavam que ninguém estivesse escrevendo os tipos de livros que eles queriam ler, então eles mesmos se comprometeram a escrever esses livros. O primeiro fruto dessa determinação foi *Além do planeta silencioso* (*Out of the Silent Planet*) (1938), de Lewis, o livro inicial do que se tornaria a Trilogia do Espaço, ou a Trilogia de Ransom, como às vezes é chamada, junto com *Perelandra* (1943) e *Aquela fortaleza medonha* (1945). Todos os três apresentam Elwin Ransom (que tem muitas das qualidades de Tolkien e até do próprio Lewis) como figura central. Ransom viaja para Malacandra (Marte) no primeiro livro, Perelandra (Vênus) no segundo, mas fica na Terra (Thulcandra) no volume final, no qual ele é um personagem importante, embora menos central.

Além do planeta silencioso introduziu dois novos elementos na ficção científica. Primeiro,

Lewis inverteu a visão que mostrava os habitantes de outros planetas como seres horríveis (como na ficção científica de H. G. Wells). Antes de sua conversão, Lewis também via o universo como um deserto de espaço desperdiçado, sem uso aparente, e a Terra como um ponto infinitesimalmente pequeno perdido na vastidão cósmica. *Além do planeta silencioso* recupera a visão medieval do espaço como "os céus", um lugar repleto de vida angelical. O segundo elemento novo para a ficção científica foi a completa integração de um tema cristão ao enredo. Poderíamos até dizer que, com esse livro, Lewis inaugurou o mito cristão — "mito" como método de dizer a verdade. Sua teologia estava tão completamente integrada que a maior parte dos críticos seculares foi totalmente incapaz de enxergar o elemento cristão quando o livro foi lançado. É difícil imaginar como qualquer leitor da Bíblia poderia ignorá-los, no entanto.

Quando a história começa, Ransom é sequestrado por um cientista malvado, Edward Weston, e seu parceiro, Dick Devine. Eles pensam, projetando erroneamente sua própria mentalidade maligna, que o governante de Malacandra quer um sacrifício humano. Sua missão é estabelecer espaço para a propagação da raça humana, pois os habitantes humanos tornaram a Terra inabitável. Weston não se importa com as três espécies de habitantes racionais de Malacandra: os *Pfifltriggi*, que adoram cavar e são hábeis artesãos; os *Hrossa*, que vivem em vales logo abaixo da crosta do planeta e se destacam na poesia e na música; e os *Sorns*, que ocupam as regiões montanhosas e são filósofos. Embora cada raça tenha uma função especial e todas as três vivam em harmonia e interdependência, Weston pretende eliminá-las para dar espaço aos terráqueos, que ele vê como o topo do "progresso" evolutivo.

Ransom passa a entender e aceitar seu papel providencialmente guiado para libertar o planeta dos invasores humanos malignos, que incorporam o ideal filosófico da sobrevivência humana a todo custo que dominava a ficção científica dos dias de Lewis. Ransom aprende com os habitantes de Malacandra que os espíritos governantes viajam e se comunicam livremente por todo o universo, mas que jamais qualquer comunicação havia chegado de seu planeta, Thulcandra — o "planeta silencioso", posto por Deus em quarentena para conter seu mal. Há muitos deleites e insights nessa série, mas uma contribuição especial dos dois primeiros livros da trilogia é nos mostrar a beleza de um mundo não caído. Temos uma ideia do que foi posto a perder pelo pecado e do que Cristo recuperou — resgatou — para nós na nova criação vindoura.

·I·

A mera presença de um ser humano, com sua oferta de pelo menos alguma companhia, quebrou a tensão com que seus nervos há muito resistiam a um desânimo sem fim.
CAPÍTULO 3

O desespero é o destino natural dos isolados. Qualquer dor, perda ou dificuldade é materialmente ampliada pela crença — verdadeira ou falsa — de que estamos sozinhos ao experimentá-las. O desespero que o medo e o isolamento geram é tão grande que até mesmo a aparição de Weston, um dos homens que drogaram e sequestraram Ransom e o forçaram a entrar na embarcação com destino a Malacandra, é um tremendo alívio e motivo de esperança. Afinal, Weston é outra presença humana no espaço insuportavelmente vasto e assustador em que Ransom acorda. O valor de um par em meio ao desconhecido e aterrorizante é quase inestimável.

A igreja silenciosamente testemunha esse abismo com seus inúmeros fiéis que lutam silenciosamente com a vergonha, acreditando na mentira de que seus repetidos pecados e falhas são evidência de algum déficit moral antinatural, algum defeito singular que ninguém mais pode entender, muito menos ajudá-los a escapar. Sua vergonha se aprofunda, seus fracassos aumentam e a desesperança reina.

Nosso discipulado é prejudicado quando destilamos a vida espiritual em um único relacionamento diádico: "eu" e "Jesus". Quando esse tipo de emparelhamento exclusivo é prejudicado pelo pecado, o crente é lançado à deriva no mar, desprovido de qualquer ajuda dos seus pares. Perdido para o náufrago está o presente inestimável da sabedoria de cristãos mais experientes e sábios que viveram e aprenderam com as mesmas lutas. O que os crentes em dificuldades precisam é da companhia desses cristãos maduros, que forneceriam palavras de encorajamento, orações compassivas e conselhos práticos para mantê-los acima de "um desânimo sem fim".

Irmãos, se alguém for surpreendido em algum pecado, vocês, que são espirituais, deverão restaurá-lo com mansidão. Cuide-se, porém, cada um para que também não seja tentado.
Levem os fardos pesados uns dos outros e, assim, cumpram a lei de Cristo.
GÁLATAS 6:1–2

◆2◆

Você não pode ver as coisas até saber mais ou menos o que elas são.
CAPÍTULO 7

Os sequestradores de Ransom, Weston e Devine, têm o incrível privilégio de serem os primeiros humanos a interagir com a vida em Malacandra, mas, como seus habitantes não parecem se encaixar em seus planos com nenhum propósito óbvio, os homens nunca reconhecem a eles ou a sua sabedoria superior. Weston e Devine permanecem incapazes da conquista de Ransom: comunicação genuína com os habitantes de Malacandra.

Podemos encontrar um utilitarismo semelhante se infiltrando no trabalho da igreja hoje à medida que cresce o vínculo entre estratégias e intendência. Ao reconhecer que os mandamentos e valores de Deus devem ser priorizados, pode haver uma pressão cada vez maior para maximizar nossos investimentos (tempo, dinheiro, interesse, energia) na obra de Deus, restringindo-os àqueles empreendimentos que prometem os maiores resultados sobre os menores dispêndios. Sem o conhecimento de muitos que se envolvem em tais empreendimentos, o utilitarismo e o mecanismo alteram sutil, mas fortemente, o valor dos recursos, planos e até das pessoas, reduzindo tudo à utilidade mensurável. Sob a tensão da estratégia, a visão do ministério, até então aguçada para a promoção da obra de Deus, torna-se míope; qualquer pessoa e qualquer coisa sem potencial visível para alcançar os objetivos declarados não são meramente sem valor, mas nem mesmo são notadas. Sem utilidade óbvia, os dons dados por Deus e os avanços potenciais podem nunca ser empregados, porque nem chegam a ser vistos.

A igreja não pode cair no mesmo padrão de fracasso daqueles que não conhecem a Deus; nossa visão não pode se limitar ao que serve aos nossos propósitos direta e obviamente. Com certeza, a maneira mais estratégica de participar da obra de Deus é cultivando sua visão, de modo que possamos ver e valorizar todos os dons, mesmo sem poder mapear detalhadamente sua aplicação futura. Com a visão de Deus, seremos capazes de falar as palavras encorajadoras e esperançosas, que acenderão a centelha da motivação na improvável pessoa por meio de quem Deus planejou fazer grandes coisas.

De modo que, de agora em diante, a ninguém mais consideramos do ponto de vista humano. Ainda que antes tenhamos considerado a Cristo dessa forma, agora já não o consideramos assim.
2 CORÍNTIOS 5:16

·3·

Ele estava bem ciente do perigo de enlouquecer; e se entregou, vigorosamente, às suas devoções e à sua toalete diária.
CAPÍTULO 9

O pânico de ser sequestrado para Malacandra, levado à força perante os *Sorns* e escapar por pouco de seus captores levou a mente de Ransom ao limite. Embora não consiga entender onde está, ele sabe cuidar de sua mente cuidando de seu corpo. É o equilíbrio da carne e do espírito que mantém a sanidade.

Deus nunca pretendeu que a vida humana fosse compartimentada em uma severa espiritualidade etérea que denegrisse o âmbito físico. O plano de Deus é, em vez disso, para uma vida inteira — totalmente integrada e totalmente saudável.

Isso é ilustrado lindamente na vida de Elias (ver 1 Reis 18–19). Após uma manifestação pública do poder de Deus sobre os falsos deuses, uma ameaça real de morte lançou Elias em uma fuga em pânico para o deserto, onde implorou a Deus pela morte. Seu desespero emocional e espiritual era agudo, mas Deus enxergou além disso. A resposta imediata de Deus não foi outra demonstração de seu poder ou palavras teológicas, mas, em vez disso, sono. Deus fez Elias descansar após a adrenalina dos sacrifícios do Monte Carmelo, a corrida montanha abaixo com a carruagem do rei Acabe e a frenética jornada pelo deserto. Então Deus providenciou, para Elias, água, comida e mais descanso. Somente depois de cuidar dessas provisões, Deus orientou Elias a embarcar na jornada que terminaria quarenta dias depois em um encontro espiritual íntimo. Porém, muito antes disso, Deus já havia começado a aliviar o estresse enlouquecedor de Elias, suprindo suas necessidades físicas.

Seguir a Deus deve incluir o cuidado adequado — não obsessivo, mas adequado — dos corpos que ele fez para nós.

O estado físico não determina o estado espiritual, contudo o influencia. Podemos trabalhar com Deus para manter a saúde de ambos.

Reconheça o Senhor em todos os seus caminhos, e ele endireitará as suas veredas. Não seja sábio aos seus próprios olhos; tema ao Senhor e evite o mal. Isso lhe dará saúde ao corpo e vigor aos ossos.
PROVÉRBIOS 3:6–8

· 4 ·

Então aconteceu algo que alterou completamente seu estado de espírito...
A criatura estava falando. Ela tinha uma linguagem.
CAPÍTULO 9

Nesse momento, Ransom voa do terror para a curiosidade, apenas por ter ouvido palavras inesperadas. Fugindo e totalmente à mercê de qualquer criatura que possa encontrar, Ransom espera um ataque quando descobre uma criatura parecida com uma foca (um dos *Hrossa*). Em vez disso, ele ouve a criatura falando. A aparição da linguagem, mesmo dessa linguagem ininteligível, é transformadora.

Palavras implicam compreensão, inteligência, talvez até empatia. A linguagem da criatura malacandriana é desconhecida, mas não aterrorizante, pois oferece o potencial de comunicação verdadeira a se realizar com o tempo. E um filólogo como Ransom agradece a oportunidade de aprender uma nova língua.

Um homem torturado por demônios experimentou a mesma libertação quando Jesus falou com ele. Quando Jesus chegou pela primeira vez à região dos gerasenos e chamou o endemoninhado, o homem respondeu com um grito, tão grande era seu terror de tortura. Mas seus gritos não abafaram as próximas palavras de Jesus: "Qual é o seu nome?" (Marcos 5:9).

Jesus viu, através das tentativas de distração por parte dos demônios — seus gritos e fúria —, o homem que, na opinião de todos, havia desaparecido há muito tempo. Jesus não o imobilizou ou gritou com os demônios. Não houve nenhuma exibição sensacional do poder do Filho do Altíssimo contra uma legião de anjos das trevas. Em vez disso, Jesus resgatou o homem com palavras. Seu simples reconhecimento do homem que ele mesmo havia criado começou a desfazer o poder demoníaco. Embora os demônios respondessem pelo homem, em provocação, seu reinado havia terminado. Jesus os expulsou e ficou com o homem são e recém-libertado. Quando as pessoas da cidade os encontraram mais tarde, eles estavam sentados, presumivelmente conversando — sobre o quê, não nos foi dito. Com base na manifestação de Jesus de si mesmo como o Senhor, com o poder e as palavras necessárias para libertar o homem, podemos confiar que cada palavra que Jesus falou foi um bocado de graça, nutrindo uma alma que havia sido longamente emagrecida pelo medo e os demônios. Nós também podemos dispensar a graça com nossas palavras.

Habite ricamente em vocês a palavra de Cristo; ensinem e aconselhem-se uns aos outros com toda a sabedoria.
COLOSSENSES 3:16

·5·

Um prazer só cresce quando é lembrado. Você fala... como se o prazer fosse uma coisa e a lembrança outra. É tudo a mesma coisa.
CAPÍTULO 12

O hedonismo é, por sua natureza, exaustivo. Leva a pessoa a perseguir, devorar e renovar a busca. O próprio processo atropela o prazer, porque não oferece oportunidade de desfrutar o que com tanta voracidade foi buscado. O prazer é engolido e jogado de lado sem se pensar duas vezes, enquanto o perseguidor procura uma nova presa para lhe proporcionar um novo prazer, igualmente efêmero.

Hyoi, o primeiro *Hross* que Ransom conhece, tem uma compreensão do prazer mais alinhada com a sua apresentação bíblica. Os festejos do Antigo Testamento, designados por Deus para que seu povo os observasse, talvez tenham sido planejados para evitar o ciclo hedonista da busca vazia. Além de reafirmar a dependência a Deus, renovar seu compromisso com ele e ensinar às novas gerações sua fidelidade e poder, os festejos também serviam para prolongar o prazer coletivo das bênçãos de Israel. Ainda hoje podemos apreciar como milhares de anos de história conferiram à Páscoa uma grande riqueza, renovando e sustentando o prazer de celebrações que já duram séculos.

Talvez porque nossa cultura valorize a eficiência, ou talvez porque estejamos nos acostumando a ver grande parte de nossa tecnologia e tradições se tornarem obsoletas em nossa vida, não somos aptos a fazer memória. "O que Deus fez por você esta semana?" é uma pergunta que podemos responder bem, mas e há um ano? Cinco anos atrás? As memórias são nebulosas, pois não foram cultivadas. Sem esse cultivo, fica perdido o prazer de se maravilhar com a providência de Deus, de chorar alegremente por seu perdão renovado e de regozijar-se com seus milagres.

Sente-se. Ore e pense sobre o período ou ano mais recente. Peça a Deus para lembrar você o que ele lhe ensinou e o que ele fez por você. Anote e agradeça a ele por cada item. Guarde a lista e ore periodicamente sobre ela. Prolongue as bênçãos e fortaleça sua fé, mantendo vibrantes em sua memória as obras e palavras de Deus.

*Lembrem-se das maravilhas que ele fez, dos seus prodígios
e das ordenanças que pronunciou.*
1 CRÔNICAS 16:12

·6·

*Seu discurso morreu antes de ser articulado. Ele não conhecia as palavras
para "perdão", "vergonha" ou "culpa"; e conhecia muito mal a palavra para
"desculpe". Ele só podia olhar... com culpa silenciosa.*
CAPÍTULO 13

A linguagem é rica, vibrante e colorida, mas às vezes terrivelmente frágil. Há perdas e mágoas que cortam fundo demais para que as palavras possam curar, e experiências e emoções que excedem o seu potencial expressivo. O discurso de Ransom é silenciado pela dor pela perda de Hyoi, seu primeiro amigo em Malacandra, e pela culpa. A culpa é tanto relacional, porque outros humanos trouxeram o assassinato a um mundo onde esse mal ainda não chegara, quanto pessoal, porque suas escolhas individuais levaram essa criatura malacandriana ao encontro das armas de Weston e Devine. Em momentos assim, nós também ficamos horrorizados, inseguros, inconstantes e vacilantes. É então que as palavras parecem mais urgentes e menos acessíveis do que nunca.

Mas o instinto pode nos indicar a escolha mais simples e sábia: o silêncio. Para os inexperientes, o silêncio parece uma rendição, mas ele pode ser a expressão mais articulada de que os humanos são capazes. Ao contrário dos silêncios mais comuns que isolam, julgam, marginalizam ou rejeitam, os silêncios sensíveis e cheios de empatia podem transmitir cura. Quando a dor é repentina e profunda, o silêncio pode comunicar a semelhança de nosso choque e desorientação compartilhados. Companheirismo é o que é necessário nesses momentos — não respostas bem elaboradas ou longos discursos, mas outro ser humano que compartilha a experiência tão profundamente que permite reconhecer a intensidade da dor.

Nossas palavras *culpa* e *perdão* nem sempre têm o poder de curar, e sua fragilidade, enquanto meros sons, pode apenas intensificar os sentimentos de traição e fracasso. Nesses casos, o silêncio pode expressar o conhecimento da culpa melhor do que qualquer aceitação superficial e irreverente.

O silêncio permite que os bálsamos não verbais se apurem e comecem seu longo e lento trabalho de cura. O silêncio acalma o choque e ajuda as pessoas a se reerguerem depois de caírem no chão. E o silêncio, guiado pelo Espírito de Deus, pode preparar as pessoas para as palavras certas, proferidas na hora certa.

Meus amados irmãos, tenham isto em mente: Sejam todos prontos para ouvir, tardios para falar...
TIAGO 1:19

•7•

E, uma vez que você esteja em marcha para ele, não acho que ele deixará que os encurvados o detenham.
CAPÍTULO 13

Mesmo quando você já reconheceu seus medos, confirmou a bondade e autoridade de Deus e resolveu obedecer, ainda não há garantia de que tudo irá bem. Outros obstáculos formidáveis podem surgir. No que pode parecer um paradoxo, aqueles que mais perseveraram em sua dedicação a Deus são os que melhor podem atestar a realidade de um inimigo persistente. Eles sabem que o compromisso com

Deus é precisamente o que despertará o interesse do inimigo e fará do fiel o alvo dos ataques.

O compromisso de Ransom de finalmente procurar Oyarsa não o livra do perigo da inimizade de Weston e Devine; no entanto, como Whin, outro *Hross*, explica aqui, Ransom não está sozinho ao resistir a eles.

Reconhecer a realidade do inimigo não é uma questão de medo ou fé, mas de sabedoria. É prudente saber que os ataques estão chegando e se preparar para eles. Não antecipar a oposição espiritual deixa os fiéis vulneráveis, de modo que, quando um ataque ocorre, vem ainda mais intenso. Mas nem os ataques nem o inimigo são o foco; Cristo é o foco. O próprio Jesus suportou a oposição mais intensa e violenta de Satanás e emergiu numa vitória que se espalhou sobre a eternidade. Satanás já está derrotado.

Se você assumiu o compromisso de seguir a Deus, ele não ignora o que Satanás tentará fazer a você. Deus sabe o que está à frente tão bem quanto sabe o que está por trás. Deus não vai abandoná-lo ou deixá-lo sem recursos para passar pela pressão sem cair. Ele não permitirá que você fique tão sobrecarregado a ponto de ser forçado a admitir a derrota. Avance com fé e confiança, acreditando que Jesus realmente venceu o "encurvado" do nosso universo. Deus preparou o caminho para você seguir em frente sem medo de ser impedido.

Mas, em todas estas coisas, somos mais que vencedores, por meio daquele que nos amou.
ROMANOS 8:37

· 8 ·

Thulcandra é o mundo que não conhecemos. Só ele está fora do céu, e nenhuma mensagem chega dele.
CAPÍTULO 19

A tristeza domina Ransom quando ele chega a ver sua casa, a Terra, como ela realmente é: Thulcandra é o planeta "silencioso", o único que foi manchado pelo pecado e está distante de todos os outros mundos. Os *eldila* (espíritos guardiões) de Thulcandra permanecem sem comunicação com os *eldila* de outros mundos.

A imagem de Lewis não é exagerada. Thulcandra ilustra o imenso poder de alienação do pecado, que ele precisa exercer para prosperar. A escolha de pecar é sempre uma escolha de rejeitar as diretrizes de Deus, e a maneira mais fácil de fazer isso é afastando-se de Deus, para tornar suas palavras quase inaudíveis. Contudo o pecado procura fraturar não apenas um, mas *todos* os níveis de relacionamentos. O pecado nos induz falsamente a acreditar que nossos desejos são a prioridade óbvia e nos faz acreditar que as outras pessoas podem ser pisadas e podemos sacrificar o bem delas pelo nosso.

Cada pecado sucessivo nos atrai cada vez mais para dentro de um nó de distorção e isolamento, cuja opressão e trevas aumentam cada vez mais. Mas o pecado é tão abrangente, e o foco em si mesmo tão intenso, que nos tornamos alheios às consequências. Como os thulcandrianos de Lewis, os que estão presos no pecado e separados de Cristo não têm noção da gravidade de sua perda e isolamento.

Confrontado com outro ponto de vista, como Ransom, você consegue ver sua verdadeira posição? Que pecados, se houver, você está guardando? Como eles estão afastando você da família, dos vizinhos e dos outros cristãos? Você pode dar alguns passos para trás, para poder ver, ouvir e se reconectar com Deus e sua criação.

Então reconheci diante de ti o meu pecado e não encobri as minhas culpas. Eu disse: "Confessarei as minhas transgressões ao Senhor", e tu perdoaste a culpa do meu pecado.
SALMOS 32:5

· 9 ·

— Você fez de tudo, e tudo em vão, para evitar sua posição atual.
Ransom respondeu:
— Isso é verdade, Oyarsa. Criaturas encurvadas são cheias de medos.
CAPÍTULO 18

Por vários capítulos de *Além do planeta silencioso*, Ransom evita aparecer diante de Oyarsa, guardião de Malacandra. As más ações dos outros e seus próprios medos o mantêm longe. Agora, por fim, ele está diante de Oyarsa e é convidado a prestar contas de sua conduta esquiva. Ransom fala uma verdade que apenas os crentes mais honestos admitirão sobre seu próprio discipulado: a obediência muitas vezes é uma luta, não tanto porque a vontade de Deus não é clara, mas porque seus motivos o são — o que torna sua vontade indesejável e, portanto, assustadora.

Oyarsa também não tem certeza sobre o medo de Ransom. Uma vez que ele passa a entendê-lo melhor, percebe que Ransom estava completamente inconsciente dos motivos do *eldil* para chamá-lo.

Quando a diretiva de Deus traz consigo um custo potencial — perda de conforto, de posição, de orgulho, de vida —, o medo pode ofuscar a doutrina. Esquecemos nossa pequena estatura à luz do poder e soberania de Deus, e corremos. O medo nos fornece uma bravura subjacente, de modo que pensamos que somos suficientemente inteligentes, suficientemente rápidos ou simplesmente desesperados o bastante para ignorar os avisos e os mandamentos de Deus.

O medo torna-se então a bússola que seguimos; no entanto, ele apenas desorienta. Perdidos, tropeçamos e giramos em nossa loucura, multiplicando erros, mas nunca fugindo completamente do que procuramos evitar. Os medos nos motivam a fugir de um chamado que não podemos entender ou aceitar, a embarcar em um navio para nos levar tão longe do destino apontado por Deus quanto Társis, para onde foi Jonas, estava de Nínive. Mas essas tentativas de fuga, como as de Jonas e Ransom, falharão. Os medos trouxeram angústia e perigo para eles e para outros cujas vidas eles tocaram, porém, no final, ambos os homens puseram seus pés no epicentro de seu medo: Jonas caminhou pelo coração da capital de seus inimigos (ver Jonas 3) e Ransom se apresentou ao imprevisível Oyarsa. Ambos ainda levavam seus medos, e ambos acabaram exatamente onde haviam sido chamados. Mas seus medos e sua obediência resignada não foram o fim de suas histórias.

Pois esse é o propósito do Senhor dos Exércitos; quem pode impedi-lo? Sua mão está estendida; quem pode fazê-la recuar?
ISAÍAS 14:27

·10·

Você não é culpado de nenhum mal, Ransom de Thulcandra, salvo de algum medo. Por isso, a sua jornada é a sua dor, e talvez a sua cura.
CAPÍTULO 21

Criaturas encurvadas — mesmo as redimidas — são realmente cheias de medos, que desorientam, prejudicam e fraturam a igreja. Mas a glória da fé em Cristo é nossa esperança incomparável. A esperança e regeneração que recebemos por meio de Cristo significam que nossos medos, mesmo os medos que nos levaram a nossos fracassos mais sombrios, não determinam nosso futuro. Ainda outra maravilhosa joia da graça é que Deus projetou a vida de um discípulo como uma jornada. Ela é contínua, assim como é intrinsecamente incapaz de esgotar a esperança.

O futuro nunca nos é totalmente revelado, mas podemos ter certeza de que no futuro, e provavelmente mais cedo do que desejaríamos, voltaremos a experimentar o chamado de Deus cruzando com riscos pessoais em nossas vidas. Sempre nos é oferecida a oportunidade de escolher melhor do que antes e de deixar para trás o medo, como uma lição em vez de um padrão. Podemos escolher seguir em frente obedientemente, mas não na ignorância ou na ilusão de que os próximos passos serão mais fáceis ou mais seguros de alguma forma; perda e perigo, e ter de enfrentar o indesejável, são sempre possibilidades. A jornada que Ransom enfrenta no final de seu tempo em Malacandra apresenta-lhe o mesmo perigo que o aterroriza desde sua chegada — o de sua provável morte —, dessa vez por ser acusado de lutar contra o mal em seu mundo. As circunstâncias não mudaram, mas Ransom sim.

Podemos escolher, como Ransom faz, reconhecer os perigos, lembrar nosso passado e ainda obedecer, confiando na superioridade da bondade de Deus e de seus propósitos. Podemos nos afastar de nosso antigo erro de ceder ao medo e, em vez disso, transformar esse antigo impedimento em uma ferramenta para a nossa cura.

[...] também nos gloriamos nas tribulações, porque sabemos que a tribulação produz perseverança;
a perseverança, um caráter aprovado; e o caráter aprovado, esperança.
E a esperança não nos decepciona, porque Deus derramou seu amor em nossos corações, por meio do Espírito Santo que ele nos concedeu.
ROMANOS 5:3–5

CAPÍTULO 22
Estudos sobre palavras

Quando nos fez à sua imagem, Deus nos deu as palavras. E com palavras ele nos ordenou obediência e pronunciou o julgamento sobre a desobediência.

Quem pode negar a centralidade das palavras para o significado de ser humano? Como todos os outros dons, esse pode ser usado para o bem ou para o mal. Quem nunca foi profundamente ferido por palavras? Quem nunca foi curado ou reconciliado por palavras bem ditas? As palavras são um dom e requerem um serviço cuidadoso e fiel. Não é de surpreender que Lewis, um homem que viveu de palavras em sua vocação e chamado, tenha escrito sobre sua história e significado. *Studies in Words* [*Estudos sobre palavras*], como alguns outros livros analisados neste volume, é fruto do trabalho profissional de Lewis e surgiu de palestras dadas na Universidade de Cambridge nos últimos anos de sua carreira. A maior parte do livro é de interesse principalmente acadêmico, traçando o significado de dez palavras-chave (e outras em suas famílias) ao longo do tempo: *nature, sad, wit, free, sense, simple, conscience* e *conscious, world* e *life* [*natureza, triste, inteligência, livre, sentido, simples, consciência* e *consciente, mundo* e *vida*] — com algumas páginas sobre a frase *Ouso dizer*. Como nem todo mundo tem talento para fazer esse trabalho, podemos tirar proveito do trabalho de pessoas como Lewis, embora apenas estudantes dedicados dos períodos medieval e renascentista provavelmente procurem essa ajuda.

Mas também há alguns itens de interesse e importância geral. A maior parte deles será encontrada na introdução de Lewis ao livro e no capítulo final, "At the Fringe of Language" ["À margem da linguagem"]. Como podemos ser servos fiéis ou infiéis de nossa língua, em sua introdução, Lewis nos ensinou a nos envolvermos de maneira prática na preservação de nosso legado. Por exemplo, cometemos "verbicídio" ou "assassinato de palavras" ao usar palavras avaliativas em vez de descritivas. Em vez de nos esforçarmos para entender e descrever, recorremos a palavras como *bom* e *ruim*, sem nos preocuparmos em dizer o porquê. Lewis não era tão ingênuo a ponto de pensar que a linguagem poderia ou deveria ser congelada. As palavras mudam de significado, assim como a cultura e os hábitos de uso. Mas desse fato emergem dois princípios gerais.

Primeiro, Lewis disse que, se formos atentos, podemos ajudar a garantir que nossa linguagem permaneça útil para a comunicação eficaz pelo maior tempo possível. Em segundo lugar, estudando as palavras em seu contexto histórico, podemos conhecer o que os textos importantes do passado têm a nos dizer. O problema vem com palavras que parecem se encaixar no texto com um significado moderno comum, mas que na verdade mudaram de sentido a ponto de transformar a leitura errada numa norma. O capítulo final é sobre o que a linguagem pode e não pode fazer e como ela muda.

Lewis observou que a linguagem é pobre para descrever formas ou movimentos complexos — diagramas e gestos são melhores para essas coisas. Em contrapartida, a linguagem faz um bom trabalho na comunicação de emoções. Lewis nos mostrou como a linguagem poética faz isso com sucesso.

Estudos sobre palavras é uma leitura fácil e recompensadora, tornando-nos melhores leitores.

❖ I ❖

Conhecimento é necessário. Inteligência e sensibilidade, por si só, não bastam.
CAPÍTULO 1

O ramo do conhecimento que Lewis estava descrevendo aqui é a exegese — o processo de erudição investigativa que revela com precisão o sentido original pretendido por um autor para seu texto. Não é uma compreensão casual e fácil, que mantém o conceito a distância. É profunda e experiencial, e completamente diferente de uma compreensão cognitiva "inteligente", mas superficial.

E assim chegamos ao paralelo: *conhecer a Deus*. Essas palavras simples abrangem o todo complexo da vida cristã. Elas denotam intimidade e profundidade crescente. O verdadeiro *conhecimento* interpessoal é o cerne da vida espiritual. A Bíblia nos diz que Deus, através de sua criação natural, tornou visíveis "suas qualidades invisíveis — seu poder eterno e natureza divina" (Romanos 1:20). Mas as deduções a partir da revelação geral, por si, só não constituem verdadeiro conhecimento. Esse tipo de reconhecimento fica muito aquém do que Deus deseja para nós e de nós. Ele não quer um clube distante de admiradores fracos e descompromissados, que dão um assentimento intelectual à sua existência e seguem adiante em suas vidas não mudadas. Em vez disso, ele oferece um relacionamento familiar, nossa adoção como filhos e aceitação como coerdeiros com seu Filho. Ele promete o vínculo do casamento entre ele — o Senhor do universo — e sua noiva, a igreja.

Essas são imagens de relacionamentos de extrema intimidade, exigindo investimento extremo. Conhecer a Deus como ele condescende em nos fazer conhecê-lo requer tudo de nós. Não se trata apenas de *saber* o que é certo, de adorar vagamente a Deus porque aceitamos cognitivamente quem ele é. Conhecer a Deus significa reordenar nossas vidas de acordo com seus propósitos, tornando-nos quem ele deseja que sejamos.

Mais do que isso, considero tudo como perda, comparado com a suprema grandeza do conhecimento de Cristo Jesus, meu Senhor, por cuja causa perdi todas as coisas. Eu as considero como esterco para poder ganhar a Cristo e ser encontrado nele.
[...] Quero conhecer a Cristo [e] ao poder da sua ressurreição.
FILIPENSES 3:8, 10

•2•

Mas não basta que faça sentido. Queremos encontrar o sentido que o autor pretendia.
CAPÍTULO 1

Nessa passagem, Lewis estava abordando o trabalho risível de estudiosos que extraem da literatura interpretações aparentemente "brilhantes", mas que não têm a menor conexão com o propósito original do autor. Infelizmente, esse tipo de arrogância e erro não se limita ao mundo da literatura.

Um aspecto da beleza da Bíblia é sua atemporalidade: a perpetuidade de suas mensagens e a universalidade que a torna vital para cada cultura, época e indivíduo. Mas a Bíblia não é tão universal que prescinda completamente de significado definido. Temos cansativos exemplos daqueles que não conseguem encontrar as mensagens verdadeiramente bíblicas e, em vez disso, distorcem as Escrituras para combinar com suas agendas predeterminadas, dando seu apoio a retóricas e ações ímpias.

Menos repreensível, mas mais comum, é a caça ao tesouro devocional individualista, isto é, a busca pelo que a Bíblia tem a dizer para *mim*, por *mim*, o que pode resultar no mesmo tipo de abuso. Aqueles que limitam sua leitura a essa lente podem facilmente encontrar "apoio" para decisões já tomadas, "orientação" que corresponda aos seus desejos valiosos e "valores" que replicam seus interesses pessoais. Serão capazes de descartar tudo o que é desconfortável e desafiador, ignorando outras passagens ou elaborando uma interpretação que faça as palavras repetirem a mensagem desejada.

Mas isso não é ler verdadeiramente a Palavra de Deus, nem cria comunhão com seu autor. Realmente, é uma abordagem ridícula. Pense na natureza de Deus, sua insondável bondade e sabedoria. Que mensagem fabricada poderia exceder o significado que Deus já incorporou em suas palavras? Vale a pena dar à Palavra de Deus nossa devoção, estudo, meditação e memorização somente quando somos disciplinados a abordá-la com integridade e desejo de descobrir o que Deus diz por meio dela. Mas, para isso, temos de deixar de lado a nós mesmos e nossas agendas, consciente e humildemente abrindo mão de nossos filtros e nos permitindo perceber a verdadeira intenção de Deus, o que no fundo é o único sentido que importa.

Abre os meus olhos para que eu veja as maravilhas da tua lei.
SALMOS 119:18

·3·

Verbicídio, o assassinato de uma palavra, acontece de muitas maneiras. A inflação é uma das mais comuns.
CAPÍTULO 1

Através da linguagem, podemos ser usados por Deus como seu meio de cura no mundo, para trazer esperança, luz, liberdade, conforto, encorajamento, alegria. Mas também podemos, ao estender as palavras além do seu verdadeiro significado, entorpecer a capacidade da linguagem de ser usada para os propósitos de Deus. Lewis tinha motivos para criticar esse mau uso. Que força ou verdade há na descrição "Deus é *amor*", quando o mesmo termo é preguiçosamente compartilhado como descritor não apenas de relacionamentos, mas também de nossas afinidades por roupas, sobremesas e esportes? *Formidável* há muito se esgotou, pelo uso excessivo e subaplicação comuns, de modo que não se aproxima mais de uma descrição precisa de Deus.

Na palavra falada e impressa, conceitos divergentes são, inadvertidamente, mencionados sob uma mesma palavra, o que resulta não na comunicação de ideias ou da verdade, mas apenas em poluição sonora. As palavras são "inchadas" até que não tenham substância e percam qualquer poder de curar ou transmitir graça. Com uma linguagem tão frouxa, como podemos esperar comunicar a mensagem de Deus ao mundo, uma mensagem que é verdadeiramente formidável e incrível, literalmente *inacreditável*, se não pelo seu Espírito?

Talvez isso pareça um ponto esotérico, um interesse particular de gramáticos e professores de inglês. Mas Deus claramente valoriza o significado e a precisão na linguagem. Pense na cuidadosa preservação de Deus de sua Santa Palavra. Pense na declaração de Jesus de que nenhuma letra da lei seria eliminada ou perdida (ver Mateus 5:18). Considere também sua condenação de promessas elaboradas: "Basta dizer um simples 'Sim, eu farei' ou 'Não, eu não farei'" (Mateus 5:37).

Acima de tudo, pense no sacrifício penoso de Deus de viver e sofrer como o Verbo feito carne para comunicar o evangelho de uma maneira que sua criação humana pudesse entender. Veja suas palavras como um presente e uma ferramenta, e peça a Deus para ajudá-lo a afiá-las, para que você fique mais bem equipado para professar a verdade aos que estão ao seu redor.

Mas eu lhes digo que, no dia do juízo, os homens haverão de dar conta de toda palavra inútil que tiverem falado.
MATEUS 12:36

4

A maior causa do verbicídio é o fato óbvio de que a maior parte das pessoas está muito mais ansiosa para expressar sua aprovação ou desaprovação às coisas do que para descrevê-las.
CAPÍTULO 1

Quando aprendemos a rotular tão rapidamente? Para usar as imagens de Lewis, dezenas de termos foram imprudentemente assassinados, na ânsia de deixar claro para o mundo que os outros não são como nós. Muitas vezes, os rótulos nunca abordam o significado, mas se tornam um poderoso atalho para termos mais pejorativos.

É mais fácil descartar os outros e suas ideias quando eles carregam rótulos — merecidos ou não — que indicam seu pertencimento a um grupo separado e mais equivocado. Do nosso terreno mais seguro, onde pouco é questionado ou avaliado, parece desnecessário compreender verdadeiramente qualquer estranho. Não temos necessidade de nos comunicar com eles ou entendê-los, porque conhecemos os fatos simples: estamos certos e eles errados. Ou assim pensamos.

Assim, os rótulos são forçosamente levados a se afastar de seus verdadeiros sentidos. Esse tipo de rotulagem, porém, ilumina tão mal o rotulador quanto o avaliado. Aqueles que julgam injustamente ampliam de forma desproporcional sua própria raiva, desdém e falta de amor. Eles involuntariamente se tornam anúncios de atitudes e comportamentos que são tão ímpios quanto o que eles estão condenando — se não mais. No entanto, eles não podem saber disso, porém, porque estão muito cheios de contenda para realmente ver aquilo a que estão se opondo.

É por isso que a Bíblia nos adverte a não falar com ira precipitada. Não podemos ver as coisas como elas são, e certamente não temos o direito de envolver aqueles que aparecem em nossa frente quando estamos cegos de raiva. De fato, pode haver pontos de discórdia, mas as questões realmente importantes nunca serão alcançadas, por causa da raiva crescente que as encobre.

Reserve um tempo para orar e se acalmar antes de julgar os outros. Se você não pode falar ou escrever sobre eles sem tropeçar em palavras sobrecarregadas com seus próprios sentimentos e julgamentos exagerados, então tome cuidado; você pode estar cometendo *verbicídio*, assassinando suas próprias palavras assim como o caráter de outra pessoa.

"[...] Não julguem apenas pela aparência, mas façam julgamentos justos."
JOÃO 7:24

·5·

Todos os estudos terminam em dúvidas.
CAPÍTULO 1

Um dos paradoxos da vida cristã é que, quanto mais os fiéis aprendem e evoluem, mais se tornam perceptivos de quanto ignoram. A maturidade traz humildade — uma melhor apreciação da perfeição de Deus e de nossa distância dessa perfeição. A fé torna-se mais profunda, embora não necessariamente mais sólida. Ela fica menos rígida do que em seus primeiros dias, muitas vezes porque os crentes passaram a experimentar o poder único da dúvida.

Os jovens fiéis muitas vezes descartam a dúvida como uma vergonhosa falta de fé. Mas dúvida não é incredulidade; são fenômenos bastante distintos. Lewis e seus colegas escritores de Oxford sabiam disso. Eles eram homens de erudição e fé impressionantes, mas também eram homens que aceitavam a dúvida e o papel dela em suas vidas. A dúvida reconhece as tensões e as ambiguidades da vida e, mais importante, nossa incapacidade de compreender a verdade ao mesmo tempo e na mesma profundidade que Deus. A dúvida pode ser arauto da perseverança no desejo de acreditar, apesar das circunstâncias, mentalidades e sentimentos que trabalham precisamente contra a crença. Com o fundamento de um compromisso com Cristo, a dúvida torna-se o grito de crença em meio à escuridão e o ponto de partida de uma visão nova e mais profunda.

O aprendizado é fundamental para esse tipo de dúvida que edifica a fé. Mais estudo da Palavra de Deus, mais interações com fiéis de outras experiências de vida, mais princípios adquiridos de outras culturas podem ampliar nossa visão de Deus e da igreja e nos deixar com ainda mais perguntas do que antes. Não é necessário evitar isso: aceite. Não se pode ficar entrincheirado no orgulho quando uma dúvida convida a um exame mais aprofundado. A dúvida pode nos motivar a buscar continuamente a perspectiva e a orientação de Deus e a reafirmar nossa submissão a seus ensinamentos, pois a dúvida nos lembra de que nenhum de nós tem a visão perfeita.

Pois em parte conhecemos e em parte profetizamos;
quando, porém, vier o que é perfeito, o que é imperfeito desaparecerá.
Quando eu era menino, falava como menino, pensava como menino e raciocinava como menino. Quando me tornei homem, deixei para trás as coisas de menino.
Agora, pois, vemos apenas um reflexo obscuro, como em espelho; mas, então, veremos face a face. Agora conheço em parte; então, conhecerei plenamente, da mesma forma com que sou plenamente conhecido.
1 CORÍNTIOS 13:9, 12

• 6 •

Não nascemos com todas as virtudes, elas não vêm por vontade própria. Temos de trabalhar por elas.
CAPÍTULO 2

Lewis ofereceu essas palavras como uma tradução possível, mas não definitiva, de uma reflexão do filósofo Sêneca. Por mais precisa que seja, essa tradução certamente ecoa a verdade bíblica. A resolução deve seguir a compreensão, e depois da resolução o esforço, para que mudanças duradouras aconteçam. Os cristãos devem ser novas criaturas (ver 2 Coríntios 5:17), e essa renovação é um processo que toma tempo e esforço. Parece axiomático dizer que a mudança vem com o tempo, mas a simplicidade da frase desmente a intensidade do desafio. Os caminhos naturais estão profundamente desgastados, e o que é habitual não é suplantado prontamente.

Desejar a virtude é bastante simples; alcançá-la é um trabalho muito mais difícil de oração, lágrimas e dedicação esmagadora. O esforço para imitar a Cristo é tão contrário ao modo natural de vida que o desânimo é um subproduto imediato. É algo que pode distorcer a perspectiva até que perguntemos, com sincera perplexidade, *por que* resolvemos nos envolver em uma luta tão antinatural, para começo de conversa. Se as virtudes são tão boas, por que alcançá-las tem de ser uma batalha tão grande?

Não devemos esquecer nossas origens. Não viemos ao mundo como criaturas de perfeição virtuosa. O Espírito Santo muda nossa natureza, sim, mas não nos dota instantaneamente de todas as boas qualidades. Às vezes, a palavra de encorajamento que precisamos ouvir, em meio ao desafio, é o simples lembrete de que estamos mirando no que é contrário a toda a nossa vida até aqui, e virar essa maré é um trabalho de resistência, mas, acima de tudo, é um *trabalho*.

Pois a carne deseja o que é contrário ao Espírito; e o Espírito, o que é contrário à carne. Eles estão em conflito um com o outro, de modo que vocês não fazem o que desejam. [...]
Os que pertencem a Cristo Jesus crucificaram a carne, com as suas paixões e os seus desejos.
Se vivemos pelo Espírito, andemos também pelo Espírito.
GÁLATAS 5:17, 24-25

·7·

A distinção entre ter tido o suficiente e ter tido demais é, como todos sabemos, tênue.
CAPÍTULO 3

A verdade dessa afirmação de Lewis soa clara, muito além do mundo da etimologia. O consumismo grosseiro é tão difundido, no mundo inteiro, que já quase perdeu sua capacidade de nos atordoar. O consumo é alimentado por anúncios profissionais e por conhecidos que nos exortam a "conseguir mais" porque "você merece" e que nos admoestam a "nunca aceitar menos". Os pressupostos subjacentes à satisfação instantânea e à superioridade inerente do "mais" raramente são analisados.

Não se trata de limites nem cautela sobre a passagem gradual de satisfeito a saciado e daí a empanturrado. O peso doentio desse tipo de indulgência nunca é reconhecido. Decadência não é mais uma crítica, mas um sabor. Simplicidade é sinônimo de estupidez, e falta de ambição de loucura. Como o homem tolo em Lucas 12, derrubamos nossos celeiros dia e noite para dar lugar a outros novos, maiores e certamente melhores, para enchê-los com o excesso supérfluo, mas acumulado com paixão perturbadora. Nossas necessidades são abundantemente atendidas, mas não da maneira como Deus planejou. O resultado não é satisfação, mas mais fome, mais apetite consumidor, mais foco em si mesmo — um ciclo que nos distrai perpetuamente da obra de Deus.

A temperança, a disciplina que nos liberta desse ciclo, nos ensina a dizer, e dizer sinceramente, "Não, obrigado; estou satisfeito" para os outros e para nós mesmos. Ele nos afasta da estimulação excessiva de tudo o que pode ser obtido e nos faz, novamente, capazes de entender o sutil cutucão interno que silenciosamente nos sinaliza nossa satisfação.

Mudar essa mentalidade será difícil. Implicará transformar nossos valores e perspectivas para que sejam completamente opostos à força da cultura ao nosso redor. Significa nos reeducarmos para entender que o "suficiente" não é inatingível, que ele é, de fato, nossa verdadeira definição de satisfação. Mas a alegria é que a mudança nos alinhará com os padrões bons, agradáveis e perfeitos de Deus (ver Romanos 12:2). Peça o poder de Deus para substituir os *slogans* do consumismo pela palavra graciosa dele: *contentamento*. Esse é o nosso verdadeiro tesouro.

Não estou dizendo isso porque esteja necessitado, pois aprendi a adaptar-me a toda e qualquer circunstância.
Sei o que é passar necessidade e sei o que é ter fartura. Aprendi o segredo de viver contente em toda e qualquer situação, seja bem alimentado, seja com fome, tendo muito ou passando necessidade.
FILIPENSES 4:11-12

·8·

Recentemente eu li algumas resenhas estranhamente violentas, todas do mesmo homem... Chegando ao final, notava-se que o crítico nos contara tudo sobre si mesmo e nada sobre o livro.
CAPÍTULO 12

E daí se esse crítico escreveu sua crítica com mais veneno do que objetividade? O homem não tem direito à sua opinião? Sim, mas Lewis não estava criticando o *homem* por sua opinião, mas o *crítico*. O crítico está numa posição de alguma influência. Ele se apresenta como alguém dotado de educação, formação e gosto superiores aos da pessoa média, o que lhe confere a capacidade de fazer julgamentos especializados. Suas críticas descuidadas e egocêntricas abusam dessa posição e traem suas afirmações.

O mesmo perigo existe nas igrejas, onde os líderes reivindicam algo — maturidade, experiência, chamado, educação — que os eleva a posições de respeito e autoridade. Esses líderes muitas vezes caem em divisões e críticas nas quais permitem que seus julgamentos pessoais se sobreponham a tudo o mais. Eles desviam os outros, por suas próprias emoções descontroladas.

É por isso que a Bíblia não retrata o papel do líder como algo a ser assumido levianamente. Ela adverte os cristãos contra a busca leviana da liderança, e adverte os líderes que eles estão sujeitos a punições mais severas pelos pecados. Ter o cuidado das almas dos outros e o poder de moldar a eles e a sua fé é um encargo solene e sagrado. Aqueles que o aceitam e depois abusam desse privilégio para imprimir nos seguidores suas opiniões egoístas e falsas fazem uma coisa terrível. Sua agenda pessoal substitui a mensagem de Deus, e, se os ouvintes não forem tão perspicazes quanto Lewis para distinguir a verdade e o indivíduo que a tenta suplantar, as agendas pessoais tornam-se pontos de discórdia e dão origem a seitas e a fragmentações na igreja.

Os fiéis às vezes são chamados a julgar, mas julgar com justiça, não através do filtro de seus motivos pessoais. Seja cauteloso para não absorver impensadamente as palavras dos líderes, e ainda mais para não liderar sem cuidado.

Meus irmãos, não sejam muitos de vocês mestres, pois vocês sabem que nós, os que ensinamos, seremos julgados com maior rigor.
TIAGO 3:1

·9·

A força de nossa antipatia é em si mesma um sintoma provável de que nem tudo está bem por dentro, alguma ferida aberta em nossa psicologia foi tocada, ou alguma motivação pessoal ou partidária está, secretamente, em ação.

Quase todos nós conhecemos uma pessoa como o crítico que Lewis descreveu — alguém que corta os outros sem aviso, mutilando todos com críticas e palavras cruéis antes mesmo que eles possam se afirmar como inimigos. Esse é o crítico cujas palavras afastaram todos de si, mas que ainda se apega a palavras afiadas, esperando furtivamente para realizar um ataque preventivo.

"Nem tudo está bem por dentro", sem dúvida. Nosso foco naturalmente se fixa na injustiça do ataque e na dor das palavras. Nossa inclinação é evitar o crítico, mas essa inclinação não é a resposta.

Vidas construídas em torno de um núcleo de dor e raiva terão a arquitetura do isolamento, feiura e retraimento — o oposto do desígnio de Deus. São pessoas com dor, tanto dor quanto vítimas de um abuso ou desastre natural. Sim, os críticos criaram uma cela amarga por suas escolhas pessoais, mas eles estão, afinal, sofrendo no pecado e precisam tanto das palavras de Deus quanto as "vítimas inocentes".

Críticos amargurados não são atraentes e só oferecem dor. Mas, se Deus colocou um ou mais deles em sua vida, talvez eles estejam ali para serem tocados por você. Veja uma fachada agressiva como o que ela é — uma tentativa desajeitada de proteção, que apenas exacerba a miséria interior. Peça a Deus para fortalecê-lo contra suas palavras cortantes e usá-lo para romper sua casca amarga, e para guiá-lo no assustador mas abençoado processo de libertar aquela dor acumulada. Rejeite o sentimento de ofensa que surge quando for rejeitado e insultado, e permita que Deus o use para falar e libertar os críticos feridos de sua verborragia perversa, levando-os à cura e à libertação.

[...] Pois o coração deste povo se tornou insensível; de má vontade ouviram com os seus ouvidos e fecharam os seus olhos. Se assim não fosse, poderiam ver com os olhos, ouvir com os ouvidos, entender com o coração e converter-se, e eu os curaria.
ATOS 28:27

·10·

Se estivéssemos simplesmente exercendo julgamento, seríamos mais calmos; menos ansiosos para falar. E, se falarmos, quase certamente faremos papel de tolos.
CAPÍTULO 12

Depois de refletir sobre a tendência de os críticos caírem em discursos amargos, C. S. Lewis não chegou à conclusão que talvez você esperaria. Em vez de dar um esboço detalhado do que a crítica deveria implicar, ele concluiu com uma advertência geral sobre qualquer fala impensada. Devemos, de fato, ser cautelosos ao falar rápido demais, fazendo papel de tolos e atrapalhando a obra de Deus. Esse é um bom ponto de partida. Mas é apenas um ponto de partida. A Bíblia proclama que há tempos designados para a fala e também para o silêncio (ver Eclesiastes 3:7). Nosso dilema é distinguir entre os dois.

Em seus incríveis encontros pessoais com Deus, vários profetas declararam sua incapacidade de falar: Moisés apelou para sua inadequação (Êxodo 4:10), Isaías tremeu de pavor por sua pecaminosidade (Isaías 6:5) e Jeremias citou sua juventude (Jeremias 1:6). Mas, significativamente, Deus não desprezou nenhum deles por teimosia ou por falta de fé. Em vez disso, ele afirmou a proveniência divina da mensagem que deu a Moisés e concedeu-lhe a parceria de Arão (Êxodo 4:14–16). Isaías recebeu a consagração de um carvão angelical em seus lábios (Isaías 6:6–7), e o próprio Deus tocou a boca de Jeremias para transmitir suas palavras a ele (Jeremias 1:9–10). Todos eles então obedeceram e se tornaram trombetas nacionais das mensagens de Deus.

Talvez Deus não tenha condenado duramente a hesitação de Moisés, Isaías e Jeremias porque essa hesitação alimentava sua confiança nele. Os três conheciam a enormidade das tarefas que lhes foram confiadas e sua total dependência de Deus para dizer qualquer coisa que tivesse impacto sobre seu povo.

A ansiedade que leva a uma dependência mais profunda de Deus não é uma falha, mas uma porta potencial para milagres. Se procurarmos falar com humilde cautela e dependência, podemos ter certeza de que Deus nos orientará a falar e fornecerá as palavras certas no momento certo.

Que as palavras da minha boca e a meditação do meu coração sejam agradáveis a ti, Senhor, minha Rocha e meu Resgatador!
SALMOS 19:14

CAPÍTULO 23
"A última noite do mundo" e "Historicismo"

Tomando emprestada uma analogia de Lutero, Lewis nos lembrou em seu ensaio "A última noite do mundo" que podemos cair de um cavalo para qualquer lado. No passado, muitos tomaram a questão da volta de Cristo como seu quase único interesse nos ensinamentos de Jesus, a ponto de fazer gráficos e previsões — previsões fracassadas. Por causa dos charlatães e dos embaraços, a maior parte dos cristãos agora evita isso — uma queda do outro lado do cavalo. A visão saudável é aquela que reconhece que todos os ensinamentos de Jesus devem ser totalmente aceitos. Isso inclui a promessa e o aviso de Jesus de que ele poderia vir a qualquer momento e que ninguém, a não ser o Pai, sabia quando (ver Mateus 24:36). Lewis acreditava que Jesus quis dizer exatamente o que disse: que ele não sabia o tempo. Em sua encarnação, ele se submeteu à limitação de não saber.

Uma razão mais importante para a relutância moderna em abraçar a doutrina da Segunda Vinda é que ela se opõe ao grande mito do progresso que nossa cultura aceitou: assim como a vida emergiu da não vida e o humano emergiu do animal, o mundo continuará melhorando em direção a alguma perfectibilidade ainda desconhecida. Temos dificuldade em aceitar um fim abrupto, uma intervenção que venha de fora do nosso mundo. Mas, como foi no princípio, assim será no fim. Nem o mundo como um todo nem nós, como indivíduos, somos independentes. A doutrina da volta de Cristo é o remédio de que nossa cultura doente precisa.

As implicações dessa doutrina são as seguintes: (1) devemos estar prontos, pois ele nos assegurou que seu retorno virá em um momento em que não estaremos atentos; e (2) devemos permanecer fiéis em nossa obra, pois não sabemos quando ele virá. Tanto a esperança quanto o medo são emoções e, como tais, vêm e vão; o excesso de qualquer um é insalubre. A chave é lembrar que civilizações, governos, hospitais de caridade, nossas vidas... e até a própria Terra terá um fim. Nós, obedientemente, fazemos nosso trabalho, com a eternidade em vista. A abordagem mais útil, aconselhou Lewis, é desenvolver o hábito de se perguntar como uma ação (ou a falta dela) resistirá ao justo julgamento final do Senhor. Em vez de com impaciência ou pavor, devemos encarar o tempo que temos como uma dádiva a ser usada. Esse ensaio oferece uma maneira de pensar "cristãmente" (biblicamente) sobre o modo como abordamos a própria história. Aplica-se a todos nós, porque todos vivemos em um momento presente que toma seu significado do que pensamos sobre o passado e o futuro. Portanto, a apresentação dessas reflexões junto com as de *A última batalha* deve ser fácil de entender.

* * *

O ensaio "Historicismo" é fundado em uma palavra que Lewis inventou, como *cientificismo* em outros lugares, para descrever uma visão falsa ou má prática de uma disciplina digna: respectivamente, a pesquisa histórica e a científica. Em relação ao historicismo, a ideia fundamental de Lewis era esta: não se pode conhecer o significado da história estando dentro da história. Até que tenhamos algum relato de um observador que veja como tudo se encaixa, sempre erraremos. Vistas de antemão, "as lições da história" acabam sendo o significado que atribuímos aos eventos a partir de nosso próprio conjunto de valores, e não o sentido que, de alguma forma objetiva, realmente há nos fatos. Aplicamos nossos valores até mesmo para os pequenos eventos, para determinar se vale a pena incluí-los ou se são certos ou errados, bons ou ruins, úteis ou prejudiciais.

Em larga escala, se não soubermos por que a história existe, para que fim ela está se movendo e a quais propósitos está servindo, então nenhuma de nossas fórmulas para interpretá-la será correta. Por exemplo, como determinamos o que é suficientemente importante a partir dos vastos dados de seis bilhões de vidas, para registrar e oferecer à consideração geral, por um único dia, no jornal de amanhã — ou daqui a cem (ou um milhão) de anos?

Claro, se a história tem um autor — ou um dramaturgo — que deu vida ao palco do mundo e seus atores e decidirá quando o drama vai terminar, então podemos fazer julgamentos significativos sobre cenas grandes e pequenas. Sem essa revelação, nenhuma pessoa, por maior que seja a sua educação, jamais entenderá a história corretamente. Lewis não quis dizer que os historiadores seculares são inúteis ao encontrar relações de causa e efeito e ligações entre eventos. Isso, ele teria dito, é o trabalho de um verdadeiro historiador. Sua preocupação era com aqueles que afirmam encontrar um significado interno nos próprios dados históricos. A estes, ele chamou de "historicistas".

Devemos ser humildes em nossa abordagem da história. Vastas porções de passado estão para sempre fora de nosso alcance.

Em qualquer momento, podemos conhecer apenas uma parte infinitesimal do fervilhante mundo exterior. Do futuro, nada sabemos que não virá a ser revelado além do tempo. No julgamento de Deus, quantos dos "grandes" do mundo, conforme registram os livros de história, serão grandes para ele? No livro do Apocalipse, os mártires fiéis são mais importantes que reis e imperadores. A história é a história de Deus. É ele quem a pode interpretar.

·I·

Todo grande homem pertence, em parte, à sua época e em parte a todos os tempos. O que importa... é sempre o que transcende sua época, não o que ele compartilhou com mil contemporâneos esquecidos.
A ÚLTIMA NOITE DO MUNDO

Ao longo do curso da civilização humana, muitos indivíduos causaram um impacto profundo cujos efeitos perduraram muito além das eras em que eles viveram. Você provavelmente poderia citar uma dúzia ou mais deles, sem grande dificuldade. Muitas pessoas seguiram suas filosofias, escolhendo esses heróis como padrões para suas vidas. Mas, depois de séculos ou milênios, certos pontos de vista parecem arcaicos ou mesmo falsos. Alguns pontos de vista já demonstram sinais de miopia — porém não todos. Ninguém, além de Jesus, é totalmente relevante para todos os tempos.

Aqui, em sua discussão sobre a relutância das pessoas em acreditar na Segunda Vinda, Lewis está citando o ponto de vista modernista. Se nós, como os modernistas, acreditarmos que Jesus era apenas um produto de seu tempo — um homem pobre na Palestina do primeiro século, que por acaso era um bom mestre —, então podemos desconsiderar o impacto ou a relevância de suas palavras.

"Para as pessoas naquela época, convinha acreditar nele. Ele deu esperança a um povo conquistado em suas lutas cotidianas", poderia pensar o modernista. As palavras de Jesus parecem graciosas e até nobres, mas não transcendentes. Ou o modernista, tendo ouvido falar de outros que afirmam ser o Messias, pode tirar o peso das palavras de Jesus como as de qualquer outro maluco. Contudo Lewis advertiu contra qualquer ponto de vista limitado. Sua crença era que Jesus é tudo o que ele afirmava ser (o Filho de Deus e, portanto, igual a Deus) e que suas palavras são para todos os tempos, não apenas para uma era.

Jesus advertiu seus discípulos contra os enganos dos falsos messias. Na passagem a seguir, veja a advertência de Jesus de que *muitos* seriam enganados. Isso foi apenas uma advertência para a época deles? Resta-nos recordar os últimos cem anos. Muitos *afirmaram* ser o Messias prometido e iniciaram seus próprios movimentos. Alguns que não chegaram ao ponto de se apresentar como Jesus afirmaram que diziam a "verdade" sobre seu retorno, e foram desacreditados. Então, em quem acreditamos? Você pode acreditar naquele cujas promessas se cumpriram, naquele *cujas* profecias a respeito de seu nascimento e vida aconteceram: Jesus.

Jesus respondeu: "Cuidado, que ninguém os engane. Pois muitos virão em meu nome, dizendo 'Eu sou o Cristo!' e enganarão a muitos [...]".
MATEUS 24:4–5

• 2 •

Tentamos adivinhar o enredo de um drama em que somos os personagens. Mas como os personagens de uma peça poderiam adivinhar seu enredo?
A ÚLTIMA NOITE DO MUNDO

A peça clássica de Luigi Pirandello *Seis personagens à procura de um autor* descreve o súbito aparecimento de seis pessoas que interrompem o ensaio de uma peça. Os seis acabam sendo personagens que estão — você adivinhou — à procura de um autor que escreva o final de sua história. Mas, quando o diretor tenta encenar sua história usando atores, os personagens discutem continuamente com ele e uns com os outros sobre como a peça deve ser conduzida. Resultado: tragédia.

No seu ensaio sobre a Segunda Vinda, Lewis discutiu as teorias da evolução de Darwin e usou a analogia de pessoas como atores num palco da vida criado por Deus. Ao apresentar nossas próprias teorias sobre o enredo, vamos além de nossos papéis como atores, afirma Lewis. É do dramaturgo que deve vir o enredo. Nosso trabalho é desempenhar os papéis que nos foram designados. No entanto, se nos faltar fé no dramaturgo, como os seis personagens não confiaram no diretor, pode acontecer de nos rebelarmos.

Em vez de contestar as teorias de Darwin, Lewis as discutiu para mostrar a resposta de Darwin aos mitos — isto é, às crenças — que cercam o desenvolvimento da civilização humana. De certa forma, o próprio Darwin era um personagem de uma peça, tentando entender seu enredo.

É claro que, de certa forma, todos somos culpados de tentar controlar e prever nossas vidas. Temos nossas teorias favoritas sobre como a vida "deveria" ser. Temos nossos planos de carreira, planos quinquenais e planos de aposentadoria, como se pudéssemos prever perfeitamente o que vem pela frente. No Livro de Jeremias, Deus usou a analogia de um oleiro para descrever como ele molda seu povo. Seja oleiro ou dramaturgo, ele se reserva o direito de fazer conosco o que quiser. E temos duas respostas a essa noção: podemos rejeitá-la ou podemos nos curvar em obediência.

Então o Senhor dirigiu-me a palavra:
"Ó comunidade de Israel, será que não posso eu agir com vocês como fez o oleiro?", pergunta o Senhor. "Como barro nas mãos do oleiro, assim são vocês nas minhas mãos, ó comunidade de Israel. [...]"
JEREMIAS 18:5–6

•3•

O importante não é que devemos sempre temer (ou esperar) o Fim, mas que devemos sempre lembrar dele, sempre levá-lo em consideração.
A ÚLTIMA NOITE DO MUNDO

Já deve estar claro que Lewis tinha jeito com as palavras. Ele criou, com palavras, imagens pungentes, que ajudam o leitor a compreender os conceitos mais simples e profundos. Nesse ensaio, ele diz que metade da batalha de viver a vida na expectativa da volta de Jesus é simplesmente lembrar e levar em conta que o Senhor está voltando. Ele passa a comparar essa consciência com a de um homem de setenta anos que deve se preparar para o fim de sua vida fazendo um testamento e analisando que tipos de projetos pode iniciar, sabendo que ele pode não ter mais vinte anos diante de si.

Da mesma forma, não devemos viver a vida como se coisas temporais, como comer, beber e tentar freneticamente atender as exigências do mundo, fossem as únicas coisas que importam na vida. Em vez disso, devemos viver como mordomos, com tarefas sobre as quais precisaremos prestar contas quando nosso empregador retornar. Isso é difícil de fazer em nossa sociedade orientada ao *agora*, na qual tudo tem de acontecer em um instante. Não aguentamos esperar. No entanto, estamos esperando há dois mil anos pela volta de Jesus. De fato, verificar nas nuvens se Jesus está voltando é geralmente a última coisa em nossas mentes — mas a Bíblia diz que o veremos entre as nuvens. Ele será revelado. E lembrar disso deve fazer com que as demandas deste mundo pareçam um pouco menos prementes, um pouco menos esmagadoras em seu imediatismo. Algum dia, as exigências do dia a dia parecerão nunca ter existido; outra coisa terá a precedência quando o Senhor voltar!

Ela nos ensina a renunciar à impiedade e às paixões mundanas e a viver de maneira sensata, justa e piedosa nesta era presente, enquanto aguardamos a bendita esperança: a gloriosa manifestação de nosso grande Deus e Salvador, Jesus Cristo.
TITO 2:12–13

4

Certamente, a administração frenética de panaceias ao mundo será desencorajada pela reflexão de que "este presente" pode ser "a última noite do mundo"; mas o trabalho sóbrio, pensando no futuro e dentro dos limites da moralidade e prudência comuns, não será.
A ÚLTIMA NOITE DO MUNDO

É interessante que Lewis tenha usado a palavra *panaceias* aqui. *Panaceia* é definido como "um remédio universal ou cura para todos". Ele continuou falando sobre como as pessoas estão sempre mergulhando em doutrinas favoritas, como a Segunda Vinda, e enfatizando-as demais como um homem bêbado, que sobe em um cavalo e cai para o outro lado.

Para nós, como cristãos, é fácil construir subitamente uma panaceia própria, depois de descobrir uma verdade há muito negligenciada. Somos tentados a decifrar os sinais dos tempos e criar um conjunto rígido de padrões pelos quais podemos "curar" outros pecadores de suas tendências de amar o mundo mais do que a Deus. Em seguida, damos a eles um selo de aprovação, se atenderem aos padrões. O mundo é visto como o inimigo e nós estamos aqui, apenas esperando e cumprindo nosso dever, até que Jesus venha. Em contraste, Lewis sugeriu que trabalhar sobriamente na vocação à qual fomos chamados e ser fiéis são os melhores preparativos que podemos fazer para o retorno do Senhor.

Embora este mundo atual acabe um dia, uma nova realidade virá. Se queremos fazer a diferença aqui, é melhor simplesmente amar as pessoas do mundo, em vez de tentar forçá-las a aceitar nossas ideias de cura para todos. Afinal, Jesus disse que o mandamento mais importante é amar (ver Mateus 22:37–40). Isso, mais do que qualquer outra coisa, pode ajudar as pessoas a perceber uma realidade além do lugar-comum. Também podemos lembrar que não estamos livres dos equívocos de que outros foram vítimas. Como Paulo disse, Cristo é aquele que nos libertou, mas não para julgar os outros.

Já que vocês morreram com Cristo para os princípios elementares deste mundo [. . .].
COLOSSENSES 2:20

•5•

Felizes são aqueles que [o julgamento final] encontrar trabalhando em suas vocações, sejam elas alimentar os porcos ou traçar bons planos para libertar a humanidade daqui a cem anos.
A ÚLTIMA NOITE DO MUNDO

Julgamento. Mal podemos entender tal palavra. Não apenas nos sentimos desconfortáveis com sua rigidez, suas implicações moralistas, mas a achamos ofensiva ao nosso direito de viver nossas vidas como escolhemos. E, no entanto, aqui Lewis colocou-a na mesa. Haverá um julgamento, e esse conhecimento deve adicionar uma dimensão às nossas vidas que será uma vitrine de glória para a pessoa que, fielmente, fez o melhor trabalho possível com o que lhe foi dado, ou o triste fracasso de uma pessoa que abusou do que recebeu. Não importa se o trabalho foi ótimo ou significativo aos olhos do mundo; o que importa é o trabalho ser o que o mestre mandou.

Um aspecto interessante desse versículo é a ideia de que seremos julgados de acordo com nossa responsabilidade. Aquele a quem foi dada grande responsabilidade será julgado em maior escala. Aquele que recebeu menos responsabilidade será julgado com base em quanto recebeu.

Se formos fiéis no pouco que temos, receberemos uma recompensa igual a quem recebeu muito. É por isso que não devemos julgar — esse é um dever exclusivo do empregador, que criou a vaga de trabalho e distribuiu os recursos para sua execução.

Quem é, pois, o servo fiel e sensato, a quem seu senhor encarrega dos de sua casa para lhes dar alimento no tempo devido?
Feliz o servo a quem seu senhor encontrar fazendo assim quando voltar. Garanto-lhes que ele o encarregará de todos os seus bens [...].
MATEUS 24:45–47

·6·

Não apenas acreditaremos, saberemos, saberemos sem sombra de dúvida e em cada fibra de nosso ser horrorizado ou encantado, que aquilo que o Juiz disser que somos é o que somos: nem mais, nem menos, nem outra coisa.
A ÚLTIMA NOITE DO MUNDO

Quem somos nós? Podemos rotular a nós mesmos de muitas maneiras diferentes. Por nossos empregos atuais, por exemplo. Ou por nossos traços de personalidade: extrovertido, reservado, engraçado. Mas Lewis foi um pouco mais fundo aqui, referindo-se àquele momento desconfortável em que estaremos nus e vulneráveis diante do Juiz, despidos de todos os títulos e vernizes, com todos os nossos pensamentos, motivos e verdadeiros eus postos diante dele. Então saberemos quem realmente somos, pois o que ele decidir mostrará toda a somatória de nosso ser. Descrições de caráter como *fiel*, *honesto* e *verdadeiro* se tornarão as pedras preciosas em nossas coroas e brilharão com o esplendor daquele que trouxe todas as coisas à existência. Palavras como *falso*, *mesquinho* e *egoísta* vão nos queimar até o âmago, expondo a terrível verdade das decisões que tomamos e dos pensamentos que esperávamos que ninguém conhecesse.

Deus disciplina seus filhos porque vê o que eles estão se tornando. Ele sabe que haverá um julgamento e se preocupa o suficiente para preparar seu povo para esse evento. Podemos escolher responder positivamente à sua correção e aos seus esforços para nos moldar de acordo com seus bons propósitos.

Vejam, o Senhor vem com milhares de milhares de seus santos,
para julgar a todos e convencer a todos os ímpios a respeito de todos os atos
de impiedade que eles cometeram impiamente e acerca de todas as palavras
insolentes que os pecadores ímpios falaram contra ele.
JUDAS 1:14–15

◆7◆

Não podemos estar sempre entusiasmados. Podemos, talvez, nos treinar para
perguntar... como a coisa que estamos dizendo ou fazendo... será vista,
quando a luz irresistível fluir sobre ela.
A ÚLTIMA NOITE DO MUNDO

No momento do julgamento final, o que será julgado? Lewis sugeriu que seremos julgados pelas coisas que fazemos. Essas atividades — o que dizemos e fazemos — serão submetidas a um fogo que queimará todas as atividades que não são eternas. Lewis foi ainda mais longe, usando a analogia de um vestido: uma mulher o experimenta e vê que fica bonito na luz suave da loja, mas, quando submetido ao brilho implacável do dia, o vestido parece espalhafatoso ou monótono. Muitas vezes, podemos ver nossas ações e palavras apenas na névoa embaçada que lançamos sobre elas, com justificativas ou autocondenação. Mas, se nos sujeitarmos à severa misericórdia de Deus e deixarmos sua luz brilhar sobre nossas ações — pedindo-lhe que as mostre para nós como elas realmente são —, a verdade pode nos libertar.

Uma maneira de saber se estamos realmente no caminho certo, de fato, é manter essa luz em qualquer estrada que trilhemos. Como Jesus diz em João 3:21, se você fizer o que é certo, não precisará temer a luz ou fugir por vergonha. Qualquer coisa em sua vida que você preferiria morrer a deixar os outros saberem pode ser uma área de escuridão que Deus gostaria de ver exposta. É melhor expô-la agora, confessando a Deus e talvez até mesmo a um irmão ou irmã de confiança, do que esperar até que "a luz irresistível" brilhe sobre ela diante de todo o mundo.

Mas quem pratica a verdade vem para a luz, para que se veja claramente que as suas obras são realizadas por intermédio de Deus.
JOÃO 3:21

·8·

Devemos nos proteger contra as conotações emocionais de uma frase como "o julgamento da história". Essas palavras podem nos induzir a... idolatrar... a deusa História.
HISTORICISMO

Lewis não se opunha ao estudo da história. Afinal, ele escreveu um estudo inteiro sobre os clássicos, na série *The Oxford History of English Literature*. Mas, em seu importante ensaio chamado "Historicismo", Lewis distinguiu a história do que ele denominou *historicismo*. A história legítima mostra o que pensamos que aconteceu a partir das evidências disponíveis e até propõe explicações para causas e efeitos. O historicismo, por outro lado, é uma tentativa de ver um padrão geral na história humana ou de interpretar o significado da história desde seu interior — com nada mais do que os eventos como fundamento. No entanto, os eventos históricos não nos dizem o que é importante e por quê. Esse é o papel da revelação.

O significado geral da história só pode vir de alguém que conhece toda a história do começo ao fim e todos os seus detalhes. Sem a revelação de Deus, não conheceríamos começo nem fim. Além disso, possuímos apenas uns poucos dos inúmeros detalhes do dilúvio do tempo; e, mesmo que, por algum milagre, soubéssemos tudo o que aconteceu, não teríamos um modelo para a interpretação. Aplicamos um padrão externo até mesmo ao selecionar o que incluímos na discussão. Quando, além da revelação, supomos que a dor ou o colapso das civilizações ou a conquista militar constituem juízos a favor ou contra, entronizamos a deusa História.

Os alvos de Lewis — aqueles que ele nomeou no ensaio — são as inúmeras interpretações pagãs: Hegel e Marx na era moderna, e os historicistas cristãos que criam linhas de tempo irresponsáveis. Embora Lewis dê exemplos específicos, essa cautela é atemporal. O simples fato de algo acontecer ou de gostarmos desse fato ou não, de o acharmos conveniente ou problemático, não é uma medida mais precisa do significado de nossas histórias pessoais do que das grandes extensões de tempo. Como Lewis mostrou, essa é uma tendência contra a qual devemos nos precaver.

Porque a sabedoria deste mundo é loucura aos olhos de Deus. Pois está escrito: "Ele apanha os sábios na astúcia deles" [...].
1 CORÍNTIOS 3:19

·9·

Não temos noção do estágio da jornada que alcançamos... Devemos admitir livremente que a maior parte — quase toda — a história... é, e permanecerá, totalmente desconhecida para nós.
HISTORICISMO

Você se lembra — *realmente* se lembra — de tudo o que já viu, pensou, disse e fez? Isso simplesmente não é possível. Cada momento que passa está repleto de sensações e eventos fervilhantes, todos se tornando parte da história, a maior parte deles sem deixar evidências remanescentes e a maioria esquecidos. Esse era o ponto de Lewis. A história é realmente baseada em uma coleção de fragmentos — um pergaminho aqui, uma pintura ali, um manuscrito dos trechos e peças que as pessoas encontraram — e através desses fragmentos tentamos construir uma noção da história baseada em uma linha do tempo. Em sua palestra inaugural em Cambridge, publicada como *"De descriptione temporum"*, Lewis descreveu sua filosofia da história: ela é menos parecida com um botânico que categoriza uma vasta coleção de eventos de maneira sistemática, e mais semelhante a uma mulher arrumando flores que colheu. Há tanta coisa desconhecida, disse ele, que não podemos nem começar a realmente entender a floresta do passado.

Vamos dar um passo adiante e até mesmo nos aventurar a dizer que somos igualmente limitados em nosso conceito da obra de Deus em nossas vidas (do mundo, nem se fala). Muitas vezes baseamos nossa visão de Deus e de sua obra em fragmentos de memória ou informações de múltiplas fontes parcialmente lembradas. Tentamos fazer cronologias e, encaixando nossa era nessas linhas de tempo, adivinhamos o que Deus está fazendo e que estágio atingimos na história humana. O fato é que não sabemos. Deus é muito mais vasto e complexo do que nossas mentes podem compreender.

Mesmo que envelheçamos e aprendamos mais, podemos acabar, de fato, sabendo menos: porque tiramos conclusões errôneas de um conjunto errado de fragmentos. Já que não podemos conhecer todo o padrão da história a partir de seus eventos, devemos encaixar nossos próprios fragmentos dentro do que Deus escolheu nos revelar em sua Palavra. Devemos também chegar a Deus como uma criança, com uma atitude de humildade, e pedir que ele nos ensine; e, quando não pudermos entender, que obedeçamos. Deus sabe como os fragmentos de nossas vidas devem se encaixar no quadro geral.

Ninguém se lembra dos que viveram na antiguidade, e aqueles que ainda virão tampouco serão lembrados pelos que vierem depois deles.
ECLESIASTES 1:11

·10·

Deus é, a cada momento, "revelado na história", ou seja, naquilo que MacDonald chamou de "presente sagrado". Onde, senão no presente, se pode encontrar o eterno?
HISTORICISMO

O que significa viver no presente sagrado? De acordo com Lewis, é aí que encontramos Deus. Em muitos escritos do autor, como seu ensaio "O peso da glória", podemos ver essa visão do presente sagrado, que consiste em vislumbrar a glória de Deus em sua criação, especialmente a criação humana. Significa que nos recusamos a manter o momento refém do passado ou do futuro. Temos apenas o momento presente para adorar e obedecer.

Podemos aprender essa lição com as crianças. Elas geralmente estão totalmente imersas na experiência presente — paralisadas pelo medo de um gatinho que encontraram ou chorando de raiva por uma dor sofrida, apenas para brincar felizes, momentos depois, com a mesma criança que as machucou. Ser criança é estar totalmente presente no agora da vida.

Infelizmente, às vezes, quanto mais experiência ou mais educação temos, mais tentamos prever o resultado de nossas circunstâncias. Tentamos orçar nosso tempo para garantir que ele seja gasto em prol de objetivos futuros, na medida em que habitualmente rejeitamos viver no presente real para viver no futuro imaginário. Ou começamos a pensar sobre como tudo era melhor nos bons velhos tempos, em vez de ver a glória de Deus presente nas coisas que ele nos dá agora.

Podemos partir da história do passado e impô-la à nossa visão do presente e, quando ela não corresponder, descartar a experiência em vez de estarmos abertos ao novo entendimento que ela oferece. Este é o nosso desafio: viver, conscientes e lúcidos, vendo as coisas com olhos que, com admiração infantil, buscam novas perspectivas sobre o Criador e sua criação. Não podemos viver no passado, e o futuro não é garantido nem mais acessível. Só podemos encontrar Deus e fazer a obra que ele nos deu no momento presente.

Por isso concluí que não há nada melhor para o homem do que desfrutar do seu trabalho, porque essa é a sua recompensa. Pois, quem poderá fazê-lo ver o que acontecerá depois de morto?

ECLESIASTES 3:22

CAPÍTULO 24
A última batalha

Esse nobre livro, vencedor da prestigiosa Medalha Carnegie em 1956, é uma digna conclusão das Crônicas de Nárnia. Lewis afirmou que *A última batalha* retrata o Anticristo e a Segunda Vinda de Jesus, ambos profetizados na Bíblia. Os temas da fé e da dúvida têm muito em comum com *Príncipe Caspian*, que gira em torno da crença dos personagens nas velhas histórias sobre Nárnia. Em *A última batalha*, o resultado depende da crença nas histórias sobre o futuro de Nárnia. O principal antagonista, Shift, o Macaco, instiga o crédulo jumento Puzzle a vestir uma pele de leão e fingir que é Aslan, escondido em um estábulo, aparecendo apenas à noite para ser vislumbrado. A população igualmente crédula acredita no ardil e segue as ordens de Shift: impostos cada vez mais altos, morte para as árvores e escravidão para os animais de Nárnia.

Shift consegue colocar Nárnia sob o jugo do inimigo dela, Calormen. Sob tanto sofrimento, mesmo os bons narnianos, como o jovem rei Tirian, começam a se perguntar se, pelo fato de Aslan não ser domado, isso não significa que ele também é cruel. Para manter seu poder sobre o povo, Shift se atribui autoridade sobrenatural. Ele deliberadamente associa Aslan com Tash, o falso deus dos calormanos, chamando a combinação de Tashlan. Pensando apenas em enganar as pessoas, Shift invoca Tash, que não apenas vem como também domina Shift.

Um após o outro, os bons narnianos e as forças do mal contra eles são lançados no estábulo (ou entram lá por vontade própria). Embora a batalha humana pareça perdida, Aslan nunca perdeu o controle. No estábulo, com seu simbolismo ligado à encarnação, todos devem olhar o rosto de Aslan. Aqueles que não o amam — parecem quase julgar a si mesmos — vão para Tash (Satanás). Os pertencentes a Aslan adentram a nova e real Nárnia, da qual a antiga era uma mera sombra.

Nessa história, esperando na nova Nárnia por Eustace, Jill, Tirian e os narnianos, estão todos os personagens que aprendemos a amar nos outros livros. Aslan faz uma porta separando o velho do novo. O sol se põe na velha Nárnia, e Aslan fecha a porta para sempre. Mas não há perda — apenas ganho. A força, a energia e a vivacidade recém-descobertas dos personagens se juntam à beleza da paisagem. Eles entraram em um mundo onde nada é proibido, porque tudo é bondade e tudo é puro. Um espírito de férias prevalece na alegre celebração impossível de parafrasear.

·I·

Roonwit... entregou-me esta mensagem para Vossa Majestade: lembre-se de que todos os mundos chegam ao fim, e que a morte nobre é um tesouro que ninguém é pobre demais para comprar.
CAPÍTULO 1

Farsight, a Águia, tem a triste tarefa de dizer ao Príncipe Tirian que Roonwit, o Centauro, deu sua vida tentando levar uma mensagem a Cair Paravel. Pouco antes de essa mensagem ser entregue, em uma conversa com Jewel, o Unicórnio, Lucy refletiu sobre o quão maravilhoso seria se Nárnia nunca chegasse ao fim. A resposta de Jewel foi que todos os mundos chegam ao fim, exceto o país de Aslan. Eis que se confirmam as palavras de Jewel, por mais trágicas que pareçam.

Pode ter parecido que a mensagem de Roonwit não foi bem-sucedida e sua morte tenha sido em vão, contudo mesmo enquanto estava morrendo ele teve um vislumbre da glória que surgiria de seu sacrifício. Sua esperança não repousava no mundo pelo qual lutava, mas no mundo vindouro.

Somos lembrados da longa lista de santos mencionados em Hebreus que foram torturados por sua fé e não conseguiram ver na terra a esperança pela qual lutavam. Mas eles viram "tudo a distância e o amaram". Diz-se que, em todo o mundo, houve mais mártires morrendo por sua fé neste século e no último do que em toda a história. Podemos apenas imaginar que isso ocorre porque Deus deu a essas pessoas preciosas seu Espírito, para que possam ver de longe o país celestial e o Reino celestial pelo qual estão lutando. Embora nossa luta possa parecer menor em comparação com a deles, estamos travando a mesma batalha: lembrar que todos os mundos finalmente chegam ao fim. Que possamos terminar bem.

Todos estes ainda viveram pela fé, e morreram sem receber o que tinha sido prometido; viram-nas de longe e de longe as saudaram, reconhecendo que eram estrangeiros e peregrinos na terra.
HEBREUS 11:13

· 2 ·

Eu ia dizer que desejava que nunca tivéssemos vindo. Mas não o desejo...
Mesmo se formos mortos. Prefiro ser morto lutando por Nárnia do que
ficar velho e estúpido em casa.
CAPÍTULO 9

Essa é a resposta de Jill à pergunta de Eustace sobre se eles morreriam em Nárnia. As palavras dela revelam uma atitude de profunda compreensão da alegria de viver uma vida ao máximo e estar disposto a dar a vida por uma causa nobre, em vez de protegê-la e apegar-se às lembranças do passado. É essa atitude que Jesus recomenda na passagem sobre perder a vida apenas para encontrá-la novamente. Nós, humanos, porque não gostamos de dor e sofrimento, muitas vezes nos apegamos a coisas que achamos que nos darão conforto, apenas para descobrir que no final elas não nos confortam mais.

Como podemos testemunhar essa verdade em nossa própria vida? Talvez se pensarmos em nossos dias de juventude possamos nos lembrar de quando nos sentimos mais vivos. Esses momentos consistiam apenas em sobreviver no dia a dia ou também correr riscos e fazer algo em que realmente acreditávamos? Não é isso que torna as grandes histórias ótimas — que, quando os heróis estão passando por situações terríveis, eles acabam vencendo?

Em contrapartida, quanto mais confortável é a vida e quanto mais nos apegamos às nossas posses e rotinas, mais monótona a vida se torna. Temos a tendência de reclamar mais e encontrar menos motivos para agradecer. Por que é isso? Talvez seja porque as coisas temporais, em nosso apego a elas, perdem sua capacidade de nos satisfazer. Abrir mão delas lhes infunde um significado novo e mais profundo.

Vamos nos desafiar a lembrar mais uma vez a alegria de viver perigosamente em alguma atividade capaz de produzir o Reino de

Deus, em vez de nos concentrarmos em viver confortavelmente em um reino baseado nas posses temporais, que acabaremos por desprezar de qualquer maneira.

Aquele que ama a sua vida a perderá; ao passo que aquele que odeia a sua vida neste mundo a conservará para a vida eterna.
JOÃO 12:25

3

— Nós todos, um por um, passaremos por aquela porta escura antes do amanhecer...
Jewel disse:
— Ela pode ser, para nós, a porta para a terra de Aslan; talvez vamos jantar à sua mesa esta noite.
CAPÍTULO 12

A porta escura aqui se refere à porta do estábulo onde a princípio o jumento Puzzle estava alojado, mas que agora abriga algo muito mais horrível — ou assim todos acreditam. Até agora, os narnianos viram uma luz ofuscante sair do estábulo e consumir Shift, o Macaco. Quando Eustace também é jogado lá dentro, Poggin, o anão, comenta que preferiria morrer cem mortes horríveis a passar pela porta. A resposta de Jewel acima é irônica, pois, embora aqui pareça estar falando figurativamente de morrer, ele não percebe quão verdadeira é sua afirmação. Acontece que essa não é apenas uma declaração banal e reconfortante para aliviar seu pavor, mas sim uma esperança real e, logo depois, uma realidade.

De certa forma, esse tipo de realidade pungente da proximidade do céu é invejável. Muitos idosos, outros que sofrem de dores crônicas e aqueles para quem o mundo perdeu seu apelo entendem e vivem com um desejo constante pelo céu. Os mais jovens, que parecem ter a vida inteira pela frente, podem ter pena daqueles que desejam escapar deste mundo. Eles têm dificuldade em se identificar com esse anseio, porque estão sob a ilusão de que seus desejos mais profundos podem ser realizados nesta vida. Mas isso não é verdade.

Como Lewis explicou em outros escritos, muitas vezes não reconhecemos nosso anseio como um desejo pelo céu, não percebendo que *nada nesta terra* pode realmente satisfazer essa parte de nós. Aprendemos a rotular nossos desejos como algo indefinível e podemos nos esforçar para atingir esse desejo por todos os meios diferentes; no final, o desejo permanece insatisfeito porque fomos feitos, principalmente, para viver no céu.

Em vez disso, esperavam eles uma pátria melhor, isto é, a pátria celestial. Por essa razão Deus não se envergonha de ser chamado o Deus deles, pois preparou-lhes uma cidade.
HEBREUS 11:16

4

Ela desperdiçava todo o seu tempo na escola querendo... correr para o momento mais bobo da vida de alguém o mais rápido que pudesse, e então ficar para lá enquanto pudesse.
CAPÍTULO 12

Essas palavras são ditas sobre Susan, que infelizmente não pode voltar a Nárnia porque deixou de acreditar em Aslan. Ela está presa em uma fase adolescente de uma ilusão de liberdade e vaidade, em que tudo o que lhe importa é ser bonita e benquista, e se divertir.

É tão triste pensar que a mesma Susan que chorou por Aslan e o viu ressuscitar dos mortos trocaria esse conhecimento por uma vida de vaidade. As coisas poderiam ter sido tão diferentes se Susan simplesmente se lembrasse de que ela era uma rainha destinada a governar um reino — se ela não tivesse trocado seu direito de primogenitura por algumas bugigangas da sociedade moderna.

Se você olhar para nossa sociedade, verá a mesma doença generalizada dominando nossa cultura. Todo mundo quer agir e parecer jovem ou viver a vida fácil, e ainda assim colher os benefícios do trabalho árduo e do sacrifício. Muitos se sentem enganados quando não conseguem o que querem, mesmo depois de gastar muito dinheiro tentando alcançar seus objetivos. Metade da batalha é perceber que não é assim que deveríamos viver. A melhor forma de combater esse tipo de pensamento é relembrar o mundo para o qual fomos chamados. Pode não ser Nárnia, mas tudo o que Nárnia representa. Seria bom aprender aqui a dura lição da vida de Susan e manter nossos olhos postos em Jesus, e não em nós mesmos.

Mantenham o pensamento nas coisas do alto, e não nas coisas terrenas.
Pois vocês morreram, e agora a sua vida está escondida com
Cristo em Deus.
COLOSSENSES 3:2–3

·5·

O ar doce ficou subitamente mais doce. Um brilho refulgiu atrás deles.
Todos se voltaram... Ali estava o desejo de seu coração [de Tirian],
enorme e real: o Leão de ouro, o próprio Aslan.
CAPÍTULO 13

Nessa cena, as crianças e Tirian, o último rei de Nárnia, foram jogados junto com os anões no temido estábulo e estão esperando que algo terrível aconteça com eles. Em vez disso, eles encontram, no próprio Aslan, a realização de todos os seus desejos. Embora às vezes duvidassem, eles tentaram permanecer fiéis a ele através de todos os enganos e batalhas, mesmo quando pensavam que talvez ele tivesse se tornado cruel. Uma coisa era esperar por ele; outra completamente diferente era vê-lo cara a cara, sobretudo para Tirian, que até então nunca o havia encontrado.

Essa imagem da realização de nossos desejos é tão reconfortante, especialmente quando consideramos quanto tempo esperamos, ou o fato de estarmos desiludidos ou com o coração partido; mas ainda nos apegamos ao que acreditávamos sobre Deus. Às vezes, enquanto esperamos, sentimos momentaneamente seu Espírito, em um momento de culto na igreja ou ao apreciarmos uma bela canção; momentos em que sentimos o ar ficando mais doce.

João levou esse encontro um passo adiante quando escreveu que, quando virmos Jesus, "seremos como ele, pois o veremos como ele realmente é". João não estava falando apenas sobre uma mudança que acontece quando nos livramos da casca de nossos corpos humanos e nos tornamos seres celestiais. Parece haver outra mudança simplesmente causada pela visão de Jesus. Quando as crianças veem Aslan em Nárnia, ele sopra sobre elas e as fortalece; quando virmos Jesus como ele está no céu, haverá em nós uma mudança tão profunda que realmente *seremos* como ele. Nós nos tornaremos espelhos que refletem sua glória, assim que o encontrarmos.

Amados, agora somos filhos de Deus, e ainda não se manifestou o que havemos de ser, mas sabemos que, quando ele se manifestar, seremos semelhantes a ele, pois o veremos como ele é.
1 JOÃO 3:2

◆ 6 ◆

Eles escolheram a astúcia em lugar da crença. A prisão deles está apenas em suas próprias mentes, mas eles estão nessa prisão; e com tanto medo de serem apanhados que não podem ser libertados.
CAPÍTULO 13

Os anões estão tão cansados de ser enganados pelas mentiras do inimigo que decidem não acreditar em nada além de em si mesmos. Com isso, quando o verdadeiro Aslan aparece, eles não podem desfrutar das coisas novas criadas por ele. Como Aslan explica a Lucy, estão em uma prisão feita por eles mesmos.

Esse é um pensamento muito sério. Não nos vemos às vezes caindo na mesma armadilha? Acreditamos em uma mentira sobre Deus ou nossas vidas, apenas para depois descobrir que fomos enganados. Nossa reação, então, é seguir na direção oposta e decidir que nunca mais acreditaremos em nada do que ouvirmos.

Todos nós devemos, em algum nível, lutar para acreditar no Deus verdadeiro, em vez de nas falsas imagens dele que nos foram transmitidas por pessoas que nos feriram em nome de Deus. É muito fácil, depois de ser ferido, construir barreiras para nos proteger de novos traumas, recusando-nos a acreditar em qualquer coisa. Essa é uma forma de escuridão que pode ser muito sutil. Também é uma forma de orgulho — orgulho pelo fato de sermos inteligentes, durões e independentes.

Em *A última batalha*, houve alguns que acreditaram temporariamente no falso Aslan, mas não desistiram do verdadeiro apenas porque foram enganados. Eles, ao contrário dos anões, conseguiram entrar na nova Nárnia, porque escolheram acreditar novamente. A mesma escolha está diante de nós.

Eles estão obscurecidos no entendimento e separados da vida de Deus por causa da ignorância em que estão, devido ao endurecimento dos seus corações.
EFÉSIOS 4:18

·7·

As mulheres fazem bem em chorar. Veja, eu mesmo choro...
Que mundo eu já conheci, além de Nárnia? Não seria virtude, mas uma grande descortesia, se não o pranteássemos.
CAPÍTULO 14

Temos tantas coisas boas nesta terra; o céu parece um pouco esotérico em comparação com as alegrias muito tangíveis deste mundo. Quando temos de as deixar para trás, podemos chorar. Da mesma forma, à medida que a velha Nárnia morre, Jill e Lucy choram ao ver todas as coisas bonitas ligadas às suas belas memórias morrerem e escurecerem.

Quando andou nesta terra, Jesus também experimentou o que experimentamos e sabia como era amá-la e às pessoas que havia nela. Será que ele sentiu em seu corpo humano uma pontada de tristeza, apesar de saber como seria a novidade de seu corpo ressuscitado e o novo tipo de relacionamento que ele teria com seus discípulos?

Embora a Ressurreição tenha sido maravilhosa, os discípulos tiveram de ficar tristes, sabendo que seu relacionamento com Jesus seria mudado para sempre. Ele deixaria a terra e retornaria ao céu. Embora ele prometesse enviar o Espírito Santo, eles não mais conversariam ou viajariam pelas estradas com Jesus. Talvez o café da manhã à beira-mar (ver João 21) fosse para comemorar aqueles tempos. Não é à toa que Pedro saltou do barco para ir ao encontro de Jesus. Devia estar sentindo falta dele.

Muitas vezes, depois de orarmos e Deus nos levar a um novo empreendimento, seja uma carreira ou ministério, seguimos em uma nova direção com entusiasmo, mas não apenas: também com tristeza, por abandonar o antigo. Afinal, o versículo que declara que Deus enxugará todas as lágrimas de nossos olhos (ver Apocalipse 21:4) provavelmente não existe por causa da tristeza que sentiremos ao ver o desaparecimento de todas as coisas antigas que amávamos nesta terra.

Aquele que estava assentado no trono disse: "Estou fazendo novas todas as coisas!"
APOCALIPSE 21:5

8

— Amado — disse o Glorioso —, a menos que seu desejo fosse por mim, você não teria buscado por tanto tempo e tão verdadeiramente. Pois todos encontram o que realmente procuram.
CAPÍTULO 15

Deus promete repetidamente nas Escrituras que aqueles que o buscam de todo o coração o encontrarão. Assim é com Emeth, que buscava a verdade embora fosse um devoto seguidor de Tash. Aslan vê que Emeth não está apenas interessado em seus deuses pelo que ele acha que eles poderiam lhe dar, mas é alguém interessado e persistente na busca da verdade. Por causa de seu desejo de entender, no final ele encontra em Aslan o que procurava. Lewis escolheu o nome *Emeth*, palavra que significa "verdade" em turco, para o caráter de um homem que busca a verdade por toda a vida. Em sua aceitação de Emeth, vemos o coração de Aslan, que conhece e julga o coração de todos.

Emeth é como Cornélio, o centurião em Atos 10. Esse homem é descrito como uma pessoa que temia a Deus e fazia doações generosas aos pobres. Não sabemos muito sobre ele, se ele era ou não como as pessoas em Atos 17 que adoravam um Deus desconhecido, mas o relato bíblico afirma que suas ações e orações chegaram a Deus, que o levou a Pedro. Ele sempre temeu a Deus, mas não conhecia Jesus ou a mensagem da salvação. Como Aslan faz com Emeth, Deus finalmente se revelou a Cornélio e o conduziu à verdade.

Quão triste é o fato de que às vezes confinamos Deus ao reino de nossa própria compreensão sobre como ele opera. Quando fazemos isso, podemos facilmente julgar a jornada espiritual de outra pessoa, acreditando que, se ela não vem a Deus de uma maneira que compreendemos, então ela não pode encontrar Deus. Mas todos os que o procuram verdadeiramente o encontram.

"Vocês me procurarão e me acharão quando me procurarem de todo o coração. Eu me deixarei ser encontrado por vocês", declara o Senhor.
JEREMIAS 29:13–14

•9•

Esta é a minha verdadeira pátria! Meu lugar é aqui... A razão pela qual amávamos a velha Nárnia é que às vezes ela se parecia um pouco com esse lugar. Bree-hee-hee! Mais acima, mais adentro!
CAPÍTULO 15

"Mais acima, mais adentro!" é o refrão constante nos últimos capítulos de *A última batalha*. Com todas as vistas e sons incríveis que Lucy, Digory e os outros veem e ouvem a cada passo, você pensaria que eles iam se demorar admirando as maravilhas do novo mundo. Mas nessa declaração, feita pelo unicórnio, vemos por que eles não se demoram: esta é a verdadeira pátria. Aqui se tem um sentimento de propriedade. Eles não são meros espectadores ou turistas no novo mundo; ao contrário, eles voltaram para casa. Aqui sempre foi o lugar deles. O velho mundo tinha apenas indícios do verdadeiro senso de propriedade que agora os domina. Eles querem ir mais longe, apoderar-se, descobrir as coisas que ansiaram durante toda a vida, mas das quais só tiveram vislumbres.

Com as descrições do céu como uma cidade de ouro com portões de joias, talvez ele pareça inalcançável ou algo com o qual achamos difícil nos relacionar. Mas na descrição de Lewis da "verdadeira pátria" começamos a entender que o céu é, na verdade, apenas a continuação de uma jornada iniciada aqui na terra.

É tentador encontrar um lugar confortável aqui na terra e simplesmente montar acampamento. No entanto, como aconteceu com Abraão, há um chamado nos obrigando a ir cada vez mais longe em nosso relacionamento com Deus. Quando recebemos presentes, mesmo que sejam itens pelos quais oramos há muito tempo, talvez o chamado seja entregá-los, levando-os "mais acima, mais adentro" no Reino que está por vir. Devemos nos alongar e crescer, para alcançar o Reino que será nosso.

Pela fé Abraão, quando chamado, obedeceu e dirigiu-se a um lugar que mais tarde receberia como herança, embora não soubesse para onde estava indo. Pela fé peregrinou na terra prometida como se estivesse em terra estranha; viveu em tendas, bem como Isaque e Jacó, coerdeiros da mesma promessa. Pois ele esperava a cidade que tem alicerces, cujo arquiteto e edificador é Deus.
HEBREUS 11:8, 10

·10·

O período acabou: as férias começaram. O sonho acabou: eis a manhã.
CAPÍTULO 16

"O sonho acabou." Como é interessante a maneira como Lewis põe essas palavras na boca de Aslan, que conversa com as crianças.

O capítulo de onde vem essa citação é intitulado "Farewell to Shadowlands" ["Adeus à terra das sombras"]. Essa é uma das analogias favoritas de Lewis para o mundo em que vivemos, em comparação com a realidade do Reino de Deus. Ele se refere à visão de Platão de prisioneiros acorrentados em uma caverna, que viam a realidade apenas como sombras criadas a partir da luz do fogo. O mundo em que viviam era realmente o mundo dos sonhos, mas os que ousaram subir até a saída também acharam a luz do sol insuportável, e tiveram de descer de volta e se contentar em tentar descrever o que viram lá em cima.

Nesse ponto da história, Lucy, Peter e Edmund descobrem que morreram em um acidente ferroviário e podem permanecer para sempre com Aslan. Eles nunca mais precisam viajar através de um guarda-roupa. Finalmente, estão em casa.

Nosso tempo nesta terra é, de alguma forma, uma existência semelhante a um sonho. Estamos presos às correntes de nossa natureza terrena e não podemos ver muito além do que se reflete em nosso ambiente cultural. Mas uma vez ou outra, quando temos um vislumbre da verdadeira luz do sol, lembramos que fomos criados para um dia estarmos completamente contentes e aptos a caminhar na gloriosa realidade do céu. Essa foi a intenção original de Deus para nós; esse é o estado para o qual estamos sendo preparados. Em seu Reino, não há mais lágrimas de tristeza; nunca seremos devolvidos à rotina da vida nas cavernas. Pois é aí que começarão as verdadeiras férias, as férias que não têm fim.

Ele enxugará dos seus olhos toda lágrima. Não haverá mais morte, nem tristeza, nem choro, nem dor, pois a antiga ordem já passou.
APOCALIPSE 21:4

Conclusão

T. S. Eliot escreveu que "criar um fim é criar um começo" e "o fim é de onde começamos". Nossa esperança é que essas reflexões tenham dado a você um novo ponto de partida para pensar e meditar sobre Deus, sua criação e a vida que ele nos deu. Como Lewis viu, há muito o que apreciar no que é e no que está por vir, mesmo em meio ao sofrimento. Uma leitura desse tipo não é escapista: é uma preparação para reengajar a vida em um nível mais profundo e com propósito renovado.

Essas reflexões também devem ser o prelúdio de uma nova leitura. Lewis definiu bons livros como aqueles que valem a pena ser lidos muitas vezes e bons leitores como aqueles que leem livros mais de uma vez. Se este volume servir de aperitivo para um banquete de leituras de Lewis e, além disso, da própria Bíblia, teremos atingido um objetivo principal. Há muitos outros assuntos em Lewis que são apenas sugeridos nesta coletânea de meditações. Se você encontrou incentivo para abraçar uma peregrinação — isto é, um processo — em direção à semelhança de Cristo, se você se aprofundou um pouco mais na fé cristã, se você analisou melhor algumas das muitas facetas da vida cristã, nós nos regozijamos com você, porque a leitura e a escrita fizeram isso por nós. Também descobrimos que um grande autor como C. S. Lewis, com amplos interesses e leitura profunda, pode nos levar a muitos outros lugares à medida que seguimos sua liderança em nossa disciplina de leitura.

Nessas meditações, o foco foi variado: dos preferidos, cômodos e familiares a alguns títulos que representam os interesses profissionais e acadêmicos de Lewis. Mas, em cada capítulo, o objetivo é que nos refiramos ao nosso mundo cotidiano, para vê-lo com novos olhos. A maior parte dos leitores terá lido os livros de Nárnia e visto alguns dos filmes baseados neles. A dádiva desses livros, talvez especialmente para leitores adultos, é reencantar tanto o mundo físico quanto o espiritual em que vivemos. Como disse o poeta Shelley (ecoando Coleridge) a respeito da escrita inspirada: ela pode arrancar "o véu da familiaridade com o mundo" para despertar a "bela adormecida".

Como Lewis sabia, o desejo de dar sentido ao que vemos e experimentamos faz parte do ser humano. Organizamos grupos de estudo, lemos e escrevemos, compomos música e arte — tudo para chegarmos à compreensão e à expressão. Esperamos que algumas dessas reflexões tenham aprofundado as conexões entre as histórias de Lewis e a realidade mais ampla à qual elas estão vinculadas, particularmente as verdades bíblicas. Também viajamos para o mundo imaginativo além das Shadowlands, como Lewis chama esse nosso mundo. Vislumbramos destinos eternos e fomos desafiados a escolher entre eles. Vimos que o nosso dia a dia está repleto de eternidade e que as pessoas ao nosso redor e no nosso trabalho não são, afinal, tão comuns. Aprendemos, como Lewis afirma em "Cristianismo e cultura", que não há no cosmos lugar neutro nem tempo sem importância. Para retornar a Eliot,

Não deixaremos de explorar,
e o fim de toda a nossa exploração
será chegar aonde começamos
e conhecer esse lugar pela primeira vez.

Também viajamos mais para dentro de nós mesmos. Vimos o nosso pior (e quão pior poderíamos ficar) e descobrimos que ainda não estamos além do alcance da esperança, da redenção ou do amor de Deus. Viajamos pelas possibilidades da santidade, e descobrimos que ela nada tem de maçante. A santidade e a bondade estão no centro da história humana guiada pela infalível Providência e no que será preservado na "nova Nárnia". Mesmo Jadis, Shift, Frost e Wither — sim, e Screwtape — desempenham seus papéis sob o olhar onisciente e a mão onipotente de Deus. Todos desempenharão seu papel no drama que revela a glória de Deus, seja como filhos e filhas ou como servos inconscientes. Quando Cristo voltar — ou, em termos narnianos, quando Aslan der seu último rugido —, será a "última noite do mundo" e o começo da eternidade. Todo joelho se dobrará, todos saberão quem realmente são, e veremos o padrão do lado certo da tapeçaria. Quando estivermos frente a frente com a própria Sabedoria, saberemos que obedecer é melhor do que compreender e que o amor engole o dever. Ao nos ajudar a vislumbrar essa sabedoria agora, Lewis nos deu um grande e duradouro presente.

E isso é apenas o começo. Muitos de nós nos interessamos por alguma coisa sobre a qual Lewis escreveu e buscou, com o interesse que vem da sempre crescente paixão pelo aprendizado que todos os seus escritos evidenciam. Depois de terminar de ler tudo o que Lewis escreveu, você pode começar a ler tudo o que Lewis leu — e esse é um trabalho para uma vida! Acima de tudo, que você seja encorajado por essa jornada a ler e obter força da Palavra de Deus, que é a espinha dorsal dos livros que Lewis escreveu e da vida que ele viveu. Mas o objetivo final não é nem mesmo ser um melhor leitor da Bíblia: é ser um melhor seguidor de Jesus. Lewis não queria discípulos. Ele diria de Cristo o mesmo que João Batista disse: "Ele deve se tornar cada vez maior, e eu devo me tornar cada vez menor" (João 3:30).

Bibliografia

Todos os trabalhos de C. S. Lewis citados estão listados a seguir:

LISTAGEM ALFABÉTICA DAS OBRAS CITADAS

The Abolition of Man: Or, Reflections on Education with Special Reference to the Teaching of English in the Upper Forms of Schools (São Francisco: Harper Collins, 1947, 2001).

The Discarded Image: An Introduction to Medieval and Renaissance Literature (Cambridge: Cambridge University Press, 1964, 1974).

Dymer in Narrative Poems, Walter Hooper, ed. (San Diego: Harvest/Harcourt Brace Jovanovich, 1979).

An Experiment in Criticism (Cambridge: Cambridge University Press, 1961).

Da introdução: "Fairy Stories" em *Of Other Worlds* (Londres: Geoffrey Bles, 1966), p. 37.

The Great Divorce em *The Best of C. S. Lewis*, edição *Christianity Today* (Nova York: The Iversen Associates/Macmillan, 1945, 1969).

A Grief Observed, com introdução de Walter Hooper (Nova York: HarperCollins Publishers, 1961, 1966).

"Historicism," em *The Collected Works of C. S Lewis* (Nova York: Inspirational Press, 1950, 1996).

The Horse and His Boy (Nova York: HarperCollins Publishers, 1954, 1982).

The Last Battle (Nova York: Macmillan Publishing Company, Inc., 1956).

Letters to Malcolm: Chiefly on Prayer (Londres: Geoffrey Bles Ltd., 1964, 1991).

The Lion, the Witch and the Wardrobe (Nova York: Collier Books, 1950, 1970, 1978).

The Magician's Nephew (Nova York: HarperCollins Publishers, 1955, 1983).

Out of the Silent Planet (Nova York: Scribner/Simon & Schuster, 1938).

Perelandra (Nova York: Scribner/Simon & Schuster, 2003); direitos autorais renovados em 1972 por Alfred Cecil Harwood e Arthur Owen Barfield como intermediários de C. S. Lewis.

The Pilgrim's Regress: An Allegorical Apology for Christianity Reason and Romanticism (Grand Rapids, MI: William B. Eerdmans, 1933, 1943, 1981).

A Preface to Paradise Lost, Being the Ballard Matthews Lectures Delivered at University College, North Wales, 1941, revisado e ampliado (Londres: Oxford University Press, 1942, 1961).

Prince Caspian (Nova York: HarperCollins Publishers, 1951).

The Screwtape Letters (Nova York: Bantam Books, 1982).

The Silver Chair (Nova York: Macmillan Publishing Company, Inc., 1953).

Studies in Words (Cambridge: Cambridge University Press, 1960, 1967).

Surprised by Joy: The Shape of My Early Life (Nova York: Harcourt Brace, 1956).

That Hideous Strength: A Modern Fairy-tale for Grown-ups, reimpressão (Nova York: Scribner/Simon and Schuster, 1945, 1946, 1973, 1974, 2003).

Till We Have Faces: A Myth Retold (San Diego: Harvest/Harcourt Brace, 1957, 1984).

The Voyage of the Dawn Treader (Nova York: Macmillan Publishing Company, 1952).

The Weight of Glory and Other Addresses, com introdução de Walter Hooper (Nova York: Simon & Schuster/Touchstone, 1962, 1965, 1975, 1980).

"The World's Last Night" em *The Essential C. S. Lewis*, Lyle W. Dorsett, ed. (Nova York: Simon & Schuster, 1988); "The World's Last Night" de *The World's Last Night and Other Essays* (Nova York: Harcourt Brace and Company, 1952).

Agradecimentos

Wayne Martindale Este é o resultado de um trabalho em equipe, do qual sou grato por ter participado. O capitão dessa equipe, sem dúvida, foi Jerry Root. Ele foi o principal idealizador e motivador, e é quem escreveu a maior parte dos textos. Para mim, como sempre, o incentivo veio principalmente de minha esposa, Nita, e de minha filha, Heather. Nita é minha melhor leitora, e Heather, embora atualmente esteja morando com sua família na Coreia, não deixou de se interessar pelo progresso do meu trabalho. É claro que ambas oraram por mim, junto com meu genro, David, e seus filhos com Heather: Joshua, Claire e Jonathan. Quem poderia se considerar mais abençoado? Linda Washington é uma escritora e editora profissional; e isso é fácil de se notar. Além de escrever algumas das meditações, ela editou todo o original. Obrigado, Linda, por seu olhar aguçado e mente afiada. Betsy Schmitt, como gerente de projeto, nos manteve todos encorajados e no caminho certo. Seria impossível encontrar uma editora mais paciente e cuidadosa que Cara Peterson, da Tyndale. E, é claro, todos nós envolvidos neste projeto devemos muito a vários estudiosos de Lewis. Neste projeto, eu me baseei, principalmente, em *C. S. Lewis: A Companion and Guide*, de Walter Hooper (1988), *C. S. Lewis Readers' Encyclopedia*, de Jeffrey Schultz e John West, e *The C. S. Lewis Encyclopedia*, de Colin Duriez. Entre os muitos outros livros relacionados nos quais mergulhei está a antologia de Bruce Edward *C. S. Lewis: Life, Works, and Legacy*. E *The C. S. Lewis Index*, de Janine Goffar, foi em todos os momentos uma confiável ferramenta de busca.

Jerry Root Gostaria de agradecer a Betsy Schmitt, da Livingstone, por seu trabalho incansável em encorajar, orientar e alentar o esforço de produzir este livro do início ao fim. Foi um prazer trabalhar com Linda Washington, Wayne Martindale e os demais colaboradores em todas as etapas desse processo. Também sou grato à Tyndale House Publishers por seu apoio a este projeto ao longo de seu desenvolvimento. Tenho uma grande dívida com minha família — minha esposa, Claudia, e meus filhos e seus cônjuges: Jeremy e Michelle, Alicia e Zach, Grady e Leanne, e Jeff e Jori. Eles dispõem graciosamente de seu tempo sempre que me dedico a algum empreendimento; além disso, muitas das minhas ideias foram moldadas por conversas que tive com eles. Sou grato à minha irmã Kathy, que me apresentou à obra de C. S. Lewis. Agradeço também a Jean Bilang por sua assistência administrativa, a meu amigo Tim Tremblay e aos Mead Men (Lon, Rick, Chris, Brian e Dave) por seu incentivo e comentários durante o processo. Os editores, em conjunto, também gostariam de agradecer a Rachel Churchill e ao espólio de C. S. Lewis por sua gentil permissão de usar trechos da obra publicada de Lewis.

Linda Washington Como Wayne disse, este foi um trabalho em equipe. Quero agradecer em primeiro lugar ao Senhor por sua inspiração e ajuda. Toda a sabedoria neste volume vem dele. Também quero agradecer a Jerry e Wayne. Que privilégio trabalhar com esses dois em um livro! O mundo é realmente um lugar melhor por causa da presença deles (e isso não é uma hipérbole). Betsy, como sempre, foi longânime. Ninguém poderia querer uma gerente de projeto melhor. E os demais colaboradores — Andy, Debby, Karen, Rob, Lori, Rachel e Colleen — merecem uma salva de palmas pelos comentários inspirados por Deus que escreveram sobre as grandes obras de Lewis. Obrigada, Cara Peterson, por seu trabalho árduo na edição do original. Eu também tenho uma maravilhosa igreja (Wheaton Agape Fellowship) e muitos grandes amigos que oraram para que este projeto fosse concluído. Obrigada a todos!

Colaboradores

Andrew Apel é um escritor freelancer que mora em Illinois. Ele já desempenhou muitos papéis, incluindo o de instrutor de escalada para pessoas com necessidades especiais, professor, pastor de jovens, ministro assistente e primeiro-tenente do Corpo de Capelães da Reserva do Exército. Ele é um dos coautores de *The Amazing Bible Factbook* (Time Inc. Home Entertainment).

Debby Edwards enxerga em mais de trinta anos de leitura das obras de C. S. Lewis uma influência fundamental à sua carreira e seu amor pela literatura, bem como à sua crença na integridade e relevância permanentes do cristianismo. Debby é uma professora de inglês credenciada pelo estado da Califórnia, cujos estudos de graduação e pós-graduação foram feitos na Universidade da Califórnia, em Irvine. Ela e seu marido, Robby, administram uma empresa de aulas particulares especializada no ensino da linguagem para estudantes do ensino médio e universitários.

Karen Erkel descobriu os escritos de C. S. Lewis através de As crônicas de Nárnia enquanto estava no ensino médio. Ela participou de várias conferências e aulas de Lewis, incluindo um seminário de uma semana em The Kilns, a casa de Lewis, perto de Oxford, Inglaterra. Karen, escritora freelancer, fonoaudióloga e educadora, graduou-se na Universidade do Estado da Califórnia — Long Beach, com mestrado em distúrbios da comunicação. Ela mora com o marido e a filha em Laguna Hills, Califórnia.

Robert L. Gallagher é professor associado de Estudos Interculturais na Wheaton College Graduate School, em Wheaton, Illinois.

Tem mestrado em educação, teologia e missiologia e doutorado em estudos interculturais pelo Fuller Theological Seminary, em Pasadena, Califórnia. Trabalhou como pastor executivo na Austrália e como educador teológico em Papua Nova Guiné e Oceania.

Wayne Martindale é professor de inglês no Wheaton College, Illinois, onde leciona regularmente cursos sobre C. S. Lewis. É autor do recém-publicado *Beyond the Shadowlands: C. S. Lewis on Heaven and Hell*, coeditou com Jerry Root *The Quotable Lewis*, editou *Journey to the Celestial City: Glimpses of Heaven from Great Literary Classics* e escreveu vários outros capítulos e artigos sobre Lewis. Ele e sua esposa, Nita, já levaram os alunos a muitos locais relacionados à vida de Lewis na Inglaterra e na Irlanda. Eles também moraram e lecionaram na China.

Lori Miranda é natural de Nova York e estudou literatura, escrita e estudos interculturais. Ela viajou para vários países e atualmente está se preparando para uma carreira no serviço missionário na Colômbia com a Latin America Mission.

Jerry Root escreveu sobre Lewis em sua dissertação de mestrado e sua tese de doutorado. Ele ministrou cursos universitários e de pós-graduação sobre Lewis todos os anos desde 1980, além de dar palestras sobre Lewis em toda a América e em muitos outros países. Ele é coeditor de *The Quotable Lewis* e autor de *C. S. Lewis and a Problem of Evil: An Investigation of a Pervasive Theme*. Ele ensina no Wheaton College em Illinois e na Biola University no sul da Califórnia.

Rachel Linden Tinon gosta de aventuras, viagens, ter contato com a natureza, cozinhar e aprender coisas novas. Ela é formada pela Huntington University e pelo Wheaton College. Autora do romance *Circle of Shadows*, ela mora com o marido em Seattle, onde toca seus novos projetos.

Linda Washington é uma autora e editora que vive em Carol Stream, Illinois. Ela escreveu vários livros, incluindo *Just Plain Mel* e *It's Me, Leslie* (Tyndale House); *Inside The Lion, the Witch and the Wardrobe* (St. Martin's Press/Griffin, em coautoria com James Bell e Carrie Pyykkonen); e *Secrets of the Wee Free Men* (St. Martin's Press/Griffin, em coautoria com Carrie Pyykkonen). Atualmente, trabalha em uma série de fantasia para adolescentes.

Colleen Yang é uma escritora, musicista e artista gráfica freelancer que mora em Carol Stream, Illinois. É uma das coautoras de *Along the Way*, um livro de histórias inspiradoras (Jordan House), e *The Amazing Bible Factbook* (Time Inc. Home Entertainment).

DIREÇÃO EDITORIAL
Daniele Cajueiro

EDITOR RESPONSÁVEL
Omar Souza

PRODUÇÃO EDITORIAL
Adriana Torres
Júlia Ribeiro
Allex Machado

REVISÃO DE TRADUÇÃO
Alvanísio Damasceno

REVISÃO
Alessandra Volkert
Carolina Leocadio
Kamila Wozniak

DIAGRAMAÇÃO
Adriana Moreno

Este livro foi impresso em 2023,
pela Vozes, para a Novo Céu.